# ÁRABE

VOCABULÁRIO

PALAVRAS MAIS ÚTEIS

# PORTUGUÊS ÁRABE EGÍPCIO

Para alargar o seu léxico e apurar
as suas competências linguísticas

**9000 palavras**

**Vocabulário Português-Árabe Egípcio - 9000 palavras**

Por Andrey Taranov

Os vocabulários da T&P Books destinam-se a ajudar a aprender, a memorizar, e a rever palavras estrangeiras. O dicionário é dividido em temas, cobrindo todas as principais esferas de atividades quotidianas, negócios, ciência, cultura, etc.

O processo de aprendizagem, utilizando os dicionários baseados em temáticas da T&P Books dá-lhe as seguintes vantagens:

- Informação de origem corretamente agrupada predetermina o sucesso em fases subsequentes da memorização de palavras
- Disponibilização de palavras derivadas da mesma raiz, o que permite a memorização de unidades de texto (em vez de palavras separadas)
- Pequenas unidades de palavras facilitam o processo de estabelecimento de vínculos associativos necessários para a consolidação do vocabulário
- O nível de conhecimento da língua pode ser estimado pelo número de palavras aprendidas



T&P Books Publishing
www.tpbooks.com

ISBN: 978-1-78716-768-1

Este livro também está disponível em formato E-book.
Por favor visite www.tpbooks.com ou as principais livrarias on-line.

# VOCABULÁRIO ÁRABE EGÍPCIO
## palavras mais úteis

Os vocabulários da T&P Books destinam-se a ajudar a aprender, a memorizar, e a rever palavras estrangeiras. O vocabulário contém mais de 9000 palavras de uso comum organizadas tematicamente.

O vocabulário contém as palavras mais comummente usadas

Recomendado como adicional para qualquer curso de línguas

Satisfaz as necessidades dos iniciados e dos alunos avançados de línguas estrangeiras

Conveniente para o uso diário, sessões de revisão e atividades de auto-teste

Permite avaliar o seu vocabulário

**Características especias do vocabulário**

- As palavras estão organizadas de acordo com o seu significado, e não por ordem alfabética
- As palavras são apresentadas em três colunas para facilitar os processos de revisão e auto-teste
- As palavras compostas são divididas em pequenos blocos para facilitar o processo de aprendizagem
- O vocabulário oferece uma transcrição simples e adequada de cada palavra estrangeira

**O vocabulário contém 256 tópicos incluindo:**

Conceitos básicos, Números, Cores, Meses, Estações do ano, Unidades de medida, Roupas & Acessórios, Alimentos & Nutrição, Restaurante, Membros da Família, Parentes, Caráter, Sentimentos, Emoções, Doenças, Cidade, Passeios, Compras, Dinheiro, Casa, Lar, Escritório, Trabalho no Escritório, Importação & Exportação, Marketing, Pesquisa de Emprego, Desportos, Educação, Computador, Internet, Ferramentas, Natureza, Países, Nacionalidades e muito mais ...

# TABELA DE CONTEÚDOS

# GUIA DE PRONUNCIAÇÃO

| Alfabeto fonético T&P | Exemplo Árabe Egípcio | Exemplo Português |
|---|---|---|
| [a] | [ṭaffa] طفّى | chamar |
| [ā] | [eχtār] إختار | rapaz |
| [e] | [setta] ستّة | metal |
| [i] | [minā'] ميناء | sinónimo |
| [ī] | [ebrīl] إبريل | cair |
| [o] | [oɣosṭos] أغسطس | lobo |
| [ō] | [ḥalazōn] حلزون | albatroz |
| [u] | [kalkutta] كلكتا | bonita |
| [ū] | [gamūs] جاموس | trabalho |
| [b] | [bedāya] بداية | barril |
| [d] | [sa'āda] سعادة | dentista |
| [ḍ] | [waḍ'] وضع | [d] faringealizaçãda |
| [ʒ] | [arʒantīn] الأرجنتين | talvez |
| [ẓ] | [ẓahar] ظهر | [z] faringealizaçãda |
| [f] | [χafīf] خفيف | safári |
| [g] | [bahga] بهجة | gosto |
| [h] | [ettegāh] إتّجاه | [h] aspirada |
| [ḥ] | [ḥabb] حبّ | [h] faringealizaçãda |
| [y] | [dahaby] ذهبي | géiser |
| [k] | [korsy] كرسي | kiwi |
| [l] | [lammaḥ] لمّح | libra |
| [m] | [marṣad] مرصد | magnólia |
| [n] | [ganūb] جنوب | natureza |
| [p] | [kaputʃino] كابتشينو | presente |
| [q] | [wasaq] وثق | teckel |
| [r] | [roḥe] روح | riscar |
| [s] | [soχreya] سخرية | sanita |
| [ṣ] | [me'ṣam] معصم | [s] faringealizaçãda |
| [ʃ] | ['aʃā'] عشاء | mês |
| [t] | [tanūb] تنوب | tulipa |
| [ṭ] | [χarīṭa] خريطة | [t] faringealizaçãda |
| [θ] | [mamūθ] ماموث | [s] - fricativa dental surda não-sibilante |
| [v] | [vietnām] فيتنام | fava |
| [w] | [wadda'] ودّع | página web |
| [χ] | [baχīl] بخيل | fricativa uvular surda |
| [ɣ] | [etɣadda] إتغدّى | agora |

| Alfabeto fonético T&P | Exemplo Árabe Egípcio | Exemplo Português |
|---|---|---|
| [z] | [meʿza] معزة | sésamo |
| [ʿ] (ayn) | [sabʿa] سبعة | fricativa faríngea sonora |
| [ʾ] (hamza) | [saʾal] سأل | oclusiva glotal |

# ABREVIATURAS usadas no vocabulário

## Abreviaturas do Árabe Egípcio

| | | |
|---|---|---|
| **du** | - | substantivo plural (duplo) |
| **f** | - | nome feminino |
| **m** | - | nome masculino |
| **pl** | - | plural |

## Abreviaturas do Português

| | | |
|---|---|---|
| **adj** | - | adjetivo |
| **adv** | - | advérbio |
| **anim.** | - | animado |
| **conj.** | - | conjunção |
| **desp.** | - | desporto |
| **etc.** | - | etecetra |
| **ex.** | - | por exemplo |
| **f** | - | nome feminino |
| **f pl** | - | feminino plural |
| **fem.** | - | feminino |
| **inanim.** | - | inanimado |
| **m** | - | nome masculino |
| **m pl** | - | masculino plural |
| **m, f** | - | masculino, feminino |
| **masc.** | - | masculino |
| **mat.** | - | matemática |
| **mil.** | - | militar |
| **pl** | - | plural |
| **prep.** | - | preposição |
| **pron.** | - | pronome |
| **sb.** | - | sobre |
| **sing.** | - | singular |
| **v aux** | - | verbo auxiliar |
| **vi** | - | verbo intransitivo |
| **vi, vt** | - | verbo intransitivo, transitivo |
| **vr** | - | verbo reflexivo |
| **vt** | - | verbo transitivo |

# CONCEITOS BÁSICOS

## Conceitos básicos. Parte 1

### 1. Pronomes

| | | |
|---|---|---|
| eu | ana | أنا |
| tu (masc.) | enta | أنت |
| tu (fem.) | enty | أنت |
| ele | howwa | هوّ |
| ela | hiya | هيّ |
| nós | eḥna | إحنا |
| vocês | antom | أنتم |
| eles, elas | hamm | همّ |

### 2. Cumprimentos. Saudações. Despedidas

| | | |
|---|---|---|
| Bom dia! (formal) | assalamu ʿalaykum! | السلام عليكم! |
| Bom dia! (de manhã) | ṣabāḥ el χeyr! | صباح الخير! |
| Boa tarde! | neharak saʿīd! | نهارك سعيد! |
| Boa noite! | masāʾ el χeyr! | مساء الخير! |
| cumprimentar (vt) | sallem | سلّم |
| Olá! | ahlan! | أهلاً! |
| saudação (f) | salām (m) | سلام |
| saudar (vt) | sallem ʿala | سلّم على |
| Como vai? | ezzayek? | إزّيك؟ |
| O que há de novo? | aχbārak eyh? | أخبارك ايه؟ |
| Até à vista! | maʿ el salāma! | مع السلامة! |
| Até breve! | aʃūfak orayeb! | أشوفك قريب! |
| Adeus! | maʿ el salāma! | مع السلامة! |
| despedir-se (vr) | waddaʿ | ودّع |
| Até logo! | bay bay! | باي باي! |
| Obrigado! -a! | ʃokran! | شكراً! |
| Muito obrigado! -a! | ʃokran geddan! | شكراً جداً! |
| De nada | el ʿafw | العفو |
| Não tem de quê | la ʃokr ʿala wāgeb | لا شكر على واجب |
| De nada | el ʿafw | العفو |
| Desculpa! | ʿan eznak! | عن إذنك! |
| Desculpe! | baʿd ezn ḥadretak! | بعد إذن حضرتك! |
| desculpar (vt) | ʿazar | عذر |
| desculpar-se (vr) | eʿtazar | أعتذر |

| | | |
|---|---|---|
| As minhas desculpas | ana 'āsef | أنا آسف |
| Desculpe! | ana 'āsef! | أنا آسف! |
| perdoar (vt) | 'afa | عفا |
| por favor | men faḍlak | من فضلك |
| | | |
| Não se esqueça! | ma tensāʃ! | ما تنساش! |
| Certamente! Claro! | ṭab'an! | طبعاً! |
| Claro que não! | la' ṭab'an! | لأ طبعاً! |
| Está bem! De acordo! | ettafa'na! | إتّفقنا! |
| Basta! | kefāya! | كفاية! |

## 3. Como se dirigir a alguém

| | | |
|---|---|---|
| senhor | ya ostāz | يا أستاذ |
| senhora | ya madām | يا مدام |
| rapariga | ya 'ānesa | يا آنسة |
| rapaz | ya ostāz | يا أستاذ |
| menino | yabny | يا ابني |
| menina | ya benty | يا بنتي |

## 4. Números cardinais. Parte 1

| | | |
|---|---|---|
| zero | ṣefr | صفر |
| um | wāḥed | واحد |
| uma | waḥda | واحدة |
| dois | etneyn | إتنين |
| três | talāta | ثلاثة |
| quatro | arba'a | أربعة |
| | | |
| cinco | χamsa | خمسة |
| seis | setta | ستّة |
| sete | sab'a | سبعة |
| oito | tamanya | ثمانية |
| nove | tes'a | تسعة |
| | | |
| dez | 'aʃara | عشرة |
| onze | ḥedāʃar | حداشر |
| doze | etnāʃar | إتناشر |
| treze | talattāʃar | تلاتّاشر |
| catorze | arba'tāʃer | أربعتاشر |
| | | |
| quinze | χamastāʃer | خمستاشر |
| dezasseis | settāʃar | ستّاشر |
| dezassete | saba'tāʃar | سبعتاشر |
| dezoito | tamantāʃar | تمنتاشر |
| dezanove | tes'atāʃar | تسعتاشر |
| | | |
| vinte | 'eʃrīn | عشرين |
| vinte e um | wāḥed we 'eʃrīn | واحد وعشرين |
| vinte e dois | etneyn we 'eʃrīn | إتنين وعشرين |
| vinte e três | talāta we 'eʃrīn | ثلاثة وعشرين |
| trinta | talatīn | ثلاثين |

| | | |
|---|---|---|
| trinta e um | wāḥed we talatīn | واحد وتلاتين |
| trinta e dois | etneyn we talatīn | إتنين وتلاتين |
| trinta e três | talāta we talatīn | ثلاثة وثلاثين |
| quarenta | arbeʿīn | أربعين |
| quarenta e um | wāḥed we arbeʿīn | واحد وأربعين |
| quarenta e dois | etneyn we arbeʿīn | إتنين وأربعين |
| quarenta e três | talāta we arbeʿīn | ثلاثة وأربعين |
| cinquenta | χamsīn | خمسين |
| cinquenta e um | wāḥed we χamsīn | واحد وخمسين |
| cinquenta e dois | etneyn we χamsīn | إتنين وخمسين |
| cinquenta e três | talāta we χamsīn | ثلاثة وخمسين |
| sessenta | settīn | ستّين |
| sessenta e um | wāḥed we settīn | واحد وستّين |
| sessenta e dois | etneyn we settīn | إتنين وستّين |
| sessenta e três | talāta we settīn | ثلاثة وستّين |
| setenta | sabʿīn | سبعين |
| setenta e um | wāḥed we sabʿīn | واحد وسبعين |
| setenta e dois | etneyn we sabʿīn | إتنين وسبعين |
| setenta e três | talāta we sabʿīn | ثلاثة وسبعين |
| oitenta | tamanīn | ثمانين |
| oitenta e um | wāḥed we tamanīn | واحد وتمانين |
| oitenta e dois | etneyn we tamanīn | إتنين وتمانين |
| oitenta e três | talāta we tamanīn | ثلاثة وثمانين |
| noventa | tesʿīn | تسعين |
| noventa e um | wāḥed we tesʿīn | واحد وتسعين |
| noventa e dois | etneyn we tesʿīn | إتنين وتسعين |
| noventa e três | talāta we tesʿīn | ثلاثة وتسعين |

## 5. Números cardinais. Parte 2

| | | |
|---|---|---|
| cem | miya | ميّة |
| duzentos | meteyn | ميتين |
| trezentos | toltomiya | تلتميّة |
| quatrocentos | robʿomiya | ربعميّة |
| quinhentos | χomsomiya | خمسميّة |
| seiscentos | sotomiya | ستميّة |
| setecentos | sobʿomiya | سبعميّة |
| oitocentos | tomnomeʾa | ثمنمئة |
| novecentos | tosʿomiya | تسعميّة |
| mil | alf | ألف |
| dois mil | alfeyn | ألفين |
| De quem são ...? | talat ʾālāf | ثلاث آلاف |
| dez mil | ʿaʃaret ʾālāf | عشرة آلاف |
| cem mil | mīt alf | ميت ألف |
| um milhão | millyon (m) | مليون |
| mil milhões | millyār (m) | مليار |

## 6. Números ordinais

| | | |
|---|---|---|
| primeiro | awwel | أوّل |
| segundo | tāny | ثاني |
| terceiro | tālet | ثالث |
| quarto | rābeʿ | رابع |
| quinto | χāmes | خامس |
| sexto | sādes | سادس |
| sétimo | sābeʿ | سابع |
| oitavo | tāmen | ثامن |
| nono | tāseʿ | تاسع |
| décimo | ʿāʃer | عاشر |

## 7. Números. Frações

| | | |
|---|---|---|
| fração (f) | kasr (m) | كسر |
| um meio | noṣṣ | نصّ |
| um terço | telt | ثلث |
| um quarto | robʿ | ربع |
| um oitavo | tomn | تمن |
| um décimo | ʿoʃr | عشر |
| dois terços | teleyn | تلتين |
| três quartos | talātet arbāʿ | ثلاثة أرباع |

## 8. Números. Operações básicas

| | | |
|---|---|---|
| subtração (f) | ṭarḥ (m) | طرح |
| subtrair (vi, vt) | ṭaraḥ | طرح |
| divisão (f) | ʾesma (f) | قسمة |
| dividir (vt) | ʾasam | قسم |
| adição (f) | gamʿ (m) | جمع |
| somar (vt) | gamaʿ | جمع |
| adicionar (vt) | gamaʿ | جمع |
| multiplicação (f) | ḍarb (m) | ضرب |
| multiplicar (vt) | ḍarab | ضرب |

## 9. Números. Diversos

| | | |
|---|---|---|
| algarismo, dígito (m) | raqam (m) | رقم |
| número (m) | ʿadad (m) | عدد |
| numeral (m) | ʿadady (m) | عددي |
| menos (m) | nāʾeṣ (m) | ناقص |
| mais (m) | zāʾed (m) | زائد |
| fórmula (f) | moʿadla (f) | معادلة |
| cálculo (m) | ḥesāb (m) | حساب |
| contar (vt) | ʿadd | عدّ |

| | | |
|---|---|---|
| calcular (vt) | ḥasab | حسب |
| comparar (vt) | qāran | قارن |
| | | |
| Quanto, -os, -as? | kām? | كام؟ |
| soma (f) | magmūʿ (m) | مجموع |
| resultado (m) | natīga (f) | نتيجة |
| resto (m) | bāʾy (m) | باقي |
| | | |
| alguns, algumas ... | kām | كام |
| um pouco de ... | ʃewaya | شوية |
| resto (m) | el bāʾy (m) | الباقي |
| um e meio | wāḥed w noṣṣ (m) | واحد ونصّ |
| dúzia (f) | desta (f) | دستة |
| | | |
| ao meio | le noṣṣeyn | لنصّين |
| em partes iguais | bel tasāwy | بالتساوى |
| metade (f) | noṣṣ (m) | نصّ |
| vez (f) | marra (f) | مرّة |

## 10. Os verbos mais importantes. Parte 1

| | | |
|---|---|---|
| abrir (vt) | fataḥ | فتح |
| acabar, terminar (vt) | χallaṣ | خلّص |
| aconselhar (vt) | naṣaḥ | نصح |
| adivinhar (vt) | χammen | خمّن |
| advertir (vt) | ḥazzar | حذّر |
| | | |
| ajudar (vt) | sāʿed | ساعد |
| almoçar (vi) | etɣadda | إتغدّى |
| alugar (~ um apartamento) | estʾgar | إستأجر |
| amar (vt) | ḥabb | حبّ |
| ameaçar (vt) | hadded | هدّد |
| | | |
| anotar (escrever) | katab | كتب |
| apanhar (vt) | mesek | مسك |
| apressar-se (vr) | estaʿgel | إستعجل |
| arrepender-se (vr) | nedem | ندم |
| assinar (vt) | waqqaʿ | وقّع |
| | | |
| atirar, disparar (vi) | ḍarab bel nār | ضرب بالنار |
| brincar (vi) | hazzar | هزّر |
| brincar, jogar (crianças) | leʿeb | لعب |
| buscar (vt) | dawwar ʿala | دوّر على |
| caçar (vi) | eṣṭād | اصطاد |
| | | |
| cair (vi) | weʾeʿ | وقع |
| cavar (vt) | ḥafar | حفر |
| cessar (vt) | baṭṭal | بطّل |
| chamar (~ por socorro) | estaɣās | إستغاث |
| chegar (vi) | weṣel | وصل |
| chorar (vi) | baka | بكى |
| | | |
| começar (vt) | badaʾ | بدأ |
| comparar (vt) | qāran | قارن |

| | | |
|---|---|---|
| compreender (vt) | fehem | فهم |
| concordar (vi) | ettafa' | إتّفق |
| confiar (vt) | wasaq | وثق |
| confundir (equivocar-se) | etlaχbaṭ | إتلخبط |
| conhecer (vt) | ʿeref | عرف |
| contar (fazer contas) | ʿadd | عدّ |
| contar com (esperar) | eʿtamad ʿala ... | إعتمد على... |
| continuar (vt) | wāṣel | واصل |
| controlar (vt) | et-ḥakkem | إتحكّم |
| convidar (vt) | ʿazam | عزم |
| correr (vi) | gery | جري |
| criar (vt) | ʿamal | عمل |
| custar (vt) | kallef | كلّف |

## 11. Os verbos mais importantes. Parte 2

| | | |
|---|---|---|
| dar (vt) | edda | إدّى |
| dar uma dica | edda lamḥa | إدّى لمحة |
| decorar (enfeitar) | zayen | زيّن |
| defender (vt) | dāfaʿ | دافع |
| deixar cair (vt) | wa''aʿ | وقّع |
| descer (para baixo) | nezel | نزل |
| desculpar-se (vr) | eʿtazar | إعتذر |
| dirigir (~ uma empresa) | adār | أدار |
| discutir (notícias, etc.) | nā'eʃ | ناقش |
| dizer (vt) | 'āl | قال |
| duvidar (vt) | ʃakk fe | شكّ في |
| encontrar (achar) | la'a | لقى |
| enganar (vt) | χadaʿ | خدع |
| entrar (na sala, etc.) | daχal | دخل |
| enviar (uma carta) | arsal | أرسل |
| errar (equivocar-se) | ɣeleṭ | غلط |
| escolher (vt) | eχtār | إختار |
| esconder (vt) | χabba | خبّأ |
| escrever (vt) | katab | كتب |
| esperar (o autocarro, etc.) | estanna | إستنّى |
| esperar (ter esperança) | tamanna | تمنّى |
| esquecer (vt) | nesy | نسي |
| estudar (vt) | daras | درس |
| exigir (vt) | ṭāleb | طالب |
| existir (vi) | kān mawgūd | كان موّجود |
| explicar (vt) | ʃaraḥ | شرح |
| falar (vi) | kallem | كلّم |
| faltar (clases, etc.) | ɣāb | غاب |
| fazer (vt) | ʿamal | عمل |
| ficar em silêncio | seket | سكت |
| gabar-se, jactar-se (vr) | tabāha | تباهى |
| gostar (apreciar) | ʿagab | عجب |

| | | |
|---|---|---|
| gritar (vi) | ṣarraχ | صرّخ |
| guardar (cartas, etc.) | ḥafaẓ | حفظ |
| informar (vt) | 'āl ly | قال لي |
| insistir (vi) | aṣarr | أصرّ |
| insultar (vt) | ahān | أهان |
| interessar-se (vr) | ehtamm be | إهتمّ بـ |
| ir (a pé) | meʃy | مشى |
| ir nadar | sebeḥ | سبح |
| jantar (vi) | etʿasʃa | إتعشّى |

## 12. Os verbos mais importantes. Parte 3

| | | |
|---|---|---|
| ler (vt) | 'ara | قرأ |
| libertar (cidade, etc.) | ḥarrar | حرّر |
| matar (vt) | 'atal | قتل |
| mencionar (vt) | zakar | ذكر |
| mostrar (vt) | warra | ورّى |
| mudar (modificar) | ɣayar | غيّر |
| nadar (vi) | ʿām | عام |
| negar-se a ... | rafaḍ | رفض |
| objetar (vt) | eʿtaraḍ | إعترض |
| ordenar (mil.) | amar | أمر |
| ouvir (vt) | semeʿ | سمع |
| pagar (vt) | dafaʿ | دفع |
| parar (vi) | wa''af | وقّف |
| participar (vi) | ʃārek | شارك |
| pedir (comida) | ṭalab | طلب |
| pedir (um favor, etc.) | ṭalab | طلب |
| pegar (tomar) | aχad | أخد |
| pensar (vt) | fakkar | فكّر |
| perceber (ver) | lāḥaẓ | لاحظ |
| perdoar (vt) | ʿafa | عفا |
| perguntar (vt) | sa'al | سأل |
| permitir (vt) | samaḥ | سمح |
| pertencer a ... | χaṣṣ | خصّ |
| planear (vt) | χaṭṭeṭ | خطّط |
| poder (vi) | 'eder | قدر |
| possuir (vt) | malak | ملك |
| preferir (vt) | faḍḍal | فضّل |
| preparar (vt) | ḥaḍḍar | حضّر |
| prever (vt) | tanabba' | تنبّأ |
| prometer (vt) | waʿad | وعد |
| pronunciar (vt) | naṭa' | نطق |
| propor (vt) | ʿaraḍ | عرض |
| punir (castigar) | ʿāqab | عاقب |

## 13. Os verbos mais importantes. Parte 4

| | | |
|---|---|---|
| quebrar (vt) | kasar | كسر |
| queixar-se (vr) | ʃaka | شكا |
| querer (desejar) | ʿāyez | عايز |
| recomendar (vt) | naṣaḥ | نصح |
| repetir (dizer outra vez) | karrar | كرّر |
| repreender (vt) | wabbeχ | وبّخ |
| reservar (~ um quarto) | ḥagaz | حجز |
| responder (vt) | gāwab | جاوب |
| rezar, orar (vi) | ṣalla | صلّى |
| rir (vi) | ḍeḥek | ضحك |
| roubar (vt) | saraʾ | سرق |
| saber (vt) | ʿeref | عرف |
| sair (~ de casa) | χarag | خرج |
| salvar (vt) | anqaz | أنقذ |
| seguir ... | tatabbaʿ | تتبّع |
| sentar-se (vr) | ʾaʿad | قعد |
| ser necessário | maṭlūb | مطلوب |
| ser, estar | kān | كان |
| significar (vt) | ʾaṣad | قصد |
| sorrir (vi) | ebtasam | إبتسم |
| subestimar (vt) | estaχaff | إستخفّ |
| surpreender-se (vr) | etfāgeʾ | إتفاجئ |
| tentar (vt) | ḥāwel | حاول |
| ter (vt) | malak | ملك |
| ter fome | ʿāyez ʾākol | عايز آكل |
| ter medo | χāf | خاف |
| ter sede | ʿāyez aʃrab | عايز أشرب |
| tocar (com as mãos) | lamas | لمس |
| tomar o pequeno-almoço | feṭer | فطر |
| trabalhar (vi) | eʃtaɣal | إشتغل |
| traduzir (vt) | targem | ترجم |
| unir (vt) | waḥḥed | وحّد |
| vender (vt) | bāʿ | باع |
| ver (vt) | ʃāf | شاف |
| virar (ex. ~ à direita) | ḥād | حاد |
| voar (vi) | ṭār | طار |

## 14. Cores

| | | |
|---|---|---|
| cor (f) | lone (m) | لون |
| matiz (m) | daraget el lōn (m) | درجة اللون |
| tom (m) | ṣabɣet lōn (f) | صبغة اللون |
| arco-íris (m) | qose qozaḥ (m) | قوس قزح |
| branco | abyaḍ | أبيض |

| | | |
|---|---|---|
| preto | aswad | أسود |
| cinzento | romādy | رمادي |
| verde | aχḍar | أخضر |
| amarelo | aṣfar | أصفر |
| vermelho | aḥmar | أحمر |
| azul | azra' | أزرق |
| azul claro | azra' fāteḥ | أزرق فاتح |
| rosa | wardy | وردي |
| laranja | bortoqāly | برتقاليّ |
| violeta | banaffsegy | بنفّسجي |
| castanho | bonny | بنّي |
| dourado | dahaby | ذهبي |
| prateado | feḍḍy | فضّي |
| bege | bɛ:ʒ | بيج |
| creme | ʿāgy | عاجي |
| turquesa | fayrūzy | فيروزي |
| vermelho cereja | aḥmar karazy | أحمر كرزي |
| lilás | laylaky | ليلكي |
| carmesim | qormozy | قرمزي |
| claro | fāteḥ | فاتح |
| escuro | ɣāme' | غامق |
| vivo | zāhy | زاهي |
| de cor | melawwen | ملوّن |
| a cores | melawwen | ملوّن |
| preto e branco | abyaḍ we aswad | أبيض وأسوّد |
| unicolor | sāda | سادة |
| multicor | motaʿadded el alwān | متعددّ الألوان |

## 15. Questões

| | | |
|---|---|---|
| Quem? | mīn? | مين؟ |
| Que? | eyh? | ايه؟ |
| Onde? | feyn? | فين؟ |
| Para onde? | feyn? | فين؟ |
| De onde? | meneyn? | منين؟ |
| Quando? | emta | امتى؟ |
| Para quê? | ʿaʃān eyh? | عشان ايه؟ |
| Porquê? | leyh? | ليه؟ |
| Para quê? | l eyh? | لـ ليه؟ |
| Como? | ezāy? | إزاي؟ |
| Qual? | eyh? | ايه؟ |
| Qual? (entre dois ou mais) | ayī? | أيّ؟ |
| A quem? | le mīn? | لمين؟ |
| Sobre quem? | ʿan mīn? | عن مين؟ |
| Do quê? | ʿan eyh? | عن ايه؟ |
| Com quem? | maʿ mīn? | مع مين؟ |

| | | |
|---|---|---|
| Quanto, -os, -as? | kām? | كام؟ |
| De quem? (masc.) | betā'et mīn? | بتاعت مين؟ |

## 16. Preposições

| | | |
|---|---|---|
| com (prep.) | ma' | مع |
| sem (prep.) | men ɣeyr | من غير |
| a, para (exprime lugar) | ela | إلى |
| sobre (ex. falar ~) | 'an | عن |
| antes de ... | 'abl | قبل |
| diante de ... | 'oddām | قدّام |
| | | |
| sob (debaixo de) | taḥt | تحت |
| sobre (em cima de) | fo'e | فوق |
| sobre (~ a mesa) | 'ala | على |
| de (vir ~ Lisboa) | men | من |
| de (feito ~ pedra) | men | من |
| | | |
| dentro de (~ dez minutos) | ba'd | بعد |
| por cima de ... | men 'ala | من على |

## 17. Palavras funcionais. Advérbios. Parte 1

| | | |
|---|---|---|
| Onde? | feyn? | فين؟ |
| aqui | hena | هنا |
| lá, ali | henāk | هناك |
| | | |
| em algum lugar | fe makānen ma | في مكان ما |
| em lugar nenhum | meʃ fi ayī makān | مش في أيّ مكان |
| | | |
| ao pé de ... | ganb | جنب |
| ao pé da janela | ganb el ʃebbāk | جنب الشبّاك |
| | | |
| Para onde? | feyn? | فين؟ |
| para cá | hena | هنا |
| para lá | henāk | هناك |
| daqui | men hena | من هنا |
| de lá, dali | men henāk | من هناك |
| | | |
| perto | 'arīb | قريب |
| longe | be'īd | بعيد |
| | | |
| perto de ... | 'and | عند |
| ao lado de | 'arīb | قريب |
| perto, não fica longe | meʃ be'īd | مش بعيد |
| | | |
| esquerdo | el ʃemāl | الشمال |
| à esquerda | 'alal ʃemāl | على الشمال |
| para esquerda | lel ʃemāl | للشمال |
| | | |
| direito | el yemīn | اليمين |
| à direita | 'alal yemīn | على اليمين |

| | | |
|---|---|---|
| para direita | lel yemīn | لليمين |
| à frente | ʾoddām | قدّام |
| da frente | amāmy | أمامي |
| em frente (para a frente) | ela el amām | إلى الأمام |
| atrás de … | waraʾ | وراء |
| por detrás (vir ~) | men wara | من ورّا |
| para trás | le wara | لورّا |
| meio (m), metade (f) | wasaṭ (m) | وسط |
| no meio | fel wasat | في الوسط |
| de lado | ʿala ganb | على جنب |
| em todo lugar | fe kol makān | في كل مكان |
| ao redor (olhar ~) | ḥawaleyn | حوالين |
| de dentro | men gowwah | من جوّه |
| para algum lugar | le ʾayī makān | لأي مكان |
| diretamente | ʿala ṭūl | على طول |
| de volta | rogūʿ | رجوع |
| de algum lugar | men ayī makān | من أيّ مكان |
| de um lugar | men makānen mā | من مكان ما |
| em primeiro lugar | awwalan | أوّلاً |
| em segundo lugar | sāneyan | ثانياً |
| em terceiro lugar | sālesan | ثالثاً |
| de repente | fagʾa | فجأة |
| no início | fel bedāya | في البداية |
| pela primeira vez | le ʾawwel marra | لأوّل مرّة |
| muito antes de … | ʾabl … be modda ṭawīla | قبل... بمدة طويلة |
| de novo, novamente | men gedīd | من جديد |
| para sempre | lel abad | للأبد |
| nunca | abadan | أبداً |
| de novo | tāny | تاني |
| agora | delwaʾty | دلوقتي |
| frequentemente | ketīr | كثير |
| então | waʾtaha | وقتها |
| urgentemente | ʿala ṭūl | على طول |
| usualmente | ʿādatan | عادةً |
| a propósito, … | ʿala fekra … | على فكرة... |
| é possível | momken | ممكن |
| provavelmente | momken | ممكن |
| talvez | momken | ممكن |
| além disso, … | bel eḍāfa ela … | بالإضافة إلى... |
| por isso … | ʿaʃān keda | عشان كده |
| apesar de … | bel raɣm men … | بالرغم من... |
| graças a … | be faḍl … | بفضل... |
| que (pron.) | elly | إللي |
| que (conj.) | ennu | إنّه |
| algo | ḥāga (f) | حاجة |
| alguma coisa | ayī ḥāga (f) | أيّ حاجة |

| | | |
|---|---|---|
| nada | wala ḥāga | ولا حاجة |
| quem | elly | إللي |
| alguém (~ teve uma ideia ...) | ḥadd | حدّ |
| alguém | ḥadd | حدّ |
| ninguém | wala ḥadd | ولا حدّ |
| para lugar nenhum | meʃ le wala ma‹ān | مش لـ ولا مكان |
| de ninguém | wala ḥadd | ولا حدّ |
| de alguém | le ḥadd | لحدّ |
| tão | geddan | جداً |
| também (gostaria ~ de ...) | kamān | كمان |
| também (~ eu) | kamān | كمان |

## 18. Palavras funcionais. Advérbios. Parte 2

| | | |
|---|---|---|
| Porquê? | leyh? | ليه؟ |
| por alguma razão | le sabeben ma | لسبب ما |
| porque ... | ʿaʃān ... | عشان ... |
| por qualquer razão | le hadafen mā | لهدف ما |
| e (tu ~ eu) | w | و |
| ou (ser ~ não ser) | walla | وّلا |
| mas (porém) | bass | بسّ |
| para (~ a minha mãe) | ʿaʃān | عشان |
| demasiado, muito | ketīr geddan | كتير جدّاً |
| só, somente | bass | بسّ |
| exatamente | bel ḍabṭ | بالضبط |
| cerca de (~ 10 kg) | naḥw | نحو |
| aproximadamente | naḥw | نحو |
| aproximado | taqrīby | تقريبي |
| quase | taʾrīban | تقريباً |
| resto (m) | el bāʾy (m) | الباقي |
| cada | koll | كلّ |
| qualquer | ayī | أيّ |
| muito | ketīr | كتير |
| muitas pessoas | nās ketīr | ناس كتير |
| todos | koll el nās | كلّ الناس |
| em troca de ... | fi moqābel ... | في مقابل ... |
| em troca | fe moqābel | في مقابل |
| à mão | bel yad | باليد |
| pouco provável | bel kād | بالكاد |
| provavelmente | momken | ممكن |
| de propósito | bel ʾaṣd | بالقصد |
| por acidente | bel ṣodfa | بالصدفة |
| muito | ʾawy | قويّ |
| por exemplo | masalan | مثلاً |
| entre | beyn | بين |

| | | |
|---|---|---|
| entre (no meio de) | west̩ | وسط |
| tanto | ketīr | كتير |
| especialmente | χāṣṣa | خاصّة |

# Conceitos básicos. Parte 2

## 19. Opostos

| | | |
|---|---|---|
| rico | ɣany | غني |
| pobre | fa'īr | فقير |
| doente | marīḍ | مريض |
| são | salīm | سليم |
| grande | kebīr | كبير |
| pequeno | ṣaɣīr | صغير |
| rapidamente | bosor'a | بسرعة |
| lentamente | bo boṭ' | ببطء |
| rápido | saree' | سريع |
| lento | baṭī' | بطيء |
| alegre | farḥān | فرحان |
| triste | ḥazīn | حزين |
| juntos | ma' ba'ḍ | مع بعض |
| separadamente | le waḥdo | لوحده |
| em voz alta (ler ~) | beṣote 'āly | بصوت عالي |
| para si (em silêncio) | beṣamt | بصمت |
| alto | 'āly | عالي |
| baixo | wāṭy | واطي |
| profundo | 'amīq | عميق |
| pouco fundo | ḍaḥl | ضحل |
| sim | aywa | أيوه |
| não | la' | لأ |
| distante (no espaço) | be'īd | بعيد |
| próximo | 'arīb | قريب |
| longe | be'īd | بعيد |
| perto | 'arīb | قريب |
| longo | ṭawīl | طويل |
| curto | 'aṣīr | قصير |
| bom, bondoso | ṭayeb | طيّب |
| mau | ʃerrīr | شرير |
| casado | metgawwez | متجوّز |

| | | |
|---|---|---|
| solteiro | aʿzab | أعزب |
| proibir (vt) | manaʿ | منع |
| permitir (vt) | samaḥ | سمح |
| fim (m) | nehāya (f) | نهاية |
| começo (m) | bedāya (f) | بداية |
| esquerdo | el ʃemāl | الشمال |
| direito | el yemīn | اليمين |
| primeiro | awwel | أوّل |
| último | ʾāχer | آخر |
| crime (m) | garīma (f) | جريمة |
| castigo (m) | ʿeqāb (m) | عقاب |
| ordenar (vt) | amar | أمر |
| obedecer (vt) | ṭāʿ | طاع |
| reto | mostaqīm | مستقيم |
| curvo | monḥany | منحني |
| paraíso (m) | el ganna (f) | الجنّة |
| inferno (m) | el gaḥīm (f) | الجحيم |
| nascer (vi) | etwalad | إتوّلد |
| morrer (vi) | māt | مات |
| forte | ʾawy | قوّي |
| fraco, débil | ḍaʿīf | ضعيف |
| idoso | ʿagūz | عجوز |
| jovem | ʃāb | شاب |
| velho | ʾadīm | قديم |
| novo | gedīd | جديد |
| duro | ṣalb | صلب |
| mole | ṭary | طري |
| tépido | dāfy | دافي |
| frio | bāred | بارد |
| gordo | teχīn | تخين |
| magro | rofayaʿ | رفيّع |
| estreito | ḍayeʾ | ضيّق |
| largo | wāseʿ | واسع |
| bom | kewayes | كويّس |
| mau | weḥeʃ | وحش |
| valente | ʃogāʿ | شجاع |
| cobarde | gabān | جبان |

## 20. Dias da semana

| | | |
|---|---|---|
| segunda-feira (f) | el etneyn (m) | الإتنين |
| terça-feira (f) | el talāt (m) | التلات |
| quarta-feira (f) | el arbeʿāʾ (m) | الأربعاء |
| quinta-feira (f) | el χamīs (m) | الخميس |
| sexta-feira (f) | el gomʿa (m) | الجمعة |
| sábado (m) | el sabt (m) | السبت |
| domingo (m) | el aḥad (m) | الأحد |
| hoje | el naharda | النهارده |
| amanhã | bokra | بكرة |
| depois de amanhã | baʿd bokra (m) | بعد بكرة |
| ontem | embāreḥ | امبارح |
| anteontem | awwel embāreḥ | أوّل امبارح |
| dia (m) | yome (m) | يوم |
| dia (m) de trabalho | yome ʿamal (m) | يوم عمل |
| feriado (m) | agāza rasmiya (f) | أجازة رسميّة |
| dia (m) de folga | yome el agāza (m) | يوم أجازة |
| fim (m) de semana | nehāyet el osbūʿ (f) | نهاية الأسبوع |
| o dia todo | ṭūl el yome | طول اليوم |
| no dia seguinte | fel yome elly baʿdīh | في اليوم اللي بعديه |
| há dois dias | men yomeyn | من يومين |
| na véspera | fel yome elly ʾablo | في اليوم اللي قبله |
| diário | yawmy | يومي |
| todos os dias | yawmiyan | يومياً |
| semana (f) | osbūʿ (m) | أسبوع |
| na semana passada | el esbūʿ elly fāt | الأسبوع اللي فات |
| na próxima semana | el esbūʿ elly gayī | الأسبوع اللي جاي |
| semanal | osbūʿy | أسبوعي |
| cada semana | osbūʿiyan | أسبوعياً |
| duas vezes por semana | marreteyn fel osbūʿ | مرّتين في الأسبوع |
| cada terça-feira | koll solasāʾ | كلّ ثلاثاء |

## 21. Horas. Dia e noite

| | | |
|---|---|---|
| manhã (f) | ṣobḥ (m) | صبح |
| de manhã | fel ṣobḥ | في الصبح |
| meio-dia (m) | ẓohr (m) | ظهر |
| à tarde | baʿd el ḍohr | بعد الظهر |
| noite (f) | leyl (m) | ليل |
| à noite (noitinha) | bel leyl | بالليل |
| noite (f) | leyl (m) | ليل |
| à noite | bel leyl | بالليل |
| meia-noite (f) | noṣṣ el leyl (m) | نصّ الليل |
| segundo (m) | sanya (f) | ثانية |
| minuto (m) | deʾīʾa (f) | دقيقة |
| hora (f) | sāʿa (f) | ساعة |

| | | |
|---|---|---|
| meia hora (f) | noṣṣ sāʿa (m) | نصّ ساعة |
| quarto (m) de hora | robʿ sāʿa (f) | ربع ساعة |
| quinze minutos | χamastāʃer deʾīʾa | خمستاشر دقيقة |
| vinte e quatro horas | arbaʿa we ʿeʃrīn sāʿa | أربعة وعشرين ساعة |
| nascer (m) do sol | ʃorūʾ el ʃams (m) | شروق الشمس |
| amanhecer (m) | fagr (m) | فجر |
| madrugada (f) | ṣobḥ badry (m) | صبح بدري |
| pôr do sol (m) | ɣorūb el ʃams (m) | غروب الشمس |
| de madrugada | el ṣobḥ badry | الصبح بدري |
| hoje de manhã | el naharda el ṣobḥ | النهاردة الصبح |
| amanhã de manhã | bokra el ṣobḥ | بكرة الصبح |
| hoje à tarde | el naharda baʿd el ḍohr | النهاردة بعد الظهر |
| à tarde | baʿd el ḍohr | بعد الظهر |
| amanhã à tarde | bokra baʿd el ḍohr | بكرة بعد الظهر |
| hoje à noite | el naharda bel leyl | النهاردة بالليل |
| amanhã à noite | bokra bel leyl | بكرة بالليل |
| às três horas em ponto | es sāʿa talāta bel ḍabṭ | الساعة تلاتة بالضبط |
| por volta das quatro | es sāʿa arbaʿa taʾrīban | الساعة أربعة تقريبا |
| às doze | ḥatt es sāʿa etnāʃar | حتى الساعة إتناشر |
| dentro de vinte minutos | fe χelāl ʿeʃrīn deʿeeʿa | في خلال عشرين دقيقة |
| dentro duma hora | fe χelāl sāʿa | في خلال ساعة |
| a tempo | fe mawʿedo | في موعده |
| menos um quarto | ella robʿ | إلّا ربع |
| durante uma hora | χelāl sāʿa | خلال ساعة |
| a cada quinze minutos | koll robʿ sāʿa | كلّ ربع ساعة |
| as vinte e quatro horas | leyl nahār | ليل نهار |

## 22. Meses. Estações

| | | |
|---|---|---|
| janeiro (m) | yanāyer (m) | يناير |
| fevereiro (m) | febrāyer (m) | فبراير |
| março (m) | māres (m) | مارس |
| abril (m) | ebrīl (m) | إبريل |
| maio (m) | māyo (m) | مايو |
| junho (m) | yonyo (m) | يونيو |
| julho (m) | yolyo (m) | يوليو |
| agosto (m) | oɣosṭos (m) | أغسطس |
| setembro (m) | sebtamber (m) | سبتمبر |
| outubro (m) | oktober (m) | أكتوبر |
| novembro (m) | november (m) | نوفمبر |
| dezembro (m) | desember (m) | ديسمبر |
| primavera (f) | rabeeʿ (m) | ربيع |
| na primavera | fel rabeeʿ | في الربيع |
| primaveril | rabeeʿy | ربيعي |
| verão (m) | ṣeyf (m) | صيف |
| no verão | fel ṣeyf | في الصيف |

| | | |
|---|---|---|
| de verão | şeyfy | صيفي |
| outono (m) | χarīf (m) | خريف |
| no outono | fel χarīf | في الخريف |
| outonal | χarīfy | خريفي |
| inverno (m) | ʃetā' (m) | شتاء |
| no inverno | fel ʃetā' | في الشتاء |
| de inverno | ʃetwy | شتوي |
| mês (m) | ʃahr (m) | شهر |
| este mês | fel ʃahr da | في الشهر ده |
| no próximo mês | el ʃahr el gayī | الشهر الجاي |
| no mês passado | el ʃahr elly fāt | الشهر اللي فات |
| há um mês | men ʃahr | من شهر |
| dentro de um mês | ba'd ʃahr | بعد شهر |
| dentro de dois meses | ba'd ʃahreyn | بعد شهرين |
| todo o mês | el ʃahr kollo | الشهر كلّه |
| um mês inteiro | ṭawāl el ʃahr | طوال الشهر |
| mensal | ʃahry | شهري |
| mensalmente | ʃahry | شهري |
| cada mês | koll ʃahr | كلّ شهر |
| duas vezes por mês | marreteyn fel ʃahr | مرّتين في الشهر |
| ano (m) | sana (f) | سنة |
| este ano | el sana di | السنة دي |
| no próximo ano | el sana el gaya | السنة الجايّة |
| no ano passado | el sana elly fātet | السنة اللي فاتت |
| há um ano | men sana | من سنة |
| dentro dum ano | ba'd sana | بعد سنة |
| dentro de 2 anos | ba'd sanateyn | بعد سنتين |
| todo o ano | el sana kollaha | السنة كلّها |
| um ano inteiro | ṭūl el sana | طول السنة |
| cada ano | koll sana | كلّ سنة |
| anual | sanawy | سنوّي |
| anualmente | koll sana | كلّ سنة |
| quatro vezes por ano | arba' marrāt fel sana | أربع مرات في السنة |
| data (~ de hoje) | tarīχ (m) | تاريخ |
| data (ex. ~ de nascimento) | tarīχ (m) | تاريخ |
| calendário (m) | natīga (f) | نتيجة |
| meio ano | noşş sana | نصّ سنة |
| seis meses | settet aʃ-hor (f) | ستّة أشهر |
| estação (f) | faşl (m) | فصل |
| século (m) | qarn (m) | قرن |

## 23. Tempo. Diversos

| | | |
|---|---|---|
| tempo (m) | wa't (m) | وقت |
| momento (m) | laḥza (f) | لحظة |

| | | |
|---|---|---|
| instante (m) | laḥza (f) | لحظة |
| instantâneo | laḥza | لحظة |
| lapso (m) de tempo | fatra (f) | فترة |
| vida (f) | ḥayah (f) | حياة |
| eternidade (f) | abadiya (f) | أبديّة |
| época (f) | ʿahd (m) | عهد |
| era (f) | ʿaṣr (m) | عصر |
| ciclo (m) | dawra (f) | دوّرة |
| período (m) | fatra (f) | فترة |
| prazo (m) | fatra (f) | فترة |
| futuro (m) | el mostaqbal (m) | المستقبل |
| futuro | elly gayī | اللي جاي |
| da próxima vez | el marra el gaya | المرّة الجايّة |
| passado (m) | el māḍy (m) | الماضي |
| passado | elly fāt | اللي فات |
| na vez passada | el marra elly fātet | المرّة اللي فاتت |
| mais tarde | baʿdeyn | بعدين |
| depois | baʿd | بعد |
| atualmente | el ayām di | الأيام دي |
| agora | delwaʾty | دلوقتي |
| imediatamente | ḥālan | حالاً |
| em breve, brevemente | ʾarīb | قريب |
| de antemão | moʾaddaman | مقدّماً |
| há muito tempo | men zamān | من زمان |
| há pouco tempo | men ʾorayeb | من قريّب |
| destino (m) | maṣīr (m) | مصير |
| recordações (f pl) | zekra (f) | ذكرى |
| arquivo (m) | arʃīf (m) | أرشيف |
| durante ... | esnāʾ... | إثناء... |
| durante muito tempo | modda ṭawīla | مدّة طويلة |
| pouco tempo | le fatra ʾaṣīra | لفترة قصيرة |
| cedo (levantar-se ~) | badry | بدري |
| tarde (deitar-se ~) | metʾakχer | متأخّر |
| para sempre | lel abad | للأبد |
| começar (vt) | badaʾ | بدأ |
| adiar (vt) | aggel | أجّل |
| simultaneamente | fe nafs el waqt | في نفس الوقت |
| permanentemente | be ʃakl dāʾem | بشكل دائم |
| constante (ruído, etc.) | mostamerr | مستمرّ |
| temporário | moʾakkatan | مؤقتّاً |
| às vezes | saʿāt | ساعات |
| raramente | nāderan | نادراً |
| frequentemente | ketīr | كثير |

## 24. Linhas e formas

| | | |
|---|---|---|
| quadrado (m) | morabbaʿ (m) | مربّع |
| quadrado | morabbaʿ | مربّع |

| | | |
|---|---|---|
| círculo (m) | dayra (f) | دايرة |
| redondo | medawwar | مدوّر |
| triângulo (m) | mosallas (m) | مثلّث |
| triangular | mosallasy el ʃakl | مثلّثي الشكل |
| oval (f) | bayḍawy (m) | بيضوّي |
| oval | bayḍawy | بيضوّي |
| retângulo (m) | mostaṭīl (m) | مستطيل |
| retangular | mostaṭīly | مستطيلي |
| pirâmide (f) | haram (m) | هرم |
| rombo, losango (m) | mo'ayen (m) | معيّن |
| trapézio (m) | ʃebh el monḥaref (m) | شبه المنحرف |
| cubo (m) | moka'ab (m) | مكعّب |
| prisma (m) | manʃūr (m) | منشور |
| circunferência (f) | moḥīṭ monḥany moɣlaq (m) | محيط منحنى مغلق |
| esfera (f) | kora (f) | كرة |
| globo (m) | kora (f) | كرة |
| diâmetro (m) | qaṭr (m) | قطر |
| raio (m) | noṣṣ qaṭr (m) | نصّ قطر |
| perímetro (m) | moḥīṭ (m) | محيط |
| centro (m) | wasaṭ (m) | وسط |
| horizontal | ofoqy | أفقي |
| vertical | 'amūdy | عمودي |
| paralela (f) | motawāz (m) | متواز |
| paralelo | motawāzy | متوازي |
| linha (f) | χaṭṭ (m) | خطّ |
| traço (m) | ḥaraka (m) | حركة |
| reta (f) | χaṭṭ mostaqīm (m) | خطّ مستقيم |
| curva (f) | χaṭṭ monḥany (m) | خطّ منحني |
| fino (linha ~a) | rofaya' | رفيّع |
| contorno (m) | kontūr (m) | كنتور |
| interseção (f) | taqāṭo' (m) | تقاطع |
| ângulo (m) reto | zawya mostaqīma (f) | زاوية مستقيمة |
| segmento (m) | 'eṭ'a (f) | قطعة |
| setor (m) | qaṭā' (m) | قطاع |
| lado (de um triângulo, etc.) | gāneb (m) | جانب |
| ângulo (m) | zawya (f) | زاوية |

## 25. Unidades de medida

| | | |
|---|---|---|
| peso (m) | wazn (m) | وزن |
| comprimento (m) | ṭūl (m) | طول |
| largura (f) | 'arḍ (m) | عرض |
| altura (f) | ertefā' (m) | إرتفاع |
| profundidade (f) | 'omq (m) | عمق |
| volume (m) | ḥagm (m) | حجم |
| área (f) | mesāḥa (f) | مساحة |
| grama (m) | gram (m) | جرام |
| miligrama (m) | milligrām (m) | ملّيغرام |

| | | |
|---|---|---|
| quilograma (m) | kilogrām (m) | كيلوغرام |
| tonelada (f) | ṭenn (m) | طنّ |
| libra (453,6 gramas) | reṭl (m) | رطل |
| onça (f) | onṣa (f) | أونصة |
| | | |
| metro (m) | metr (m) | متر |
| milímetro (m) | millimetr (m) | ملّيمتر |
| centímetro (m) | santimetr (m) | سنتيمتر |
| quilómetro (m) | kilometr (m) | كيلومتر |
| milha (f) | mīl (m) | ميل |
| | | |
| polegada (f) | boṣa (f) | بوصة |
| pé (304,74 mm) | 'adam (m) | قدم |
| jarda (914,383 mm) | yarda (f) | ياردة |
| | | |
| metro (m) quadrado | metr morabbaʿ (m) | متر مربّع |
| hectare (m) | hektār (m) | هكتار |
| | | |
| litro (m) | litre (m) | لتر |
| grau (m) | daraga (f) | درجة |
| volt (m) | volt (m) | فولت |
| ampere (m) | ambere (m) | أمبير |
| cavalo-vapor (m) | ḥoṣān (m) | حصان |
| | | |
| quantidade (f) | kemiya (f) | كمّية |
| um pouco de ... | ʃewayet ... | شويّة... |
| metade (f) | noṣṣ (m) | نصّ |
| dúzia (f) | desta (f) | دستة |
| peça (f) | waḥda (f) | وحدة |
| | | |
| dimensão (f) | ḥagm (m) | حجم |
| escala (f) | meʾyās (m) | مقياس |
| | | |
| mínimo | el adna | الأدنى |
| menor, mais pequeno | el aṣɣar | الأصغر |
| médio | motawasseṭ | متوّسط |
| máximo | el aqṣa | الأقصى |
| maior, mais grande | el akbar | الأكبر |

## 26. Recipientes

| | | |
|---|---|---|
| boião (m) de vidro | barṭamān (m) | برطمان |
| lata (~ de cerveja) | kanz (m) | كانز |
| balde (m) | gardal (m) | جردل |
| barril (m) | barmīl (m) | برميل |
| | | |
| bacia (~ de plástico) | ḥoḍe lel ɣasīl (m) | حوض للغسيل |
| tanque (m) | xazzān (m) | خزّان |
| cantil (m) de bolso | zamzamiya (f) | زمزميّة |
| bidão (m) de gasolina | ʒerken (m) | جركن |
| cisterna (f) | xazzān (m) | خزّان |
| | | |
| caneca (f) | mugg (m) | ماجّ |
| chávena (f) | fengān (m) | فنجان |

| | | |
|---|---|---|
| pires (m) | ṭaba' fengān (m) | طبق فنجان |
| copo (m) | kobbāya (f) | كوبّاية |
| taça (f) de vinho | kāsa (f) | كاسة |
| panela, caçarola (f) | ḥalla (f) | حلّة |
| garrafa (f) | ezāza (f) | إزازة |
| gargalo (m) | 'onq (m) | عنق |
| jarro, garrafa (f) | dawra' zogāgy (m) | دوّرق زجاجي |
| jarro (m) de barro | ebrī' (m) | إبريق |
| recipiente (m) | we'ā' (m) | وعاء |
| pote (m) | aṣīṣ (m) | أصيص |
| vaso (m) | vāza (f) | فازة |
| frasco (~ de perfume) | ezāza (f) | إزازة |
| frasquinho (ex. ~ de iodo) | ezāza (f) | إزازة |
| tubo (~ de pasta dentífrica) | anbūba (f) | أنبوبة |
| saca (ex. ~ de açúcar) | kīs (m) | كيس |
| saco (~ de plástico) | kīs (m) | كيس |
| maço (m) | 'elba (f) | علبة |
| caixa (~ de sapatos, etc.) | 'elba (f) | علبة |
| caixa (~ de madeira) | ṣandū' (m) | صندوق |
| cesta (f) | salla (f) | سلّة |

## 27. Materiais

| | | |
|---|---|---|
| material (m) | madda (f) | مادّة |
| madeira (f) | χaʃab (m) | خشب |
| de madeira | χaʃaby | خشبي |
| vidro (m) | ezāz (m) | إزاز |
| de vidro | ezāz | إزاز |
| pedra (f) | ḥagar (m) | حجر |
| de pedra | ḥagary | حجري |
| plástico (m) | blastik (m) | بلاستيك |
| de plástico | men el blastik | من البلاستيك |
| borracha (f) | maṭṭāṭ (m) | مطّاط |
| de borracha | maṭṭāṭy | مطّاطي |
| tecido, pano (m) | 'omāʃ (m) | قماش |
| de tecido | men el 'omāʃ | من القماش |
| papel (m) | wara' (m) | ورق |
| de papel | wara'y | ورقي |
| cartão (m) | kartōn (m) | كرتون |
| de cartão | kartony | كرتوني |
| polietileno (m) | bolyetylen (m) | بولي ايثيلين |
| celofane (m) | sellofān (m) | سيلوفان |

| | | |
|---|---|---|
| contraplacado (m) | ablakāʃ (m) | أبلكاش |
| porcelana (f) | borsalīn (m) | بورسلين |
| de porcelana | men el borsalīn | من البورسلين |
| barro (f) | ṭīn (m) | طين |
| de barro | fokχāry | فخّاري |
| cerâmica (f) | seramīk (m) | سيراميك |
| de cerâmica | men el seramik | من السيراميك |

## 28. Metais

| | | |
|---|---|---|
| metal (m) | maʿdan (m) | معدن |
| metálico | maʿdany | معدني |
| liga (f) | sebīka (f) | سبيكة |
| ouro (m) | dahab (m) | ذهب |
| de ouro | dahaby | ذهبي |
| prata (f) | faḍḍa (f) | فضّة |
| de prata | feḍḍy | فضّي |
| ferro (m) | ḥadīd (m) | حديد |
| de ferro | ḥadīdy | حديدي |
| aço (m) | fulāz (m) | فولاذ |
| de aço | folāzy | فولاذي |
| cobre (m) | neḥās (m) | نحاس |
| de cobre | neḥāsy | نحاسي |
| alumínio (m) | aluminyum (m) | الومينيوم |
| de alumínio | aluminyum | الومينيوم |
| bronze (m) | bronze (m) | برونز |
| de bronze | bronzy | برونزي |
| latão (m) | neḥās aṣfar (m) | نحاس أصفر |
| níquel (m) | nikel (m) | نيكل |
| platina (f) | blatīn (m) | بلاتين |
| mercúrio (m) | zeʾbaq (m) | زئبق |
| estanho (m) | ʾaṣdīr (m) | قصدير |
| chumbo (m) | roṣāṣ (m) | رصاص |
| zinco (m) | zink (m) | زنك |

# O SER HUMANO

## O ser humano. O corpo

### 29. Humanos. Conceitos básicos

| | | |
|---|---|---|
| ser (m) humano | ensān (m) | إنسان |
| homem (m) | rāgel (m) | راجل |
| mulher (f) | set (f) | ست |
| criança (f) | ṭefl (m) | طفل |
| menina (f) | bent (f) | بنت |
| menino (m) | walad (m) | ولد |
| adolescente (m) | morāheq (m) | مراهق |
| velho (m) | ʿagūz (m) | عجوز |
| velha, anciã (f) | ʿagūza (f) | عجوزة |

### 30. Anatomia humana

| | | |
|---|---|---|
| organismo (m) | ʿoḍw (m) | عضو |
| coração (m) | ʾalb (m) | قلب |
| sangue (m) | damm (m) | دم |
| artéria (f) | ʃeryān (m) | شريان |
| veia (f) | ʿerʾ (m) | عرق |
| cérebro (m) | mokχ (m) | مخ |
| nervo (m) | ʿaṣab (m) | عصب |
| nervos (m pl) | aʿṣāb (pl) | أعصاب |
| vértebra (f) | faqra (f) | فقرة |
| coluna (f) vertebral | ʿamūd faqry (m) | عمود فقري |
| estômago (m) | meʿda (f) | معدة |
| intestinos (m pl) | amʿāʾ (pl) | أمعاء |
| intestino (m) | maʿy (m) | معي |
| fígado (m) | kebd (f) | كبد |
| rim (m) | kelya (f) | كلية |
| osso (m) | ʿaḍm (m) | عظم |
| esqueleto (m) | haykal ʿazmy (m) | هيكل عظمي |
| costela (f) | ḍelʿ (m) | ضلع |
| crânio (m) | gomgoma (f) | جمجمة |
| músculo (m) | ʿaḍala (f) | عضلة |
| bíceps (m) | biseps (f) | بايسبس |
| tríceps (m) | triseps (f) | ترايسبس |
| tendão (m) | watar (m) | وتر |
| articulação (f) | mefṣal (m) | مفصل |

| | | |
|---|---|---|
| pulmões (m pl) | re'ateyn (du) | رئتين |
| órgãos (m pl) genitais | a'ḍā' tanasoliya (pl) | أعضاء تناسلية |
| pele (f) | boʃra (m) | بشرة |

## 31. Cabeça

| | | |
|---|---|---|
| cabeça (f) | ra's (m) | رأس |
| cara (f) | weʃ (m) | وش |
| nariz (m) | manaχīr (m) | مناخير |
| boca (f) | bo' (m) | بوء |
| olho (m) | 'eyn (f) | عين |
| olhos (m pl) | 'oyūn (pl) | عيون |
| pupila (f) | ḥad'a (f) | حدقة |
| sobrancelha (f) | ḥāgeb (m) | حاجب |
| pestana (f) | remʃ (m) | رمش |
| pálpebra (f) | gefn (m) | جفن |
| língua (f) | lesān (m) | لسان |
| dente (m) | senna (f) | سنّة |
| lábios (m pl) | ʃafāyef (pl) | شفايف |
| maçãs (f pl) do rosto | 'aḍmet el χadd (f) | عضمة الخدّ |
| gengiva (f) | lassa (f) | لثّة |
| palato (m) | ḥanak (m) | حنك |
| narinas (f pl) | manaχer (pl) | مناخر |
| queixo (m) | da''n (m) | دقن |
| mandíbula (f) | fakk (m) | فكّ |
| bochecha (f) | χadd (m) | خدّ |
| testa (f) | gabha (f) | جبهة |
| têmpora (f) | ṣedɣ (m) | صدغ |
| orelha (f) | wedn (f) | ودن |
| nuca (f) | 'afa (m) | قفا |
| pescoço (m) | ra'aba (f) | رقبة |
| garganta (f) | zore (m) | زور |
| cabelos (m pl) | ʃa'r (m) | شعر |
| penteado (m) | tasrīḥa (f) | تسريحة |
| corte (m) de cabelo | tasrīḥa (f) | تسريحة |
| peruca (f) | barūka (f) | باروكة |
| bigode (m) | ʃanab (pl) | شنب |
| barba (f) | leḥya (f) | لحية |
| usar, ter (~ barba, etc.) | 'ando | عنده |
| trança (f) | ḍefīra (f) | ضفيرة |
| suíças (f pl) | sawālef (pl) | سوالف |
| ruivo | aḥmar el ʃa'r | أحمر الشعر |
| grisalho | ʃa'r abyaḍ | شعر أبيض |
| calvo | aṣla' | أصلع |
| calva (f) | ṣala' (m) | صلع |
| rabo-de-cavalo (m) | deyl ḥoṣān (m) | ديل حصان |
| franja (f) | 'oṣṣa (f) | قصّة |

## 32. Corpo humano

| | | |
|---|---|---|
| mão (f) | yad (m) | يد |
| braço (m) | derāʿ (f) | دراع |
| dedo (m) | ṣobāʿ (m) | صباع |
| dedo (m) do pé | ṣobāʿ el ʾadam (m) | صباع القدم |
| polegar (m) | ebhām (m) | إبهام |
| dedo (m) mindinho | χonṣor (m) | خنصر |
| unha (f) | ḍefr (m) | ضفر |
| punho (m) | qabḍa (f) | قبضة |
| palma (f) da mão | kaff (f) | كفّ |
| pulso (m) | meʿṣam (m) | معصم |
| antebraço (m) | sāʿed (m) | ساعد |
| cotovelo (m) | kūʿ (m) | كوع |
| ombro (m) | ketf (f) | كتف |
| perna (f) | regl (f) | رجل |
| pé (m) | qadam (f) | قدم |
| joelho (m) | rokba (f) | ركبة |
| barriga (f) da perna | semmāna (f) | سمّانة |
| anca (f) | faχd (f) | فخد |
| calcanhar (m) | kaʿb (m) | كعب |
| corpo (m) | gesm (m) | جسم |
| barriga (f) | baṭn (m) | بطن |
| peito (m) | ṣedr (m) | صدر |
| seio (m) | sady (m) | ثدي |
| lado (m) | ganb (m) | جنب |
| costas (f pl) | ḍahr (m) | ضهر |
| região (f) lombar | asfal el ḍahr (m) | أسفل الضهر |
| cintura (f) | wesṭ (f) | وسط |
| umbigo (m) | sorra (f) | سرّة |
| nádegas (f pl) | ardāf (pl) | أرداف |
| traseiro (m) | debr (m) | دبر |
| sinal (m) | ʃāma (f) | شامة |
| sinal (m) de nascença | waḥma | وحمة |
| tatuagem (f) | waʃm (m) | وشم |
| cicatriz (f) | nadba (f) | ندبة |

# Vestuário & Acessórios

## 33. Roupa exterior. Casacos

| | | |
|---|---|---|
| roupa (f) | malābes (pl) | ملابس |
| roupa (f) exterior | malābes fo'aniya (pl) | ملابس فوقانيّة |
| roupa (f) de inverno | malābes ʃetwiya (pl) | ملابس شتويّة |
| sobretudo (m) | balṭo (m) | بالطو |
| casaco (m) de peles | balṭo farww (m) | بالطو فروّ |
| casaco curto (m) de peles | ʒaket farww (m) | جاكيت فروّ |
| casaco (m) acolchoado | balṭo maḥʃy rīʃ (m) | بالطو محشي ريش |
| casaco, blusão (m) | ʒæket (m) | جاكيت |
| impermeável (m) | ʒæket lel maṭar (m) | جاكيت للمطر |
| impermeável | wāqy men el maya | واقي من الميّة |

## 34. Vestuário de homem & mulher

| | | |
|---|---|---|
| camisa (f) | 'amīṣ (m) | قميص |
| calças (f pl) | banṭalone (f) | بنطلون |
| calças (f pl) de ganga | ʒeans (m) | جينز |
| casaco (m) de fato | ʒæket (f) | جاكت |
| fato (m) | badla (f) | بدلة |
| vestido (ex. ~ vermelho) | fostān (m) | فستان |
| saia (f) | ʒība (f) | جيبة |
| blusa (f) | bloza (f) | بلوزة |
| casaco (m) de malha | kardigan (m) | كارديجن |
| casaco, blazer (m) | ʒæket (m) | جاكيت |
| T-shirt, camiseta (f) | ti ʃirt (m) | تي شيرت |
| calções (Bermudas, etc.) | ʃort (m) | شورت |
| fato (m) de treino | treneng (m) | ترينينج |
| roupão (m) de banho | robe el ḥammām (m) | روب حمّام |
| pijama (m) | beʒāma (f) | بيجاما |
| suéter (m) | blover (f) | بلوفر |
| pulôver (m) | blover (m) | بلوفر |
| colete (m) | vest (m) | فيست |
| fraque (m) | badlet sahra ṭawīla (f) | بدلة سهرة طويلة |
| smoking (m) | badla (f) | بدلة |
| uniforme (m) | zayī muwaḥḥad (m) | زيّ موحّد |
| roupa (f) de trabalho | lebs el ʃoɣl (m) | لبس الشغل |
| fato-macaco (m) | overall (m) | اوفر اول |
| bata (~ branca, etc.) | balṭo (m) | بالطو |

## 35. Vestuário. Roupa interior

| | | |
|---|---|---|
| roupa (f) interior | malābes dāχeliya (pl) | ملابس داخلية |
| cuecas boxer (f pl) | sirwāl dāχly rigāly (m) | سروال داخلي رجالي |
| cuecas (f pl) | sirwāl dāχly nisā'y (m) | سروال داخلي نسائي |
| camisola (f) interior | fanella (f) | فانلّا |
| peúgas (f pl) | ʃarāb (m) | شراب |
| camisa (f) de noite | 'amīṣ nome (m) | قميص نوم |
| sutiã (m) | setyāna (f) | ستيانة |
| meias longas (f pl) | ʃarabāt ṭawīla (pl) | شرابات طويلة |
| meia-calça (f) | klone (m) | كلون |
| meias (f pl) | gawāreb (pl) | جوارب |
| fato (m) de banho | mayo (m) | مايّوه |

## 36. Adereços de cabeça

| | | |
|---|---|---|
| chapéu (m) | ṭa'iya (f) | طاقيّة |
| chapéu (m) de feltro | borneyṭa (f) | برنيطة |
| boné (m) de beisebol | base bāl kāb (m) | بيس بول كاب |
| boné (m) | ṭa'iya mosaṭṭaḥa (f) | طاقيّة مسطحة |
| boina (f) | bereyh (m) | بيريه |
| capuz (m) | ɣaṭa' (f) | غطاء |
| panamá (m) | qobba'et banama (f) | قبّعة بناما |
| gorro (m) de malha | ays kāb (m) | آيس كاب |
| lenço (m) | eʃarb (m) | إيشارب |
| chapéu (m) de mulher | borneyṭa (f) | برنيطة |
| capacete (m) de proteção | χawza (f) | خوذة |
| bibico (m) | kāb (m) | كاب |
| capacete (m) | χawza (f) | خوذة |
| chapéu-coco (m) | qobba'a (f) | قبّعة |
| chapéu (m) alto | qobba'a rasmiya (f) | قبّعة رسمية |

## 37. Calçado

| | | |
|---|---|---|
| calçado (m) | gezam (pl) | جزم |
| botinas (f pl) | gazma (f) | جزمة |
| sapatos (de salto alto, etc.) | gazma (f) | جزمة |
| botas (f pl) | būt (m) | بوت |
| pantufas (f pl) | ʃebʃeb (m) | شبشب |
| ténis (m pl) | kotʃy tennis (m) | كوتشي تنس |
| sapatilhas (f pl) | kotʃy (m) | كوتشي |
| sandálias (f pl) | ṣandal (pl) | صندل |
| sapateiro (m) | eskāfy (m) | إسكافي |
| salto (m) | ka'b (m) | كعب |

| | | |
|---|---|---|
| par (m) | goze (m) | جوز |
| atacador (m) | ʃerīʾṭ (m) | شريط |
| apertar os atacadores | rabaṭ | ربط |
| calçadeira (f) | labbāsa el gazma (f) | لبّاسة الجزمة |
| graxa (f) para calçado | warnīʃ el gazma (m) | ورنيش الجزمة |

## 38. Têxtil. Tecidos

| | | |
|---|---|---|
| algodão (m) | ʾoṭn (m) | قطن |
| de algodão | ʾoṭny | قطني |
| linho (m) | kettān (m) | كتّان |
| de linho | men el kettān | من الكتّان |
| seda (f) | ḥarīr (m) | حرير |
| de seda | ḥarīry | حريري |
| lã (f) | ṣūf (m) | صوف |
| de lã | ṣūfiya | صوفية |
| veludo (m) | moχmal (m) | مخمل |
| camurça (f) | geld mazʾabar (m) | جلد مزأبر |
| bombazina (f) | ʾoṭṭn ʾaṭīfa (f) | قطن قطيفة |
| náilon (m) | nylon (m) | نايلون |
| de náilon | men el naylon | من النيلون |
| poliéster (m) | bolyester (m) | بوليستر |
| de poliéster | men el bolyastar | من البوليستر |
| couro (m) | geld (m) | جلد |
| de couro | men el geld | من الجلد |
| pele (f) | farww (m) | فروّ |
| de peles, de pele | men el farww | من الفروّ |

## 39. Acessórios pessoais

| | | |
|---|---|---|
| luvas (f pl) | gwanty (m) | جوانتي |
| mitenes (f pl) | gwanty men ɣeyr aṣābeʿ (m) | جوانتي من غير أصابع |
| cachecol (m) | skarf (m) | سكارف |
| óculos (m pl) | naḍḍāra (f) | نظّارة |
| armação (f) de óculos | eṭār (m) | إطار |
| guarda-chuva (m) | ʃamsiya (f) | شمسيّة |
| bengala (f) | ʿaṣāya (f) | عصاية |
| escova (f) para o cabelo | forʃet ʃaʿr (f) | فرشة شعر |
| leque (m) | marwaḥa (f) | مروّحة |
| gravata (f) | karavetta (f) | كرافتة |
| gravata-borboleta (f) | bebyona (m) | بيبيونة |
| suspensórios (m pl) | ḥammala (f) | حمّالة |
| lenço (m) | mandīl (m) | منديل |
| pente (m) | meʃṭ (m) | مشط |
| travessão (m) | dabbūs (m) | دبّوس |

| | | |
|---|---|---|
| gancho (m) de cabelo | bensa (m) | بنسة |
| fivela (f) | bokla (f) | بكلة |
| cinto (m) | ḥezām (m) | حزام |
| correia (f) | ḥammalet el ketf (f) | حمّالة الكتف |
| mala (f) | ʃanṭa (f) | شنطة |
| mala (f) de senhora | ʃanṭet yad (f) | شنطة يد |
| mochila (f) | ʃanṭet ḍahr (f) | شنطة ظهر |

## 40. Vestuário. Diversos

| | | |
|---|---|---|
| moda (f) | mūḍa (f) | موضة |
| na moda | fel moḍa | في الموضة |
| estilista (m) | moṣammem azyā' (m) | مصمّم أزياء |
| colarinho (m), gola (f) | yā'a (f) | ياقة |
| bolso (m) | geyb (m) | جيب |
| de bolso | geyb | جيب |
| manga (f) | komm (m) | كمّ |
| alcinha (f) | 'elāqa (f) | علّاقة |
| braguilha (f) | lesān (m) | لسان |
| fecho (m) de correr | sosta (f) | سوستة |
| fecho (m), colchete (m) | maʃbak (m) | مشبك |
| botão (m) | zerr (m) | زرّ |
| casa (f) de botão | 'arwa (f) | عروة |
| soltar-se (vr) | we'e' | وقع |
| coser, costurar (vi) | xayaṭ | خيّط |
| bordar (vt) | ṭarraz | طرّز |
| bordado (m) | taṭrīz (m) | تطريز |
| agulha (f) | ebra (f) | إبرة |
| fio (m) | xeyṭ (m) | خيط |
| costura (f) | derz (m) | درز |
| sujar-se (vr) | ettwassax | إتّوسّخ |
| mancha (f) | bo''a (f) | بقعة |
| engelhar-se (vr) | takarmaʃ | تكرمش |
| rasgar (vt) | 'aṭa' | قطع |
| traça (f) | 'etta (f) | عثّة |

## 41. Cuidados pessoais. Cosméticos

| | | |
|---|---|---|
| pasta (f) de dentes | ma'gūn asnān (m) | معجون أسنان |
| escova (f) de dentes | forʃet senān (f) | فرشة أسنان |
| escovar os dentes | naḍḍaf el asnān | نظّف الأسنان |
| máquina (f) de barbear | mūs (m) | موس |
| creme (m) de barbear | krīm ḥelā'a (m) | كريم حلاقة |
| barbear-se (vr) | ḥala' | حلق |
| sabonete (m) | ṣabūn (m) | صابون |

| | | |
|---|---|---|
| champô (m) | ʃambū (m) | شامبو |
| tesoura (f) | ma'aṣ (m) | مقص |
| lima (f) de unhas | mabrad (m) | مبرد |
| corta-unhas (m) | mel'aṭ (m) | ملقط |
| pinça (f) | mel'aṭ (m) | ملقط |
| cosméticos (m pl) | mawād tagmīl (pl) | مواد تجميل |
| máscara (f) facial | mask (m) | ماسك |
| manicura (f) | monekīr (m) | مونيكير |
| fazer a manicura | 'amal monikīr | عمل مونيكير |
| pedicure (f) | badikīr (m) | باديكير |
| mala (f) de maquilhagem | ʃanṭet mekyāʒ (f) | شنطة مكياج |
| pó (m) | bodret weʃ (f) | بودرة وش |
| caixa (f) de pó | 'elbet bodra (f) | علبة بودرة |
| blush (m) | aḥmar χodūd (m) | أحمر خدود |
| perfume (m) | barfān (m) | بارفان |
| água (f) de toilette | kolonya (f) | كولونيا |
| loção (f) | loʃion (m) | لوشن |
| água-de-colónia (f) | kolonya (f) | كولونيا |
| sombra (f) de olhos | eyeʃadow (m) | ايّ شادو |
| lápis (m) delineador | koḥl (m) | كحل |
| máscara (f), rímel (m) | maskara (f) | ماسكارا |
| batom (m) | rūʒ (m) | روج |
| verniz (m) de unhas | monekīr (m) | مونيكير |
| laca (f) para cabelos | mosabbet el ʃa'r (m) | مثبّت الشعر |
| desodorizante (m) | mozīl 'ara' (m) | مزيل عرق |
| creme (m) | krīm (m) | كريم |
| creme (m) de rosto | krīm lel weʃ (m) | كريم للوش |
| creme (m) de mãos | krīm eyd (m) | كريم أيد |
| creme (m) antirrugas | krīm moḍād lel taga'īd (m) | كريم مضاد للتجاعيد |
| creme (m) de dia | krīm en nahār (m) | كريم النهار |
| creme (m) de noite | krīm el leyl (m) | كريم الليل |
| de dia | nahāry | نهاري |
| da noite | layly | ليّلي |
| tampão (m) | tambon (m) | تانبون |
| papel (m) higiénico | wara' twalet (m) | ورق تواليت |
| secador (m) elétrico | seʃwār (m) | سشوار |

## 42. Joalheria

| | | |
|---|---|---|
| joias (f pl) | mogawharāt (pl) | مجوّهرات |
| precioso | ɣāly | غالي |
| marca (f) de contraste | damɣa (f) | دمغة |
| anel (m) | χātem (m) | خاتم |
| aliança (f) | deblet el faraḥ (m) | دبلة الفرح |
| pulseira (f) | eswera (m) | إسوَرة |
| brincos (m pl) | ḥala' (m) | حلق |

| | | |
|---|---|---|
| colar (m) | ʿo'd (m) | عقد |
| coroa (f) | tāg (m) | تاج |
| colar (m) de contas | ʿo'd χaraz (m) | عقد خرز |
| | | |
| diamante (m) | almāz (m) | ألماز |
| esmeralda (f) | zomorrod (m) | زمرّد |
| rubi (m) | ya'ūt aḥmar (m) | ياقوت أحمر |
| safira (f) | ya'ūt azra' (m) | ياقوت أزرق |
| pérola (f) | lo'lo' (m) | لؤلؤ |
| âmbar (m) | kahramān (m) | كهرمان |

## 43. Relógios de pulso. Relógios

| | | |
|---|---|---|
| relógio (m) de pulso | sāʿa (f) | ساعة |
| mostrador (m) | wag-h el sāʿa (m) | وجه الساعة |
| ponteiro (m) | ʿa'rab el sāʿa (m) | عقرب الساعة |
| bracelete (f) em aço | ʃerīṭ sāʿa maʿdaniya (m) | شريط ساعة معدنية |
| bracelete (f) em couro | ʃerīṭ el sāʿa (m) | شريط الساعة |
| | | |
| pilha (f) | baṭṭariya (f) | بطّاريّة |
| descarregar-se | χelṣet | خلصت |
| trocar a pilha | ɣayar el baṭṭariya | غيّر البطّاريّة |
| estar adiantado | saba' | سبق |
| estar atrasado | ta'akχar | تأخّر |
| | | |
| relógio (m) de parede | sāʿet ḥeyṭa (f) | ساعة حيطة |
| ampulheta (f) | sāʿa ramliya (f) | ساعة رمليّة |
| relógio (m) de sol | sāʿa ʃamsiya (f) | ساعة شمسيّة |
| despertador (m) | monabbeh (m) | منبّه |
| relojoeiro (m) | saʿāty (m) | ساعاتي |
| reparar (vt) | ṣallaḥ | صلّح |

# Alimentação. Nutrição

## 44. Comida

| | | |
|---|---|---|
| carne (f) | laḥma (f) | لحمة |
| galinha (f) | ferāχ (m) | فراخ |
| frango (m) | farrūg (m) | فرّوج |
| pato (m) | baṭṭa (f) | بطّة |
| ganso (m) | wezza (f) | وزّة |
| caça (f) | ṣeyd (m) | صيد |
| peru (m) | dīk rūmy (m) | ديك رومي |
| carne (f) de porco | laḥm el χanazīr (m) | لحم الخنزير |
| carne (f) de vitela | laḥm el ʻegl (m) | لحم العجل |
| carne (f) de carneiro | laḥm ḍāny (m) | لحم ضاني |
| carne (f) de vaca | laḥm baqary (m) | لحم بقري |
| carne (f) de coelho | laḥm arāneb (m) | لحم أرانب |
| chouriço, salsichão (m) | sogoʼʼ (m) | سجق |
| salsicha (f) | sogoʼʼ (m) | سجق |
| bacon (m) | bakon (m) | بيكون |
| fiambre (f) | hām(m) | هام |
| presunto (m) | faχd χanzīr (m) | فخد خنزير |
| patê (m) | maʻgūn laḥm (m) | معجون لحم |
| fígado (m) | kebda (f) | كبدة |
| carne (f) moída | hamburger (m) | هامبورجر |
| língua (f) | lesān (m) | لسان |
| ovo (m) | beyḍa (f) | بيضة |
| ovos (m pl) | beyḍ (m) | بيض |
| clara (f) do ovo | bayāḍ el beyḍ (m) | بياض البيض |
| gema (f) do ovo | ṣafār el beyḍ (m) | صفار البيض |
| peixe (m) | samak (m) | سمك |
| mariscos (m pl) | sīfūd (pl) | سي فود |
| caviar (m) | kaviar (m) | كافيار |
| caranguejo (m) | kaboria (m) | كابوريا |
| camarão (m) | gammbary (m) | جمبري |
| ostra (f) | maḥār (m) | محار |
| lagosta (f) | estakoza (m) | استاكوزا |
| polvo (m) | aχṭabūṭ (m) | أخطبوط |
| lula (f) | kalmāry (m) | كالماري |
| esturjão (m) | samak el ḥafʃ (m) | سمك الحفش |
| salmão (m) | salamon (m) | سلمون |
| halibute (m) | samak el halbūt (m) | سمك الهلبوت |
| bacalhau (m) | samak el qadd (m) | سمك القد |
| cavala, sarda (f) | makerel (m) | ماكريل |

| | | |
|---|---|---|
| atum (m) | tuna (f) | تونة |
| enguia (f) | ḥankalīs (m) | حنكليس |
| truta (f) | salamon mera"ɛṭ (m) | سلمون مرقّط |
| sardinha (f) | sardīn (m) | سردين |
| lúcio (m) | samak el karāky (m) | سمك الكراكي |
| arenque (m) | renga (f) | رنجة |
| pão (m) | ʿeyʃ (m) | عيش |
| queijo (m) | gebna (f) | جبنة |
| açúcar (m) | sokkar (m) | سكّر |
| sal (m) | melḥ (m) | ملح |
| arroz (m) | rozz (m) | رزّ |
| massas (f pl) | makaruna (f) | مكرونة |
| talharim (m) | nūdles (f) | نودلز |
| manteiga (f) | zebda (f) | زبدة |
| óleo (m) vegetal | zeyt (m) | زيت |
| óleo (m) de girassol | zeyt ʿabbād el ʃams (m) | زيت عبّاد الشمس |
| margarina (f) | margarīn (m) | مارجرين |
| azeitonas (f pl) | zaytūn (m) | زيتون |
| azeite (m) | zeyt el zaytūn (m) | زيت الزيتون |
| leite (m) | laban (m) | لبن |
| leite (m) condensado | ḥalīb mokassaf (m) | حليب مكثّف |
| iogurte (m) | zabādy (m) | زبادي |
| nata (f) azeda | kreyma ḥamḍa (f) | كريمة حامضة |
| nata (f) do leite | krīma (f) | كريمة |
| maionese (f) | mayonnɛ:z (m) | مايونيز |
| creme (m) | krīmet zebda (f) | كريمة زبدة |
| grãos (m pl) de cereais | ḥobūb ʾamḥ (pl) | حبوب قمح |
| farinha (f) | deʾīʾ (m) | دقيق |
| enlatados (m pl) | moʿallabāt (pl) | معلّبات |
| flocos (m pl) de milho | korn fleks (m) | كورن فليكس |
| mel (m) | ʿasal (m) | عسل |
| doce (m) | mrabba (m) | مربّى |
| pastilha (f) elástica | lebān (m) | لبان |

## 45. Bebidas

| | | |
|---|---|---|
| água (f) | meyāh (f) | مياه |
| água (f) potável | mayet ʃorb (m) | ميّة شرب |
| água (f) mineral | maya maʿdaniya (f) | ميّة معدنية |
| sem gás | rakeda | راكدة |
| gaseificada | kanz | كانز |
| com gás | kanz | كانز |
| gelo (m) | talg (m) | ثلج |
| com gelo | bel talg | بالتلج |

| | | |
|---|---|---|
| sem álcool | men ɣeyr koḥūl | من غير كحول |
| bebida (f) sem álcool | maʃrūb ɣāzy (m) | مشروب غازي |
| refresco (m) | ḥāga sa''a (f) | حاجة ساقعة |
| limonada (f) | limonāta (f) | ليموناتة |
| bebidas (f pl) alcoólicas | maʃrūbāt koḥūliya (pl) | مشروبات كحولية |
| vinho (m) | χamra (f) | خمرة |
| vinho (m) branco | nebīz abyaḍ (m) | نبيذ أبيض |
| vinho (m) tinto | nebī aḥmar (m) | نبيذ أحمر |
| licor (m) | liqure (m) | ليكيور |
| champanhe (m) | ʃambania (f) | شمبانيا |
| vermute (m) | vermote (m) | فيرموت |
| uísque (m) | wiski (m) | ويسكي |
| vodka (f) | vodka (f) | فودكا |
| gim (m) | ʒin (m) | جين |
| conhaque (m) | konyāk (m) | كونياك |
| rum (m) | rum (m) | رم |
| café (m) | 'ahwa (f) | قهوة |
| café (m) puro | 'ahwa sāda (f) | قهوة سادة |
| café (m) com leite | 'ahwa bel ḥalīb (f) | قهوة بالحليب |
| cappuccino (m) | kaputʃino (m) | كابتشينو |
| café (m) solúvel | neskafe (m) | نيسكافيه |
| leite (m) | laban (m) | لبن |
| coquetel (m) | koktayl (m) | كوكتيل |
| batido (m) de leite | milk ʃejk (m) | ميلك شيك |
| sumo (m) | 'aṣīr (m) | عصير |
| sumo (m) de tomate | 'aṣīr ṭamāṭem (m) | عصير طماطم |
| sumo (m) de laranja | 'aṣīr bortoqāl (m) | عصير برتقال |
| sumo (m) fresco | 'aṣīr freʃ (m) | عصير فريش |
| cerveja (f) | bīra (f) | بيرة |
| cerveja (f) clara | bīra χafīfa (f) | بيرة خفيفة |
| cerveja (f) preta | bīra ɣam'a (f) | بيرة غامقة |
| chá (m) | ʃāy (m) | شاي |
| chá (m) preto | ʃāy aḥmar (m) | شاي أحمر |
| chá (m) verde | ʃāy aχḍar (m) | شاي أخضر |

## 46. Vegetais

| | | |
|---|---|---|
| legumes (m pl) | χoḍār (pl) | خضار |
| verduras (f pl) | χoḍrawāt waraqiya (pl) | خضروات ورقية |
| tomate (m) | ṭamāṭem (f) | طماطم |
| pepino (m) | χeyār (m) | خيار |
| cenoura (f) | gazar (m) | جزر |
| batata (f) | baṭāṭes (f) | بطاطس |
| cebola (f) | baṣal (m) | بصل |
| alho (m) | tūm (m) | ثوم |

| | | |
|---|---|---|
| couve (f) | koronb (m) | كرنب |
| couve-flor (f) | ʾarnabīṭ (m) | قرنبيط |
| couve-de-bruxelas (f) | koronb broksel (m) | كرنب بروكسل |
| brócolos (m pl) | brokkoli (m) | بركولي |
| beterraba (f) | bangar (m) | بنجر |
| beringela (f) | bātengān (m) | باذنجان |
| curgete (f) | kōsa (f) | كوسة |
| abóbora (f) | qarʿ ʿasaly (m) | قرع عسلي |
| nabo (m) | left (m) | لفت |
| salsa (f) | baʾdūnes (m) | بقدونس |
| funcho, endro (m) | ʃabat (m) | شبت |
| alface (f) | χass (m) | خسّ |
| aipo (m) | karfas (m) | كرفس |
| espargo (m) | helione (m) | هليون |
| espinafre (m) | sabāneχ (m) | سبانخ |
| ervilha (f) | besella (f) | بسلّة |
| fava (f) | fūl (m) | فول |
| milho (m) | dora (f) | ذرة |
| feijão (m) | faṣolya (f) | فاصوليا |
| pimentão (m) | felfel (m) | فلفل |
| rabanete (m) | fegl (m) | فجل |
| alcachofra (f) | χarʃūf (m) | خرشوف |

## 47. Frutos. Nozes

| | | |
|---|---|---|
| fruta (f) | faχa (f) | فاكهة |
| maçã (f) | toffāḥa (f) | تفّاحة |
| pera (f) | kọmettra (f) | كمّثرى |
| limão (m) | lymūn (m) | ليمون |
| laranja (f) | bortoqāl (m) | برتقال |
| morango (m) | farawla (f) | فراولة |
| tangerina (f) | yosfy (m) | يوسفي |
| ameixa (f) | barʾūʾ (m) | برقوق |
| pêssego (m) | χawχa (f) | خوخة |
| damasco (m) | meʃmeʃ (f) | مشمش |
| framboesa (f) | tūt el ʿalīʾ el aḥmar (m) | توت العليق الأحمر |
| ananás (m) | ananās (m) | أناناس |
| banana (f) | moze (m) | موز |
| melancia (f) | baṭṭīχ (m) | بطّيخ |
| uva (f) | ʿenab (m) | عنب |
| ginja, cereja (f) | karaz (m) | كرز |
| meloa (f) | ʃammām (f) | شمّام |
| toranja (f) | grabe frūt (m) | جريب فروت |
| abacate (m) | avokado (f) | افوكاتو |
| papaia (f) | babāya (m) | ببايا |
| manga (f) | manga (m) | مانجة |
| romã (f) | rommān (m) | رمان |

| | | |
|---|---|---|
| groselha (f) vermelha | keʃmeʃ aḥmar (m) | كشمش أحمر |
| groselha (f) preta | keʃmeʃ aswad (m) | كشمش أسود |
| groselha (f) espinhosa | 'enab el sa'lab (m) | عنب الثعلب |
| mirtilo (m) | 'enab al aḥrāg (m) | عنب الأحراج |
| amora silvestre (f) | tūt aswad (m) | توت أسود |
| uvas (f pl) passas | zebīb (m) | زبيب |
| figo (m) | tīn (m) | تين |
| tâmara (f) | tamr (m) | تمر |
| amendoim (m) | fūl sudāny (m) | فول سوداني |
| amêndoa (f) | loze (m) | لوز |
| noz (f) | 'eyn gamal (f) | عين الجمل |
| avelã (f) | bondo' (m) | بندق |
| coco (m) | goze el hend (m) | جوز هند |
| pistáchios (m pl) | fosto' (m) | فستق |

## 48. Pão. Bolaria

| | | |
|---|---|---|
| pastelaria (f) | ḥalawīāt (pl) | حلويّات |
| pão (m) | 'eyʃ (m) | عيش |
| bolacha (f) | baskawīt (m) | بسكويت |
| chocolate (m) | ʃokolāta (f) | شكولاتة |
| de chocolate | bel ʃokolāṭa | بالشكولاتة |
| rebuçado (m) | bonbony (m) | بونبوني |
| bolo (cupcake, etc.) | keyka (f) | كيكة |
| bolo (m) de aniversário | torta (f) | تورتة |
| tarte (~ de maçã) | feṭīra (f) | فطيرة |
| recheio (m) | ḥaʃwa (f) | حشوة |
| doce (m) | mrabba (m) | مربّى |
| geleia (f) de frutas | marmalād (f) | مرملاد |
| waffle (m) | waffles (pl) | وافلز |
| gelado (m) | 'ays krīm (m) | آيس كريم |
| pudim (m) | būding (m) | بودنج |

## 49. Pratos cozinhados

| | | |
|---|---|---|
| prato (m) | wagba (f) | وجبة |
| cozinha (~ portuguesa) | maṭbaχ (m) | مطبخ |
| receita (f) | waṣfa (f) | وصفة |
| porção (f) | naṣīb (m) | نصيب |
| salada (f) | solṭa (f) | سلطة |
| sopa (f) | ʃorba (f) | شوربة |
| caldo (m) | mara'a (m) | مرقة |
| sandes (f) | sandawitʃ (m) | ساندويتش |
| ovos (m pl) estrelados | beyḍ ma'ly (m) | بيض مقلي |
| hambúrguer (m) | hamburger (m) | هامبورجر |

| | | |
|---|---|---|
| bife (m) | steak laḥm (m) | ستيك لحم |
| conduto (m) | ṭaba' gāneby (m) | طبق جانبي |
| espaguete (m) | spaɣetti (m) | سباجيتي |
| puré (m) de batata | baṭāṭes mahrūsa (f) | بطاطس مهروسة |
| pizza (f) | bītza (f) | بيتزا |
| papa (f) | 'aṣīda (f) | عصيدة |
| omelete (f) | omlette (m) | اومليت |
| cozido em água | maslū' | مسلوق |
| fumado | modakxen | مدخّن |
| frito | ma'ly | مقلي |
| seco | mogaffaf | مجفّف |
| congelado | mogammad | مجمّد |
| em conserva | mexallel | مخلّل |
| doce (açucarado) | mesakkar | مسكّر |
| salgado | māleḥ | مالح |
| frio | bāred | بارد |
| quente | soxn | سخن |
| amargo | morr | مرّ |
| gostoso | ḥelw | حلو |
| cozinhar (em água a ferver) | sala' | سلق |
| fazer, preparar (vt) | ḥaḍḍar | حضّر |
| fritar (vt) | 'ala | قلي |
| aquecer (vt) | sakxan | سخّن |
| salgar (vt) | raʃ malḥ | رشّ ملح |
| apimentar (vt) | raʃ felfel | رشّ فلفل |
| ralar (vt) | baraʃ | برش |
| casca (f) | 'eʃra (f) | قشرة |
| descascar (vt) | 'asʃar | قشّر |

## 50. Especiarias

| | | |
|---|---|---|
| sal (m) | melḥ (m) | ملح |
| salgado | māleḥ | مالح |
| salgar (vt) | raʃ malḥ | رشّ ملح |
| pimenta (f) preta | felfel aswad (m) | فلفل أسوّد |
| pimenta (f) vermelha | felfel aḥmar (m) | فلفل أحمر |
| mostarda (f) | mosṭarda (m) | مسطردة |
| raiz-forte (f) | fegl ḥār (m) | فجل حار |
| condimento (m) | bahār (m) | بهار |
| especiaria (f) | bahār (m) | بهار |
| molho (m) | ṣalṣa (f) | صلصة |
| vinagre (m) | xall (m) | خلّ |
| anis (m) | yansūn (m) | ينسون |
| manjericão (m) | rīḥān (m) | ريحان |
| cravo (m) | 'oronfol (m) | قرنفل |
| gengibre (m) | zangabīl (m) | زنجبيل |
| coentro (m) | kozbora (f) | كزبرة |

| | | |
|---|---|---|
| canela (f) | 'erfa (f) | قرفة |
| sésamo (m) | semsem (m) | سمسم |
| folhas (f pl) de louro | wara' el ɣār (m) | ورق الغار |
| páprica (f) | babrika (f) | بابريكا |
| cominho (m) | karawya (f) | كراوية |
| açafrão (m) | za'farān (m) | زعفران |

## 51. Refeições

| | | |
|---|---|---|
| comida (f) | akl (m) | أكل |
| comer (vt) | akal | أكل |
| pequeno-almoço (m) | foṭūr (m) | فطور |
| tomar o pequeno-almoço | feṭer | فطر |
| almoço (m) | ɣada' (m) | غداء |
| almoçar (vi) | etɣadda | إتغدّى |
| jantar (m) | 'aʃā' (m) | عشاء |
| jantar (vi) | et'asʃa | إتعشّى |
| apetite (m) | ʃahiya (f) | شهيّة |
| Bom apetite! | bel hana wel ʃefa! | بالهنا والشفا! |
| abrir (~ uma lata, etc.) | fataḥ | فتح |
| derramar (vt) | dala' | دلق |
| derramar-se (vr) | dala' | دلق |
| ferver (vi) | ɣely | غلى |
| ferver (vt) | ɣely | غلى |
| fervido | maɣly | مغلي |
| arrefecer (vt) | barrad | برّد |
| arrefecer-se (vr) | barrad | برّد |
| sabor, gosto (m) | ṭa'm (m) | طعم |
| gostinho (m) | ṭa'm ma ba'd el mazāq (m) | طعم ما بعد المذاق |
| fazer dieta | χass | خسّ |
| dieta (f) | reʒīm (m) | رجيم |
| vitamina (f) | vitamīn (m) | فيتامين |
| caloria (f) | so'ra ḥarāriya (f) | سعرة حراريّة |
| vegetariano (m) | nabāty (m) | نباتي |
| vegetariano | nabāty | نباتي |
| gorduras (f pl) | dohūn (pl) | دهون |
| proteínas (f pl) | brotenāt (pl) | بروتينات |
| carboidratos (m pl) | naʃawīāt (pl) | نشويّات |
| fatia (~ de limão, etc.) | ʃarīḥa (f) | شريحة |
| pedaço (~ de bolo) | 'eṭ'a (f) | قطعة |
| migalha (f) | fattāta (f) | فتاتة |

## 52. Por a mesa

| | | |
|---|---|---|
| colher (f) | ma'la'a (f) | معلقة |
| faca (f) | sekkīna (f) | سكّينة |

| | | |
|---|---|---|
| garfo (m) | ʃawka (f) | شوكة |
| chávena (f) | fengān (m) | فنجان |
| prato (m) | ṭaba' (m) | طبق |
| pires (m) | ṭaba' fengān (m) | طبق فنجان |
| guardanapo (m) | mandīl wara' (m) | منديل ورق |
| palito (m) | χallet senān (f) | خلة سنان |

## 53. Restaurante

| | | |
|---|---|---|
| restaurante (m) | maṭ'am (m) | مطعم |
| café (m) | 'ahwa (f), kaféih (m) | قهوة, كافيه |
| bar (m), cervejaria (f) | bār (m) | بار |
| salão (m) de chá | ṣalone ʃāy (m) | صالون شاي |
| empregado (m) de mesa | garsone (m) | جرسون |
| empregada (f) de mesa | garsona (f) | جرسونة |
| barman (m) | bārman (m) | بارمان |
| ementa (f) | qā'emet el ṭa'ām (f) | قائمة طعام |
| lista (f) de vinhos | qā'emet el χomūr (f) | قائمة خمور |
| reservar uma mesa | ḥagaz sofra | حجز سفرة |
| prato (m) | wagba (f) | وجبة |
| pedir (vt) | ṭalab | طلب |
| fazer o pedido | ṭalab | طلب |
| aperitivo (m) | ʃarāb (m) | شراب |
| entrada (f) | moqabbelāt (pl) | مقبّلات |
| sobremesa (f) | ḥalawīāt (pl) | حلويّات |
| conta (f) | ḥesāb (m) | حساب |
| pagar a conta | dafa' el ḥesāb | دفع الحساب |
| dar o troco | edda el bā'y | ادّي الباقي |
| gorjeta (f) | ba'ʃīʃ (m) | بقشيش |

# Família, parentes e amigos

## 54. Informação pessoal. Formulários

| | | |
|---|---|---|
| nome (m) | esm (m) | اسم |
| apelido (m) | esm el ʿaʾela (m) | اسم العائلة |
| data (f) de nascimento | tarīχ el melād (m) | تاريخ الميلاد |
| local (m) de nascimento | makān el melād (m) | مكان الميلاد |
| nacionalidade (f) | gensiya (f) | جنسيّة |
| lugar (m) de residência | maqarr el eqāma (m) | مقرّ الإقامة |
| país (m) | balad (m) | بلد |
| profissão (f) | mehna (f) | مهنة |
| sexo (m) | ginss (m) | جنس |
| estatura (f) | ṭūl (m) | طول |
| peso (m) | wazn (m) | وزن |

## 55. Membros da família. Parentes

| | | |
|---|---|---|
| mãe (f) | walda (f) | والدة |
| pai (m) | wāled (m) | والد |
| filho (m) | walad (m) | ولد |
| filha (f) | bent (f) | بنت |
| filha (f) mais nova | el bent el saɣīra (f) | البنت الصغيرة |
| filho (m) mais novo | el ebn el saɣīr (m) | الابن الصغير |
| filha (f) mais velha | el bent el kebīra (f) | البنت الكبيرة |
| filho (m) mais velho | el ebn el kabīr (m) | الابن الكبير |
| irmão (m) | aχ (m) | أخ |
| irmão (m) mais velho | el aχ el kibīr (m) | الأخ الكبير |
| irmão (m) mais novo | el aχ el ṣoɣeyyir (m) | الأخ الصغير |
| irmã (f) | oχt (f) | أخت |
| irmã (f) mais velha | el uχt el kibīra (f) | الأخت الكبيرة |
| irmã (f) mais nova | el uχt el ṣoɣeyyira (f) | الأخت الصغيرة |
| primo (m) | ibn ʿamm (m), ibn χāl (m) | إبن عمّ, إبن خال |
| prima (f) | bint ʿamm (f), bint χāl (f) | بنت عم, بنت خال |
| mamã (f) | mama (f) | ماما |
| papá (m) | baba (m) | بابا |
| pais (pl) | waldeyn (du) | والدين |
| criança (f) | ṭefl (m) | طفل |
| crianças (f pl) | aṭfāl (pl) | أطفال |
| avó (f) | gedda (f) | جدّة |
| avô (m) | gadd (m) | جدّ |
| neto (m) | ḥafīd (m) | حفيد |

| | | |
|---|---|---|
| neta (f) | ḥafīda (f) | حفيدة |
| netos (pl) | aḥfād (pl) | أحفاد |
| tio (m) | ʿamm (m), xāl (m) | عمّ, خال |
| tia (f) | ʿamma (f), xāla (f) | عمة, خالة |
| sobrinho (m) | ibn el ax (m), ibn el uxt (m) | إبن الأخ, إبن الأخت |
| sobrinha (f) | bint el ax (f), bint el uxt (f) | بنت الأخ, بنت الأخت |
| sogra (f) | ḥamah (f) | حماة |
| sogro (m) | ḥama (m) | حما |
| genro (m) | goze el bent (m) | جوز البنت |
| madrasta (f) | merāt el abb (f) | مرات الأب |
| padrasto (m) | goze el omm (m) | جوز الأم |
| criança (f) de colo | ṭefl raḍeeʿ (m) | طفل رضيع |
| bebé (m) | mawlūd (m) | موّلود |
| menino (m) | walad ṣaɣīr (m) | ولد صغير |
| mulher (f) | goza (f) | جوزة |
| marido (m) | goze (m) | جوز |
| esposo (m) | goze (m) | جوز |
| esposa (f) | goza (f) | جوزة |
| casado | metgawwez | متجوّز |
| casada | metgawweza | متجوّزة |
| solteiro | aʿzab | أعزب |
| solteirão (m) | aʿzab (m) | أعزب |
| divorciado | moṭallaq (m) | مطلّق |
| viúva (f) | armala (f) | أرملة |
| viúvo (m) | armal (m) | أرمل |
| parente (m) | ʾarīb (m) | قريب |
| parente (m) próximo | nesīb ʾarīb (m) | نسيب قريب |
| parente (m) distante | nesīb beʿīd (m) | نسيب بعيد |
| parentes (m pl) | aqāreb (pl) | أقارب |
| órfão (m), órfã (f) | yatīm (m) | يتيم |
| tutor (m) | walyī amr (m) | وليّ أمر |
| adotar (um filho) | tabanna | تبنّى |
| adotar (uma filha) | tabanna | تبنّى |

## 56. Amigos. Colegas de trabalho

| | | |
|---|---|---|
| amigo (m) | ṣadīq (m) | صديق |
| amiga (f) | ṣadīqa (f) | صديقة |
| amizade (f) | ṣadāqa (f) | صداقة |
| ser amigos | ṣādaq | صادق |
| amigo (m) | ṣāḥeb (m) | صاحب |
| amiga (f) | ṣaḥba (f) | صاحبة |
| parceiro (m) | rafīʾ (m) | رفيق |
| chefe (m) | raʾīs (m) | رئيس |
| superior (m) | el arfaʿ maqāman (m) | الأرفع مقاماً |
| proprietário (m) | ṣāḥib (m) | صاحب |

| | | |
|---|---|---|
| subordinado (m) | tābe' (m) | تابع |
| colega (m) | zamīl (m) | زميل |
| | | |
| conhecido (m) | ma'refa (m) | معرفة |
| companheiro (m) de viagem | rafī' safar (m) | رفيق سفر |
| colega (m) de classe | zamīl fel ṣaff (m) | زميل في الصفّ |
| | | |
| vizinho (m) | gār (m) | جار |
| vizinha (f) | gāra (f) | جارة |
| vizinhos (pl) | gerān (pl) | جيران |

## 57. Homem. Mulher

| | | |
|---|---|---|
| mulher (f) | set (f) | ست |
| rapariga (f) | bent (f) | بنت |
| noiva (f) | 'arūsa (f) | عروسة |
| | | |
| bonita | gamīla | جميلة |
| alta | ṭawīla | طويلة |
| esbelta | raʃīqa | رشيقة |
| de estatura média | 'aṣīra | قصيرة |
| | | |
| loura (f) | ʃa'ra (f) | شقراء |
| morena (f) | zāt al ʃa'r el dāken (f) | ذات الشعر الداكن |
| | | |
| de senhora | sayedāt | سيّدات |
| virgem (f) | 'azrā' (f) | عذراء |
| grávida | ḥāmel | حامل |
| | | |
| homem (m) | rāgel (m) | راجل |
| louro (m) | aʃ'ar (m) | أشقر |
| moreno (m) | zu el ʃa'r el dāken (m) | ذو الشعر الداكن |
| alto | ṭawīl | طويل |
| de estatura média | 'aṣīr | قصير |
| | | |
| rude | waqeḥ | وقح |
| atarracado | malyān | مليان |
| robusto | matīn | متين |
| forte | 'awy | قوّي |
| força (f) | 'owwa (f) | قوّة |
| | | |
| gordo | teχīn | تخين |
| moreno | asmar | أسمر |
| esbelto | raʃīq | رشيق |
| elegante | anīq | أنيق |

## 58. Idade

| | | |
|---|---|---|
| idade (f) | 'omr (m) | عمر |
| juventude (f) | ʃabāb (m) | شباب |
| jovem | ʃāb | شاب |
| mais novo | aṣɣar | أصغر |

| | | |
|---|---|---|
| mais velho | akbar | أكبر |
| jovem (m) | ʃāb (m) | شاب |
| adolescente (m) | morāheq (m) | مراهق |
| rapaz (m) | ʃāb (m) | شاب |
| velho (m) | ʿagūz (m) | عجوز |
| velhota (f) | ʿagūza (f) | عجوزة |
| adulto | rāʃed (m) | راشد |
| de meia-idade | fe montaṣaf el ʿomr | في منتصف العمر |
| idoso, de idade | ʿagūz | عجوز |
| velho | ʿagūz | عجوز |
| reforma (f) | maʿāʃ (m) | معاش |
| reformar-se (vr) | ohīl ʿala el maʿāʃ | أحيل على المعاش |
| reformado (m) | motaqāʿed (m) | متقاعد |

## 59. Crianças

| | | |
|---|---|---|
| criança (f) | ṭefl (m) | طفل |
| crianças (f pl) | aṭfāl (pl) | أطفال |
| gémeos (m pl) | tawʾam (du) | توأم |
| berço (m) | mahd (m) | مهد |
| guizo (m) | χoʃχeyʃa (f) | خشخيشة |
| fralda (f) | bambarz, ḥaffāḍ (m) | بامبرز, حفاض |
| chupeta (f) | bazzāza (f) | بزّازة |
| carrinho (m) de bebé | ʿarabet aṭfāl (f) | عربة أطفال |
| jardim (m) de infância | rawḍet aṭfāl (f) | روضة أطفال |
| babysitter (f) | dāda (f) | دادة |
| infância (f) | ṭofūla (f) | طفولة |
| boneca (f) | ʿarūsa (f) | عروسة |
| brinquedo (m) | leʿba (f) | لعبة |
| jogo (m) de armar | mokaʿʿabāt (pl) | مكعّبات |
| bem-educado | moʾaddab | مؤدّب |
| mal-educado | ʾalīl el adab | قليل الأدب |
| mimado | metdallaʿ | متدلّع |
| ser travesso | ʃefy | شقي |
| travesso, traquinas | laʿūb | لعوب |
| travessura (f) | ezʿāg (m) | إزعاج |
| criança (f) travessa | ṭefl laʿūb (m) | طفل لعوب |
| obediente | moṭeeʿ | مطيع |
| desobediente | ʿāq | عاقّ |
| dócil | ʿāʾel | عاقل |
| inteligente | zaky | ذكي |
| menino (m) prodígio | ṭefl moʿgeza (m) | طفل معجزة |

## 60. Casais. Vida de família

| | | |
|---|---|---|
| beijar (vt) | bās | باس |
| beijar-se (vr) | bās | باس |
| família (f) | ʿeyla (f) | عيلة |
| familiar | ʿāʾely | عائلي |
| casal (m) | gozeyn (du) | جوزين |
| matrimónio (m) | gawāz (m) | جواز |
| lar (m) | beyt (m) | بيت |
| dinastia (f) | solāla ḥākema (f) | سلالة حاكمة |
| encontro (m) | mawʿed (m) | موّعد |
| beijo (m) | bosa (f) | بوسة |
| amor (m) | ḥobb (m) | حبّ |
| amar (vt) | ḥabb | حبّ |
| amado, querido | ḥabīb | حبيب |
| ternura (f) | ḥanān (m) | حنان |
| terno, afetuoso | ḥanūn | حنون |
| fidelidade (f) | el eχlāṣ (m) | الإخلاص |
| fiel | moχleṣ | مخلص |
| cuidado (m) | ʿenāya (f) | عناية |
| carinhoso | mohtamm | مهتّم |
| recém-casados (m pl) | ʿarūseyn (du) | عروسين |
| lua de mel (f) | ʃahr el ʿasal (m) | شهر العسل |
| casar-se (com um homem) | tagawwaz | تجوّز |
| casar-se (com uma mulher) | tagawwaz | تجوّز |
| boda (f) | faraḥ (m) | فرح |
| amante (m) | ḥabīb (m) | حبيب |
| amante (f) | ḥabība (f) | حبيبة |
| adultério (m) | χeyāna zawgiya (f) | خيانة زوّجية |
| cometer adultério | χān | خان |
| ciumento | ɣayūr | غيّور |
| ser ciumento | ɣār | غار |
| divórcio (m) | ṭalāʾ (m) | طلاق |
| divorciar-se (vr) | ṭallaʾ | طلّق |
| brigar (discutir) | etχāneʾ | إتخانق |
| fazer as pazes | taṣālaḥ | تصالح |
| juntos | maʿ baʿḍ | مع بعض |
| sexo (m) | ginss (m) | جنس |
| felicidade (f) | saʿāda (f) | سعادة |
| feliz | saʿīd | سعيد |
| infelicidade (f) | moṣība (m) | مصيبة |
| infeliz | taʿīs | تعيس |

# Caráter. Sentimentos. Emoções

## 61. Sentimentos. Emoções

| | | |
|---|---|---|
| sentimento (m) | ʃoʿūr (m) | شعور |
| sentimentos (m pl) | maʃāʿer (pl) | مشاعر |
| sentir (vt) | ʃaʿar | شعر |
| fome (f) | gūʿ (m) | جوع |
| ter fome | ʿāyez ʾākol | عايز آكل |
| sede (f) | ʿaṭaʃ (m) | عطش |
| ter sede | ʿāyez aʃrab | عايز أشرب |
| sonolência (f) | neʿās (m) | نعاس |
| estar sonolento | neʿes | نعس |
| cansaço (m) | taʿab (m) | تعب |
| cansado | taʿbān | تعبان |
| ficar cansado | teʿeb | تعب |
| humor (m) | mazāg (m) | مزاج |
| tédio (m) | malal (m) | ملل |
| aborrecer-se (vr) | zeheʾ | زهق |
| isolamento (m) | ʿozla (f) | عزلة |
| isolar-se | ʿazal | عزل |
| preocupar (vt) | aʾlaʾ | أقلق |
| preocupar-se (vr) | ʾeleʾ | قلق |
| preocupação (f) | ʾalaʾ (m) | قلق |
| ansiedade (f) | ʾalaʾ (m) | قلق |
| preocupado | maʃɣūl el bāl | مشغول البال |
| estar nervoso | etwattar | إتوّتر |
| entrar em pânico | etχaḍḍ | إتخضّ |
| esperança (f) | amal (m) | أمل |
| esperar (vt) | tamanna | تمنّى |
| certeza (f) | yaqīn (m) | يقين |
| certo | motaʾakked | متأكّد |
| indecisão (f) | ʿadam el taʾakkod (m) | عدم التأكّد |
| indeciso | meʃ motaʾakked | مش متأكّد |
| ébrio, bêbado | sakrān | سكران |
| sóbrio | ṣāḥy | صاحي |
| fraco | ḍaʿīf | ضعيف |
| feliz | saʿīd | سعيد |
| assustar (vt) | χawwef | خوّف |
| fúria (f) | ɣaḍab ʃedīd (m) | غضب شديد |
| ira, raiva (f) | ɣaḍab (m) | غضب |
| depressão (f) | ekteʾāb (m) | إكتئاب |
| desconforto (m) | ʿadam erteyāḥ (m) | عدم إرتياح |

| | | |
|---|---|---|
| conforto (m) | rāḥa (f) | راحة |
| arrepender-se (vr) | nedem | ندم |
| arrependimento (m) | nadam (m) | ندم |
| azar (m), má sorte (f) | sū' ḥazẓ (m) | سوء حظ |
| tristeza (f) | ḥozn (f) | حزن |
| vergonha (f) | χagal (m) | خجل |
| alegria (f) | farah (m) | فرح |
| entusiasmo (m) | ḥamās (m) | حماس |
| entusiasta (m) | motaḥammes (m) | متحمّس |
| mostrar entusiasmo | taḥammas | تحمّس |

## 62. Caráter. Personalidade

| | | |
|---|---|---|
| caráter (m) | ʃaχṣiya (f) | شخصية |
| falha (f) de caráter | ʿeyb (m) | عيب |
| mente (f), razão (f) | ʿa'l (m) | عقل |
| consciência (f) | ḍamīr (m) | ضمير |
| hábito (m) | ʿāda (f) | عادة |
| habilidade (f) | qodra (f) | قدرة |
| saber (~ nadar, etc.) | ʿeref | عرف |
| paciente | ṣabūr | صبور |
| impaciente | 'alīl el ṣabr | قليل الصبر |
| curioso | foḍūly | فضولي |
| curiosidade (f) | foḍūl (m) | فضول |
| modéstia (f) | tawāḍoʿ (m) | تواضع |
| modesto | motawāḍeʿ | متواضع |
| imodesto | meʃ motawāḍeʿ | مش متواضع |
| preguiça (f) | kasal (m) | كسل |
| preguiçoso | kaslān | كسلان |
| preguiçoso (m) | kaslān (m) | كسلان |
| astúcia (f) | makr (m) | مكر |
| astuto | makkār | مكّار |
| desconfiança (f) | ʿadam el seqa (m) | عدم الثقة |
| desconfiado | ʃakkāk | شكّاك |
| generosidade (f) | karam (m) | كرم |
| generoso | karīm | كريم |
| talentoso | mawhūb | موهوب |
| talento (m) | mawheba (f) | موهبة |
| corajoso | ʃogāʿ | شجاع |
| coragem (f) | ʃagāʿa (f) | شجاعة |
| honesto | amīn | أمين |
| honestidade (f) | amāna (f) | أمانة |
| prudente | ḥazer | حذر |
| valente | ʃogāʿ | شجاع |
| sério | gād | جاد |

| | | |
|---|---|---|
| severo | ṣārem | صارم |
| decidido | ḥāsem | حاسم |
| indeciso | motaraddec | متردّد |
| tímido | χagūl | خجول |
| timidez (f) | χagal (m) | خجل |
| confiança (f) | seqa (f) | ثقة |
| confiar (vt) | wasaq | وثق |
| crédulo | saree' el taṣdīq | سريع التصديق |
| sinceramente | beṣarāḥa | بصراحة |
| sincero | moχleṣ | مخلص |
| sinceridade (f) | eχlāṣ (m) | إخلاص |
| aberto | ṣarīḥ | صريح |
| calmo | hady | هادئ |
| franco | ṣarīḥ | صريح |
| ingénuo | sāzeg | ساذج |
| distraído | ʃāred el fekr | شارد الفكر |
| engraçado | moḍḥek | مضحك |
| ganância (f) | boχl (m) | بخل |
| ganancioso | ṭammā' | طماع |
| avarento | baχīl | بخيل |
| mau | ʃerrīr | شرير |
| teimoso | 'anīd | عنيد |
| desagradável | karīh | كريه |
| egoísta (m) | anāny (m) | أناني |
| egoísta | anāny | أناني |
| cobarde (m) | gabān (m) | جبان |
| cobarde | gabān | جبان |

## 63. O sono. Sonhos

| | | |
|---|---|---|
| dormir (vi) | nām | نام |
| sono (m) | nome (m) | نوم |
| sonho (m) | ḥelm (m) | حلم |
| sonhar (vi) | ḥelem | حلم |
| sonolento | na'sān | نعسان |
| cama (f) | serīr (m) | سرير |
| colchão (m) | martaba (f) | مرتبة |
| cobertor (m) | baṭṭaniya (f) | بطّانيّة |
| almofada (f) | maχadda (f) | مخدّة |
| lençol (m) | melāya (f) | ملاية |
| insónia (f) | araq (m) | أرق |
| insone | bodūn nome | بدون نوم |
| sonífero (m) | monawwem (m) | منوّم |
| tomar um sonífero | aχad monawwem | اخد منوّم |
| estar sonolento | ne'es | نعس |
| bocejar (vi) | ettāweb | إتّاوب |

| | | |
|---|---|---|
| ir para a cama | rāḥ lel serīr | راح للسرير |
| fazer a cama | waḍḍab el serīr | وضّب السرير |
| adormecer (vi) | nām | نام |
| pesadelo (m) | kabūs (m) | كابوس |
| ronco (m) | ʃeχīr (m) | شخير |
| roncar (vi) | ʃakχar | شخّر |
| despertador (m) | monabbeh (m) | منبّه |
| acordar, despertar (vt) | ṣaḥḥa | صحّى |
| acordar (vi) | ṣeḥy | صحي |
| levantar-se (vr) | ʾām | قام |
| lavar-se (vr) | ɣasal | غسل |

## 64. Humor. Riso. Alegria

| | | |
|---|---|---|
| humor (m) | hezār (m) | هزار |
| sentido (m) de humor | ḥess fokāhy (m) | حسّ فكاهي |
| divertir-se (vr) | estamtaʿ | إستمتع |
| alegre | farḥān | فرحان |
| alegria (f) | bahga (f) | بهجة |
| sorriso (m) | ebtesāma (f) | إبتسامة |
| sorrir (vi) | ebtasam | إبتسم |
| começar a rir | badaʾ yeḍḥak | بدأ يضحك |
| rir (vi) | ḍeḥek | ضحك |
| riso (m) | ḍeḥka (f) | ضحكة |
| anedota (f) | ḥekāya (f) | حكاية |
| engraçado | moḍḥek | مضحك |
| ridículo | moḍḥek | مضحك |
| brincar, fazer piadas | hazzar | هزّر |
| piada (f) | nokta (f) | نكتة |
| alegria (f) | saʿāda (f) | سعادة |
| regozijar-se (vr) | mereḥ | مرح |
| alegre | saʿīd | سعيد |

## 65. Discussão, conversação. Parte 1

| | | |
|---|---|---|
| comunicação (f) | tawāṣol (m) | تواصل |
| comunicar-se (vr) | tawāṣal | تواصل |
| conversa (f) | moḥadsa (f) | محادثة |
| diálogo (m) | ḥewār (m) | حوار |
| discussão (f) | monaʾʃa (f) | مناقشة |
| debate (m) | χelāf (m) | خلاف |
| debater (vt) | χālef | خالف |
| interlocutor (m) | muḥāwer (m) | محاوّر |
| tema (m) | mawḍūʿ (m) | موضوع |
| ponto (m) de vista | weg-het naẓar (f) | وجهة نظر |

| | | |
|---|---|---|
| opinião (f) | ra'yī (m) | رأي |
| discurso (m) | xeṭāb (m) | خطاب |
| discussão (f) | mona'ʃa (f) | مناقشة |
| discutir (vt) | nā'eʃ | ناقش |
| conversa (f) | ḥadīs (m) | حديث |
| conversar (vi) | dardeʃ | دردش |
| encontro (m) | leqā' (m) | لقاء |
| encontrar-se (vr) | 'ābel | قابل |
| provérbio (m) | masal (m) | مثل |
| ditado (m) | maqūla (f) | مقولة |
| adivinha (f) | loɣz (m) | لغز |
| dizer uma adivinha | toʃakkel loɣz | تشكّل لغز |
| senha (f) | kelmet el morūr (f) | كلمة مرور |
| segredo (m) | serr (m) | سرّ |
| juramento (m) | qasam (m) | قسم |
| jurar (vi) | aqsam | أقسم |
| promessa (f) | wa'd (m) | وعد |
| prometer (vt) | wa'ad | وعد |
| conselho (m) | naṣīḥa (f) | نصيحة |
| aconselhar (vt) | naṣaḥ | نصح |
| seguir o conselho | tatabba' naṣīḥa | تتبّع نصيحة |
| escutar (~ os conselhos) | aṭā' | أطاع |
| novidade, notícia (f) | axbār (m) | أخبار |
| sensação (f) | ḍagga (f) | ضجّة |
| informação (f) | ma'lumāt (pl) | معلومات |
| conclusão (f) | estentāg (f) | إستنتاج |
| voz (f) | ṣote (m) | صوت |
| elogio (m) | madḥ (m) | مدح |
| amável | laṭīf | لطيف |
| palavra (f) | kelma (f) | كلمة |
| frase (f) | 'ebāra (f) | عبارة |
| resposta (f) | gawāb (m) | جواب |
| verdade (f) | ḥaī'a (f) | حقيقة |
| mentira (f) | kezb (m) | كذب |
| pensamento (m) | fekra (f) | فكرة |
| ideia (f) | fekra (f) | فكرة |
| fantasia (f) | xayāl (m) | خيال |

## 66. Discussão, conversação. Parte 2

| | | |
|---|---|---|
| estimado | moḥtaram | محترم |
| respeitar (vt) | eḥtaram | إحترم |
| respeito (m) | eḥterām (m) | إحترام |
| Estimado ..., Caro ... | 'azīzy ... | عزيزي... |
| apresentar (vt) | 'arraf | عرّف |
| travar conhecimento | ta'arraf | تعرّف |

| | | |
|---|---|---|
| intenção (f) | niya (f) | نيّة |
| tencionar (vt) | nawa | نوى |
| desejo (m) | omniya (f) | أمنية |
| desejar (ex. ~ boa sorte) | tamanna | تمنّى |
| | | |
| surpresa (f) | mofag'a (f) | مفاجأة |
| surpreender (vt) | fāga' | فاجئ |
| surpreender-se (vr) | etfāge' | إتفاجئ |
| | | |
| dar (vt) | edda | أدّى |
| pegar (tomar) | aχad | أخد |
| devolver (vt) | radd | ردّ |
| retornar (vt) | ragga' | رجّع |
| | | |
| desculpar-se (vr) | e'tazar | إعتذر |
| desculpa (f) | e'tezār (m) | إعتذار |
| perdoar (vt) | 'afa | عفا |
| | | |
| falar (vi) | etkallem | إتكلّم |
| escutar (vt) | seme' | سمع |
| ouvir até o fim | seme' | سمع |
| compreender (vt) | fehem | فهم |
| | | |
| mostrar (vt) | 'araḍ | عرض |
| olhar para ... | baṣṣ | بصّ |
| chamar (dizer em voz alta o nome) | nāda | نادى |
| distrair (vt) | ʃaɣal | شغل |
| perturbar (vt) | az'ag | أزعج |
| entregar (~ em mãos) | sallem | سلّم |
| | | |
| pedido (m) | ṭalab (m) | طلب |
| pedir (ex. ~ ajuda) | ṭalab | طلب |
| exigência (f) | maṭlab (m) | مطلب |
| exigir (vt) | ṭāleb | طالب |
| | | |
| chamar nomes (vt) | ɣāẓ | غاظ |
| zombar (vt) | saχar | سخر |
| zombaria (f) | soχreya (f) | سخرية |
| alcunha (f) | esm el ʃohra (m) | اسم الشهرة |
| | | |
| insinuação (f) | talmīḥ (m) | تلميح |
| insinuar (vt) | lammaḥ | لمّح |
| subentender (vt) | 'aṣad | قصد |
| | | |
| descrição (f) | waṣf (m) | وصف |
| descrever (vt) | waṣaf | وصف |
| elogio (m) | madḥ (m) | مدح |
| elogiar (vt) | madaḥ | مدح |
| | | |
| desapontamento (m) | χeybet amal (f) | خيبة أمل |
| desapontar (vt) | χayab | خيّب |
| desapontar-se (vr) | χābet 'āmalo | خابت آماله |
| | | |
| suposição (f) | efterāḍ (m) | إفتراض |
| supor (vt) | eftaraḍ | إفترض |

| | | |
|---|---|---|
| advertência (f) | taḥzīr (m) | تحذير |
| advertir (vt) | ḥazzar | حذّر |

## 67. Discussão, conversação. Parte 3

| | | |
|---|---|---|
| convencer (vt) | aqnaʿ | أقنع |
| acalmar (vt) | ṭamʾan | طمأن |
| silêncio (o ~ é de ouro) | sokūt (m) | سكوت |
| ficar em silêncio | seket | سكت |
| sussurrar (vt) | hamas | همس |
| sussurro (m) | hamsa (f) | همسة |
| francamente | beṣarāḥa | بصراحة |
| a meu ver ... | fi raʾyi ... | ... في رأيي |
| detalhe (~ da história) | tafṣīl (m) | تفصيل |
| detalhado | mofaṣṣal | مفصّل |
| detalhadamente | bel tafṣīl | بالتفصيل |
| dica (f) | talmīḥ (m) | تلميح |
| dar uma dica | edda lamḥa | أدى لمحة |
| olhar (m) | naẓra (f) | نظرة |
| dar uma vista de olhos | alqa nazra | ألقى نظرة |
| fixo (olhar ~) | sābet | ثابت |
| piscar (vi) | ramaʃ | رمش |
| pestanejar (vt) | ɣamaz | غمز |
| acenar (com a cabeça) | haz rāso | هزّ رأسه |
| suspiro (m) | tanhīda (f) | تنهيدة |
| suspirar (vi) | tanahhad | تنهّد |
| estremecer (vi) | ertaʿaʃ | ارتعش |
| gesto (m) | eʃāret yad (f) | إشارة يد |
| tocar (com as mãos) | lamas | لمس |
| agarrar (~ pelo braço) | mesek | مسك |
| bater de leve | ḥazz | حزّ |
| Cuidado! | χally bālak! | !خلّي بالك |
| A sério? | feʿlan | فعلاً؟ |
| Tem certeza? | enta motaʾakked? | أنت متأكّد؟ |
| Boa sorte! | bel tawfīʾ! | !بالتوفيق |
| Compreendi! | wāḍeḥ! | !واضح |
| Que pena! | ya χesāra! | !يا خسارة |

## 68. Acordo. Recusa

| | | |
|---|---|---|
| consentimento (~ mútuo) | mowafʾa (f) | موافقة |
| consentir (vi) | wāfeʾ | وافق |
| aprovação (f) | ʾobūl (m) | قبول |
| aprovar (vt) | ʾabal | قبل |
| recusa (f) | rafḍ (m) | رفض |

| | | |
|---|---|---|
| negar-se (vt) | rafaḍ | رفض |
| Está ótimo! | ʿazīm! | عظيم! |
| Muito bem! | tamām! | تمام! |
| Está bem! De acordo! | ettafaʾna! | إتّفقنا! |
| proibido | mamnūʿ | ممنوع |
| é proibido | mamnūʿ | ممنوع |
| é impossível | mostaḥīl | مستحيل |
| incorreto | ɣeleṭ | غلط |
| rejeitar (~ um pedido) | rafaḍ | رفض |
| apoiar (vt) | ayed | أيّد |
| aceitar (desculpas, etc.) | ʾabal | قبل |
| confirmar (vt) | akkad | أكّد |
| confirmação (f) | taʾkīd (m) | تأكيد |
| permissão (f) | samāḥ (m) | سماح |
| permitir (vt) | samaḥ | سمح |
| decisão (f) | qarār (m) | قرار |
| não dizer nada | ṣamt | صمت |
| condição (com uma ~) | ʃarṭ (m) | شرط |
| pretexto (m) | ʿozr (m) | عذر |
| elogio (m) | madḥ (m) | مدح |
| elogiar (vt) | madaḥ | مدح |

## 69. Sucesso. Boa sorte. Insucesso

| | | |
|---|---|---|
| êxito, sucesso (m) | nagāḥ (m) | نجاح |
| com êxito | be nagāḥ | بنجاح |
| bem sucedido | nāgeḥ | ناجح |
| sorte (fortuna) | ḥazz (m) | حظّ |
| Boa sorte! | bel tawfīʾ! | بالتوفيق! |
| de sorte | maḥẓūẓ | محظوظ |
| sortudo, felizardo | maḥẓūẓ | محظوظ |
| fracasso (m) | faʃal (m) | فشل |
| pouca sorte (f) | sūʾ el ḥazz (m) | سوء الحظّ |
| azar (m), má sorte (f) | sūʾ el ḥazz (m) | سوء الحظّ |
| mal sucedido | ɣayr nāgeḥ | غير ناجح |
| catástrofe (f) | karsa (f) | كارثة |
| orgulho (m) | faχr (m) | فخر |
| orgulhoso | faχūr | فخور |
| estar orgulhoso | eftaχar | إفتخر |
| vencedor (m) | fāʾez (m) | فائز |
| vencer (vi) | fāz | فاز |
| perder (vt) | χeser | خسر |
| tentativa (f) | moḥawla (f) | محاولة |
| tentar (vt) | ḥāwel | حاول |
| chance (m) | forṣa (f) | فرصة |

## 70. Conflitos. Emoções negativas

| | | |
|---|---|---|
| grito (m) | ṣarχa (f) | صرخة |
| gritar (vi) | ṣarraχ | صرّخ |
| começar a gritar | ṣarraχ | صرّخ |
| discussão (f) | χenā'a (f) | خناقة |
| discutir (vt) | etχāne' | إتخانق |
| escândalo (m) | χenā'a (f) | خناقة |
| criar escândalo | taʃāgar | تشاجر |
| conflito (m) | χelāf (m) | خلاف |
| mal-entendido (m) | sū' tafāhom (m) | سوء تفاهم |
| insulto (m) | ehāna (f) | إهانة |
| insultar (vt) | ahān | أهان |
| insultado | mohān | مهان |
| ofensa (f) | esteyā' (m) | إستياء |
| ofender (vt) | ahān | أهان |
| ofender-se (vr) | estā' | إستاء |
| indignação (f) | saχṭ (m) | سخط |
| indignar-se (vr) | estā' | إستاء |
| queixa (f) | ʃakwa (f) | شكوى |
| queixar-se (vr) | ʃaka | شكا |
| desculpa (f) | e'tezār (m) | إعتذار |
| desculpar-se (vr) | e'tazar | إعتذر |
| pedir perdão | e'tazar | إعتذر |
| crítica (f) | naqd (m) | نقد |
| criticar (vt) | naqad | نقد |
| acusação (f) | ettehām (m) | إتّهام |
| acusar (vt) | ettaham | إتّهم |
| vingança (f) | enteqām (m) | إنتقام |
| vingar (vt) | entaqam | إنتقم |
| vingar-se (vr) | radd | ردّ |
| desprezo (m) | ezderā' (m) | إزدراء |
| desprezar (vt) | eḥtaqar | إحتقر |
| ódio (m) | korh (f) | كره |
| odiar (vt) | kereh | كره |
| nervoso | 'aṣaby | عصبي |
| estar nervoso | etwattar | إتوّتر |
| zangado | ɣaḍbān | غضبان |
| zangar (vt) | narfez | نرفز |
| humilhação (f) | ezlāl (m) | إذلال |
| humilhar (vt) | zallel | ذلّل |
| humilhar-se (vr) | tazallal | تذلّل |
| choque (m) | ṣadma (f) | صدمة |
| chocar (vt) | ṣadam | صدم |
| aborrecimento (m) | moʃkela (f) | مشكلة |

| | | |
|---|---|---|
| desagradável | karīh | كريه |
| medo (m) | χofe (m) | خوف |
| terrível (tempestade, etc.) | ʃedīd | شديد |
| assustador (ex. história ~a) | moχīf | مخيف |
| horror (m) | roʿb (m) | رعب |
| horrível (crime, etc.) | baʃeʿ | بشع |
| | | |
| começar a tremer | ertaʿaʃ | إرتعش |
| chorar (vi) | baka | بكى |
| começar a chorar | badaʾ yebky | بدأ يبكي |
| lágrima (f) | damaʿa (f) | دمعة |
| | | |
| falta (f) | ɣalṭa (f) | غلطة |
| culpa (f) | zanb (m) | ذنب |
| desonra (f) | ʿār (m) | عار |
| protesto (m) | eḥtegāg (m) | إحتجاج |
| stresse (m) | tawattor (m) | توتّر |
| | | |
| perturbar (vt) | azʿag | أزعج |
| zangar-se com ... | ɣeḍeb | غضب |
| zangado | ɣaḍbān | غضبان |
| terminar (vt) | anha | أنهى |
| praguejar | ʃatam | شتم |
| | | |
| assustar-se | χāf | خاف |
| golpear (vt) | ḍarab | ضرب |
| brigar (na rua, etc.) | χāneʾ | خانق |
| | | |
| resolver (o conflito) | sawwa | سوّى |
| descontente | meʃ rāḍy | مش راضي |
| furioso | ɣaḍbān | غضبان |
| | | |
| Não está bem! | keda meʃ kwayes! | !كده مش كويّس |
| É mau! | keda weḥeʃ! | !كده وحش |

# Medicina

## 71. Doenças

| | | |
|---|---|---|
| doença (f) | marad (m) | مرض |
| estar doente | mered | مرض |
| saúde (f) | ṣeḥḥa (f) | صحّة |
| nariz (m) a escorrer | raʃ-ḥ fel anf (m) | رشح في الأنف |
| amigdalite (f) | eltehāb el lawzateyn (m) | إلتهاب اللوزتين |
| constipação (f) | zokām (m) | زكام |
| constipar-se (vr) | gālo bard | جاله برد |
| bronquite (f) | eltehāb ʃo'aby (m) | إلتهاب شعبيّ |
| pneumonia (f) | eltehāb ra'awy (m) | إلتهاب رئوي |
| gripe (f) | influenza (f) | إنفلونزا |
| míope | 'aṣīr el naẓar | قصير النظر |
| presbita | be'īd el naẓar | بعيد النظر |
| estrabismo (m) | ḥawal (m) | حوَل |
| estrábico | aḥwal | أحوَل |
| catarata (f) | katarakt (f) | كاتاراكت |
| glaucoma (m) | glawkoma (f) | جلوكوما |
| AVC (m), apoplexia (f) | sakta (f) | سكتة |
| ataque (m) cardíaco | azma 'albiya (f) | أزمة قلبية |
| enfarte (m) do miocárdio | nawba 'albiya (f) | نوبة قلبية |
| paralisia (f) | ʃalal (m) | شلل |
| paralisar (vt) | ʃall | شلّ |
| alergia (f) | ḥasasiya (f) | حساسيّة |
| asma (f) | rabw (m) | ربو |
| diabetes (f) | dā' el sokkary (m) | داء السكّري |
| dor (f) de dentes | alam asnān (m) | ألم الأسنان |
| cárie (f) | naχr el asnān (m) | نخر الأسنان |
| diarreia (f) | es-hāl (m) | إسهال |
| prisão (f) de ventre | emsāk (m) | إمساك |
| desarranjo (m) intestinal | edṭrāb el me'da (m) | إضطراب المعدة |
| intoxicação (f) alimentar | tasammom (m) | تسمم |
| intoxicar-se | etsammem | إتسمّم |
| artrite (f) | eltehāb el mafāṣel (m) | إلتهاب المفاصل |
| raquitismo (m) | kosāḥ el aṭfāl (m) | كساح الأطفال |
| reumatismo (m) | rheumatism (m) | روماتزم |
| arteriosclerose (f) | taṣṣallob el ʃarayīn (m) | تصلّب الشرايين |
| gastrite (f) | eltehāb el me'da (m) | إلتهاب المعدة |
| apendicite (f) | eltehāb el zayda el dūdiya (m) | إلتهاب الزائدة الدودية |

| | | |
|---|---|---|
| colecistite (f) | eltehāb el marāra (m) | إلتهاب المرارة |
| úlcera (f) | qorḥa (f) | قرحة |
| sarampo (m) | maraḍ el ḥaṣba (m) | مرض الحصبة |
| rubéola (f) | el ḥaṣba el almaniya (f) | الحصبة الألمانية |
| iterícia (f) | yaraqān (m) | يرقان |
| hepatite (f) | eltehāb el kabed el vayrūsy (m) | إلتهاب الكبد الفيروسي |
| esquizofrenia (f) | fuṣām (m) | فصام |
| raiva (f) | dā' el kalb (m) | داء الكلب |
| neurose (f) | eḍṭrāb ʿaṣaby (m) | إضطراب عصبي |
| comoção (f) cerebral | ertegāg el moχ (m) | إرتجاج المخ |
| cancro (m) | saraṭān (m) | سرطان |
| esclerose (f) | taṣṣallob (m) | تصلّب |
| esclerose (f) múltipla | taṣṣallob motaʿadded (m) | تصلّب متعدّد |
| alcoolismo (m) | edmān el χamr (m) | إدمان الخمر |
| alcoólico (m) | modmen el χamr (m) | مدمن الخمر |
| sífilis (f) | syfilis el zehry (m) | سفلس الزهري |
| SIDA (f) | el eydz (m) | الايدز |
| tumor (m) | waram (m) | ورم |
| maligno | χabīs | خبيث |
| benigno | ḥamīd (m) | حميد |
| febre (f) | ḥomma (f) | حمّى |
| malária (f) | malaria (f) | ملاريا |
| gangrena (f) | ɣanɣarīna (f) | غنغرينا |
| enjoo (m) | dawār el baḥr (m) | دوار البحر |
| epilepsia (f) | maraḍ el ṣaraʿ (m) | مرض الصرع |
| epidemia (f) | wabā' (m) | وباء |
| tifo (m) | tyfus (m) | تيفوس |
| tuberculose (f) | maraḍ el soll (m) | مرض السلّ |
| cólera (f) | kōlīra (f) | كوليرا |
| peste (f) | ṭaʿūn (m) | طاعون |

## 72. Sintomas. Tratamentos. Parte 1

| | | |
|---|---|---|
| sintoma (m) | ʿaraḍ (m) | عرض |
| temperatura (f) | ḥarāra (f) | حرارة |
| febre (f) | ḥomma (f) | حمّى |
| pulso (m) | nabḍ (m) | نبض |
| vertigem (f) | dawχa (f) | دوخة |
| quente (testa, etc.) | soχn | سخن |
| calafrio (m) | raʿʃa (f) | رعشة |
| pálido | aṣfar | أصفر |
| tosse (f) | koḥḥa (f) | كحّة |
| tossir (vi) | kaḥḥ | كحّ |
| espirrar (vi) | ʿaṭas | عطس |

| | | |
|---|---|---|
| desmaio (m) | dawχa (f) | دوخة |
| desmaiar (vi) | oɣma ʿaleyh | أغمي عليه |
| nódoa (f) negra | kadma (f) | كدمة |
| galo (m) | tawarrom (m) | تورّم |
| magoar-se (vr) | etχabaṭ | إتخبط |
| pisadura (f) | raḍḍa (f) | رضّة |
| aleijar-se (vr) | etkadam | إتكدم |
| coxear (vi) | ʿarag | عرج |
| deslocação (f) | χalʿ (m) | خلع |
| deslocar (vt) | χalaʿ | خلع |
| fratura (f) | kasr (m) | كسر |
| fraturar (vt) | enkasar | إنكسر |
| corte (m) | garḥ (m) | جرح |
| cortar-se (vr) | garaḥ nafsoh | جرح نفسه |
| hemorragia (f) | nazīf (m) | نزيف |
| queimadura (f) | ḥarʾ (m) | حرق |
| queimar-se (vr) | et-ḥaraʾ | إتحرق |
| picar (vt) | waχaz | وخز |
| picar-se (vr) | waχaz nafso | وخز نفسه |
| lesionar (vt) | aṣāb | أصاب |
| lesão (m) | eṣāba (f) | إصابة |
| ferida (f), ferimento (m) | garḥ (m) | جرح |
| trauma (m) | ṣadma (f) | صدمة |
| delirar (vi) | haza | هذى |
| gaguejar (vi) | talaʿsam | تلعثم |
| insolação (f) | ḍarabet ʃams (f) | ضربة شمس |

## 73. Sintomas. Tratamentos. Parte 2

| | | |
|---|---|---|
| dor (f) | alam (m) | ألم |
| farpa (no dedo) | ʃazya (f) | شظية |
| suor (m) | ʿerʾ (m) | عرق |
| suar (vi) | ʿereʾ | عرق |
| vómito (m) | targeeʿ (m) | ترجيع |
| convulsões (f pl) | taʃonnogāt (pl) | تشنّجات |
| grávida | ḥāmel | حامل |
| nascer (vi) | etwalad | اتولّد |
| parto (m) | welāda (f) | ولادة |
| dar à luz | walad | ولد |
| aborto (m) | eg-hāḍ (m) | إجهاض |
| respiração (f) | tanaffos (m) | تنفّس |
| inspiração (f) | estenʃāq (m) | إستنشاق |
| expiração (f) | zafīr (m) | زفير |
| expirar (vi) | zafar | زفر |
| inspirar (vi) | estanʃaq | إستنشق |

| | | |
|---|---|---|
| inválido (m) | mo'āq (m) | معاق |
| aleijado (m) | moq'ad (m) | مقعد |
| toxicodependente (m) | modmen moχaddarāt (m) | مدمن مخدّرات |
| surdo | aṭraʃ | أطرش |
| mudo | aχras | أخرس |
| surdo-mudo | aṭraʃ aχras | أطرش أخرس |
| louco (adj.) | magnūn | مجنون |
| louco (m) | magnūn (m) | مجنون |
| louca (f) | magnūna (f) | مجنونة |
| ficar louco | etgannen | اتجنّن |
| gene (m) | ʒīn (m) | جين |
| imunidade (f) | manā'a (f) | مناعة |
| hereditário | werāsy | وراثي |
| congénito | χolqy men el welāda | خلقي من الولادة |
| vírus (m) | virūs (m) | فيروس |
| micróbio (m) | mikrūb (m) | ميكروب |
| bactéria (f) | garsūma (f) | جرثومة |
| infeção (f) | 'adwa (f) | عدوى |

## 74. Sintomas. Tratamentos. Parte 3

| | | |
|---|---|---|
| hospital (m) | mostaʃfa (m) | مستشفى |
| paciente (m) | marīḍ (m) | مريض |
| diagnóstico (m) | taʃχīṣ (m) | تشخيص |
| cura (f) | ʃefā' (m) | شفاء |
| tratamento (m) médico | 'elāg ṭebby (m) | علاج طبي |
| curar-se (vr) | et'āleg | اتعالج |
| tratar (vt) | 'ālag | عالج |
| cuidar (pessoa) | marraḍ | مرّض |
| cuidados (m pl) | 'enāya (f) | عناية |
| operação (f) | 'amaliya grāḥiya (f) | عمليّة جراحية |
| enfaixar (vt) | ḍammad | ضمّد |
| enfaixamento (m) | taḍmīd (m) | تضميد |
| vacinação (f) | talqīḥ (m) | تلقيح |
| vacinar (vt) | laqqaḥ | لقّح |
| injeção (f) | ḥo'na (f) | حقنة |
| dar uma injeção | ḥa'an ebra | حقن إبرة |
| ataque (~ de asma, etc.) | nawba (f) | نوبة |
| amputação (f) | batr (m) | بتر |
| amputar (vt) | batr | بتر |
| coma (f) | ɣaybūba (f) | غيبوبة |
| estar em coma | kān fi ḥālet ɣaybūba | كان في حالة غيبوبة |
| reanimação (f) | el 'enāya el morakkaza (f) | العناية المركّزة |
| recuperar-se (vr) | ʃefy | شفي |
| estado (~ de saúde) | ḥāla (f) | حالة |

| | | |
|---|---|---|
| consciência (f) | wa'y (m) | وعي |
| memória (f) | zākera (f) | ذاكرة |
| tirar (vt) | χala' | خلع |
| chumbo (m), obturação (f) | ḥaʃww (m) | حشوّ |
| chumbar, obturar (vt) | ḥaʃa | حشا |
| hipnose (f) | el tanwīm el meɣnaṭīsy (m) | التنويم المغناطيسي |
| hipnotizar (vt) | nawwem | نوّم |

## 75. Médicos

| | | |
|---|---|---|
| médico (m) | doktore (m) | دكتور |
| enfermeira (f) | momarreḍa (f) | ممرّضة |
| médico (m) pessoal | doktore ʃaχṣy (m) | دكتور شخصي |
| dentista (m) | doktore asnān (m) | دكتور أسنان |
| oculista (m) | doktore el 'oyūn (m) | دكتور العيون |
| terapeuta (m) | ṭabīb baṭna (m) | طبيب باطنة |
| cirurgião (m) | garrāḥ (m) | جرّاح |
| psiquiatra (m) | doktore nafsāny (m) | دكتور نفساني |
| pediatra (m) | doktore aṭfāl (m) | دكتور أطفال |
| psicólogo (m) | aχeṣā'y 'elm el nafs (m) | أخصائي علم النفس |
| ginecologista (m) | doktore nesa (m) | دكتور نسا |
| cardiologista (m) | doktore 'alb (m) | دكتور قلب |

## 76. Medicina. Drogas. Acessórios

| | | |
|---|---|---|
| medicamento (m) | dawā' (m) | دواء |
| remédio (m) | 'elāg (m) | علاج |
| receitar (vt) | waṣaf | وصف |
| receita (f) | waṣfa (f) | وصفة |
| comprimido (m) | 'orṣ (m) | قرص |
| pomada (f) | marham (m) | مرهم |
| ampola (f) | ambūla (f) | أمبولة |
| preparado (m) | dawā' ʃorb (m) | دواء شراب |
| xarope (m) | ʃarāb (m) | شراب |
| cápsula (f) | ḥabba (f) | حبّة |
| remédio (m) em pó | zorūr (m) | ذرور |
| ligadura (f) | ḍammāda ʃāʃ (f) | ضمادة شاش |
| algodão (m) | 'oṭn (m) | قطن |
| iodo (m) | yūd (m) | يود |
| penso (m) rápido | blaster (m) | بلاستر |
| conta-gotas (m) | 'aṭṭāra (f) | قطّارة |
| termómetro (m) | termometr (m) | ترمومتر |
| seringa (f) | serennga (f) | سرنّجة |
| cadeira (f) de rodas | korsy motaḥarrek (m) | كرسي متحرك |
| muletas (f pl) | 'okkāz (m) | عكّاز |

| | | |
|---|---|---|
| analgésico (m) | mosakken (m) | مسكّن |
| laxante (m) | molayen (m) | مليّن |
| álcool (m) etílico | etanol (m) | إيثانول |
| ervas (f pl) medicinais | a'ʃāb ṭebbiya (pl) | أعشاب طبّية |
| de ervas (chá ~) | 'oʃby | عشبي |

## 77. Fumar. Produtos tabágicos

| | | |
|---|---|---|
| tabaco (m) | tabɣ (m) | تبغ |
| cigarro (m) | segāra (f) | سيجارة |
| charuto (m) | segār (m) | سيجار |
| cachimbo (m) | ɣelyone (m) | غليون |
| maço (~ de cigarros) | 'elba (f) | علبة |
| | | |
| fósforos (m pl) | kebrīt (m) | كبريت |
| caixa (f) de fósforos | 'elbet kebrīt (f) | علبة كبريت |
| isqueiro (m) | wallā'a (f) | ولّاعة |
| cinzeiro (m) | ṭa'ṭū'a (f) | طقطوقة |
| cigarreira (f) | 'elbet sagāyer (f) | علبة سجائر |
| | | |
| boquilha (f) | ḥamelet segāra (f) | حاملة سيجارة |
| filtro (m) | filter (m) | فلتر |
| | | |
| fumar (vi, vt) | dakχen | دخّن |
| acender um cigarro | walla' segāra | ولّع سيجارة |
| tabagismo (m) | tadχīn (m) | تدخين |
| fumador (m) | modakχen (m) | مدخّن |
| | | |
| beata (f) | 'aqab segāra (m) | عقب سيجارة |
| fumo (m) | dokχān (m) | دخّان |
| cinza (f) | ramād (m) | رماد |

# HABITAT HUMANO

## Cidade

### 78. Cidade. Vida na cidade

| | | |
|---|---|---|
| cidade (f) | madīna (f) | مدينة |
| capital (f) | ʻāṣema (f) | عاصمة |
| aldeia (f) | qarya (f) | قرية |
| mapa (m) da cidade | χarīṭet el madina (f) | خريطة المدينة |
| centro (m) da cidade | west el balad (m) | وسط البلد |
| subúrbio (m) | ḍāḥeya (f) | ضاحية |
| suburbano | el ḍawāḥy | الضواحي |
| periferia (f) | aṭrāf el madīna (pl) | أطراف المدينة |
| arredores (m pl) | ḍawāḥy el madīna (pl) | ضواحي المدينة |
| quarteirão (m) | ḥayī (m) | حي |
| quarteirão (m) residencial | ḥayī sakany (m) | حي سكني |
| tráfego (m) | ḥaraket el morūr (f) | حركة المرور |
| semáforo (m) | eʃārāt el morūr (pl) | إشارات المرور |
| transporte (m) público | wasāʼel el naʼl (pl) | وسائل النقل |
| cruzamento (m) | taqāṭoʻ (m) | تقاطع |
| passadeira (f) | maʻbar (m) | معبر |
| passagem (f) subterrânea | nafaʼ moʃāh (m) | نفق مشاه |
| cruzar, atravessar (vt) | ʻabar | عبر |
| peão (m) | māʃy (m) | ماشي |
| passeio (m) | raṣīf (m) | رصيف |
| ponte (f) | kobry (m) | كبري |
| margem (f) do rio | korneyʃ (m) | كورنيش |
| fonte (f) | nafūra (f) | نافورة |
| alameda (f) | mamʃa (m) | ممشى |
| parque (m) | ḥadīqa (f) | حديقة |
| bulevar (m) | bolvār (m) | بولفار |
| praça (f) | medān (m) | ميدان |
| avenida (f) | ʃāreʻ (m) | شارع |
| rua (f) | ʃāreʻ (m) | شارع |
| travessa (f) | zoʼāʼ (m) | زقاق |
| beco (m) sem saída | ṭarīʼ masdūd (m) | طريق مسدود |
| casa (f) | beyt (m) | بيت |
| edifício, prédio (m) | mabna (m) | مبنى |
| arranha-céus (m) | nāṭeḥet sahāb (f) | ناطحة سحاب |
| fachada (f) | waɣa (f) | واجهة |
| telhado (m) | saʼf (m) | سقف |

| | | |
|---|---|---|
| janela (f) | ʃebbāk (m) | شبّاك |
| arco (m) | qose (m) | قوس |
| coluna (f) | ʿamūd (m) | عمود |
| esquina (f) | zawya (f) | زاوية |
| montra (f) | vatrīna (f) | فترينة |
| letreiro (m) | yafṭa, lāfeta (f) | لافتة, يافطة |
| cartaz (m) | boster (m) | بوستر |
| cartaz (m) publicitário | boster eʿlān (m) | بوستر إعلان |
| painel (m) publicitário | lawḥet eʿlanāt (f) | لوحة إعلانات |
| lixo (m) | zebāla (f) | زبالة |
| cesta (f) do lixo | ṣandū' zebāla (m) | صندوق زبالة |
| jogar lixo na rua | rama zebāla | رمى زبالة |
| aterro (m) sanitário | mazbala (f) | مزبلة |
| cabine (f) telefónica | koʃk telefōn (m) | كشك تليفون |
| candeeiro (m) de rua | ʿamūd nūr (m) | عمود نور |
| banco (m) | korsy (m) | كرسي |
| polícia (m) | ʃorṭy (m) | شرطي |
| polícia (instituição) | ʃorṭa (f) | شرطة |
| mendigo (m) | ʃaḥḥāt (m) | شحّات |
| sem-abrigo (m) | motaʃarred (m) | متشرّد |

## 79. Instituições urbanas

| | | |
|---|---|---|
| loja (f) | maḥal (m) | محل |
| farmácia (f) | ṣaydaliya (f) | صيدليّة |
| ótica (f) | maḥal naḍḍārāt (m) | محل نضّارات |
| centro (m) comercial | mole (m) | مول |
| supermercado (m) | subermarket (m) | سوبرماركت |
| padaria (f) | maχbaz (m) | مخبز |
| padeiro (m) | χabbāz (m) | خبّاز |
| pastelaria (f) | ḥalawāny (m) | حلواني |
| mercearia (f) | ba''āla (f) | بقّالة |
| talho (m) | gezāra (f) | جزارة |
| loja (f) de legumes | dokkān χoḍār (m) | دكّان خضار |
| mercado (m) | sū' (f) | سوق |
| café (m) | 'ahwa (f), kaféih (m) | قهوة ,كافيه |
| restaurante (m) | maṭʿam (m) | مطعم |
| bar (m), cervejaria (f) | bār (m) | بار |
| pizzaria (f) | maḥal pizza (m) | محل بيتزا |
| salão (m) de cabeleireiro | ṣalone ḥelā'a (m) | صالون حلاقة |
| correios (m pl) | maktab el barīd (m) | مكتب البريد |
| lavandaria (f) | dray klīn (m) | دراي كلين |
| estúdio (m) fotográfico | estudio taṣwīr (m) | إستوديو تصوير |
| sapataria (f) | maḥal gezam (m) | محل جزم |
| livraria (f) | maḥal kotob (m) | محل كتب |

| | | |
|---|---|---|
| loja (f) de artigos de desporto | maḥal mostalzamāt reyaḍiya (m) | محل مستلزمات رياضية |
| reparação (f) de roupa | maḥal χeyāṭet malābes (m) | محل خياطة ملابس |
| aluguer (m) de roupa | ta'gīr malābes rasmiya (m) | تأجير ملابس رسمية |
| aluguer (m) de filmes | maḥal ta'gīr video (m) | محل تأجير فيديو |
| circo (m) | serk (m) | سيرك |
| jardim (m) zoológico | ḥadīqet el ḥayawān (f) | حديقة حيوان |
| cinema (m) | sinema (f) | سينما |
| museu (m) | mat-ḥaf (m) | متحف |
| biblioteca (f) | maktaba (f) | مكتبة |
| teatro (m) | masraḥ (m) | مسرح |
| ópera (f) | obra (f) | أوبرا |
| clube (m) noturno | malha leyly (m) | ملهى ليّلي |
| casino (m) | kazino (m) | كازينو |
| mesquita (f) | masged (m) | مسجد |
| sinagoga (f) | kenīs (m) | كنيس |
| catedral (f) | katedra'iya (f) | كاتدرائية |
| templo (m) | ma'bad (m) | معبد |
| igreja (f) | kenīsa (f) | كنيسة |
| instituto (m) | kolliya (m) | كليّة |
| universidade (f) | gam'a (f) | جامعة |
| escola (f) | madrasa (f) | مدرسة |
| prefeitura (f) | moqaṭ'a (f) | مقاطعة |
| câmara (f) municipal | baladiya (f) | بلديّة |
| hotel (m) | fondo' (m) | فندق |
| banco (m) | bank (m) | بنك |
| embaixada (f) | safāra (f) | سفارة |
| agência (f) de viagens | ʃerket seyāḥa (f) | شركة سياحة |
| agência (f) de informações | maktab el este'lāmāt (m) | مكتب الإستعلامات |
| casa (f) de câmbio | ṣarrāfa (f) | صرّافة |
| metro (m) | metro (m) | مترو |
| hospital (m) | mostaʃfa (m) | مستشفى |
| posto (m) de gasolina | maḥaṭṭet banzīn (f) | محطّة بنزين |
| parque (m) de estacionamento | maw'ef el 'arabeyāt (m) | موقف العربيات |

## 80. Sinais

| | | |
|---|---|---|
| letreiro (m) | yafṭa, lāfeta (f) | لافتة, يافطة |
| inscrição (f) | bayān (m) | بيان |
| cartaz, póster (m) | boster (m) | بوستر |
| sinal (m) informativo | 'alāmet (f) | علامة إتجاه |
| seta (f) | 'alāmet eʃāra (f) | علامة إشارة |
| aviso (advertência) | taḥzīr (m) | تحذير |
| sinal (m) de aviso | lāfetat taḥzīr (f) | لافتة تحذير |
| avisar, advertir (vt) | ḥazzar | حذّر |

| | | |
|---|---|---|
| dia (m) de folga | yome ʿoṭla (m) | يوم عطلة |
| horário (m) | gadwal (m) | جدول |
| horário (m) de funcionamento | awʾāt el ʿamal (pl) | أوقات العمل |
| BEM-VINDOS! | ahlan w sahlan! | !أهلاً وسهلاً |
| ENTRADA | doχūl | دخول |
| SAÍDA | χorūg | خروج |
| EMPURRE | edfaʿ | إدفع |
| PUXE | es-ḥab | إسحب |
| ABERTO | maftūḥ | مفتوح |
| FECHADO | moɣlaq | مغلق |
| MULHER | lel sayedāt | للسيدات |
| HOMEM | lel regāl | للرجال |
| DESCONTOS | χoṣomāt | خصومات |
| SALDOS | taχfeḍāt | تخفيضات |
| NOVIDADE! | gedīd! | !جديد |
| GRÁTIS | maggānan | مجّاناً |
| ATENÇÃO! | entebāh! | !إنتباه |
| NÃO HÁ VAGAS | koll el amāken maḥgūza | كلّ الأماكن محجوزة |
| RESERVADO | maḥgūz | محجوز |
| ADMINISTRAÇÃO | edāra | إدارة |
| SOMENTE PESSOAL AUTORIZADO | lel ʿamelīn faqaṭ | للعاملين فقط |
| CUIDADO CÃO FEROZ | eḥzar wogūd kalb | إحذر وجود الكلب |
| PROIBIDO FUMAR! | mamnūʿ el tadχīn | ممنوع التدخين |
| NÃO TOCAR | ʿadam el lams | عدم اللمس |
| PERIGOSO | χaṭīr | خطير |
| PERIGO | χaṭar | خطر |
| ALTA TENSÃO | tayār ʿāly | تيّار عالي |
| PROIBIDO NADAR | el sebāḥa mamnūʿa | السباحة ممنوعة |
| AVARIADO | moʿaṭṭal | معطّل |
| INFLAMÁVEL | sareeʿ el eʃteʿāl | سريع الإشتعال |
| PROIBIDO | mamnūʿ | ممنوع |
| ENTRADA PROIBIDA | mamnūʿ el morūr | ممنوع المرور |
| CUIDADO TINTA FRESCA | eḥzar ṭelāʾ ɣayr gāf | احذر طلاء غير جاف |

## 81. Transportes urbanos

| | | |
|---|---|---|
| autocarro (m) | buṣ (m) | باص |
| elétrico (m) | trām (m) | ترام |
| troleicarro (m) | trolly buṣ (m) | ترولي باص |
| itinerário (m) | χaṭṭ (m) | خطّ |
| número (m) | raqam (m) | رقم |
| ir de … (carro, etc.) | rāḥ be … | ... راح بـ |
| entrar (~ no autocarro) | rekeb | ركب |

| | | |
|---|---|---|
| descer de ... | nezel men | نزل من |
| paragem (f) | maw'af (m) | موّقف |
| próxima paragem (f) | el maḥaṭṭa el gaya (f) | المحطة الجايّة |
| ponto (m) final | 'āχer maw'af (m) | آخر موقف |
| horário (m) | gadwal (m) | جدول |
| esperar (vt) | estanna | إستنّى |
| bilhete (m) | tazkara (f) | تذكرة |
| custo (m) do bilhete | ogra (f) | أجرة |
| bilheteiro (m) | kaʃier (m) | كاشيير |
| controlo (m) dos bilhetes | taftīʃ el tazāker (m) | تفتيش التذاكر |
| revisor (m) | mofatteʃ tazāker (m) | مفتّش تذاكر |
| atrasar-se (vr) | met'akχer | متأخّر |
| perder (o autocarro, etc.) | ta'akχar | تأخّر |
| estar com pressa | mesta'gel | مستعجل |
| táxi (m) | taksi (m) | تاكسي |
| taxista (m) | sawwā' taksi (m) | سوّاق تاكسي |
| de táxi (ir ~) | bel taksi | بالتاكسي |
| praça (f) de táxis | maw'ef taksi (m) | موّقف تاكسي |
| chamar um táxi | kallem taksi | كلّم تاكسي |
| apanhar um táxi | aχad taksi | أخد تاكسي |
| tráfego (m) | ḥaraket el morūr (f) | حركة المرور |
| engarrafamento (m) | zaḥmet el morūr (f) | زحمة المرور |
| horas (f pl) de ponta | sā'et el zorwa (f) | ساعة الذروة |
| estacionar (vi) | rakan | ركن |
| estacionar (vt) | rakan | ركن |
| parque (m) de estacionamento | maw'ef el 'arabeyāt (m) | موقف العربيات |
| metro (m) | metro (m) | مترو |
| estação (f) | maḥaṭṭa (f) | محطّة |
| ir de metro | aχad el metro | أخد المترو |
| comboio (m) | qeṭār, 'aṭṭr (m) | قطار |
| estação (f) | maḥaṭṭet qeṭār (f) | محطّة قطار |

## 82. Turismo

| | | |
|---|---|---|
| monumento (m) | temsāl (m) | تمثال |
| fortaleza (f) | 'al'a (f) | قلعة |
| palácio (m) | 'aṣr (m) | قصر |
| castelo (m) | 'al'a (f) | قلعة |
| torre (f) | borg (m) | برج |
| mausoléu (m) | ḍarīḥ (m) | ضريح |
| arquitetura (f) | handasa me'māriya (f) | هندسة معمارية |
| medieval | men el qorūn el wosṭa | من القرون الوسطى |
| antigo | 'atīq | عتيق |
| nacional | waṭany | وطني |
| conhecido | maʃ-hūr | مشهور |
| turista (m) | sā'eḥ (m) | سائح |
| guia (pessoa) | morʃed (m) | مرشد |

| | | |
|---|---|---|
| excursão (f) | gawla (f) | جولة |
| mostrar (vt) | warra | ورّى |
| contar (vt) | ʾāl | قال |
| encontrar (vt) | laʾa | لقى |
| perder-se (vr) | ḍāʿ | ضاع |
| mapa (~ do metrô) | xarīṭa (f) | خريطة |
| mapa (~ da cidade) | xarīṭa (f) | خريطة |
| lembrança (f), presente (m) | tezkār (m) | تذكار |
| loja (f) de presentes | maḥal hadāya (m) | محل هدايا |
| fotografar (vt) | ṣawwar | صوّر |
| fotografar-se | etṣawwar | إتصوّر |

## 83. Compras

| | | |
|---|---|---|
| comprar (vt) | eʃtara | إشترى |
| compra (f) | ḥāga (f) | حاجة |
| fazer compras | eʃtara | إشترى |
| compras (f pl) | ʃobbing (m) | شوبينج |
| estar aberta (loja, etc.) | maftūḥ | مفتوح |
| estar fechada | moɣlaq | مغلق |
| calçado (m) | gezam (pl) | جزم |
| roupa (f) | malābes (pl) | ملابس |
| cosméticos (m pl) | mawād tagmīl (pl) | مواد تجميل |
| alimentos (m pl) | akl (m) | أكل |
| presente (m) | hediya (f) | هديّة |
| vendedor (m) | bayāʿ (m) | بيّاع |
| vendedora (f) | bayāʿa (f) | بيّاعة |
| caixa (f) | ṣandūʾ el dafʿ (m) | صندوق الدفع |
| espelho (m) | merāya (f) | مراية |
| balcão (m) | manḍada (f) | منضدة |
| cabine (f) de provas | ɣorfet el ʾeyās (f) | غرفة القياس |
| provar (vt) | garrab | جرّب |
| servir (vi) | nāseb | ناسب |
| gostar (apreciar) | ʿagab | عجب |
| preço (m) | seʿr (m) | سعر |
| etiqueta (f) de preço | tiket el seʿr (m) | تيكت السعر |
| custar (vt) | kallef | كلّف |
| Quanto? | bekām? | بكام؟ |
| desconto (m) | xaṣm (m) | خصم |
| não caro | meʃ ɣāly | مش غالي |
| barato | rexīṣ | رخيص |
| caro | ɣāly | غالي |
| É caro | da ɣāly | ده غالي |
| aluguer (m) | esteʾgār (m) | إستئجار |
| alugar (vestidos, etc.) | estʾgar | إستأجر |

| | | |
|---|---|---|
| crédito (m) | e'temān (m) | إئتمان |
| a crédito | bel ta'seeṭ | بالتقسيط |

## 84. Dinheiro

| | | |
|---|---|---|
| dinheiro (m) | folūs (pl) | فلوس |
| câmbio (m) | taḥwīl ʿomla (m) | تحويل عملة |
| taxa (f) de câmbio | seʿr el ṣarf (m) | سعر الصرف |
| Caixa Multibanco (m) | makinet ṣarrāf 'ā y (f) | ماكينة صرّاف آلي |
| moeda (f) | 'erʃ (m) | قرش |
| dólar (m) | dolār (m) | دولار |
| euro (m) | yoro (m) | يورو |
| lira (f) | lira (f) | ليرة |
| marco (m) | el mark el almāny (m) | المارك الألماني |
| franco (m) | frank (m) | فرنك |
| libra (f) esterlina | geneyh esterlīny (m) | جنيه استرليني |
| iene (m) | yen (m) | ين |
| dívida (f) | deyn (m) | دين |
| devedor (m) | modīn (m) | مدين |
| emprestar (vt) | sallef | سلّف |
| pedir emprestado | estalaf | إستلف |
| banco (m) | bank (m) | بنك |
| conta (f) | ḥesāb (m) | حساب |
| depositar (vt) | awdaʿ | أودع |
| depositar na conta | awdaʿ fel ḥesāb | أودع في الحساب |
| levantar (vt) | saḥab men el ḥesāb | سحب من الحساب |
| cartão (m) de crédito | kredit kard (f) | كريدت كارد |
| dinheiro (m) vivo | kæʃ (m) | كاش |
| cheque (m) | ʃīk (m) | شيك |
| passar um cheque | katab ʃīk | كتب شيك |
| livro (m) de cheques | daftar ʃikāt (m) | دفتر شيكات |
| carteira (f) | maḥfaẓa (f) | محفظة |
| porta-moedas (m) | maḥfazet fakka (f) | محفظة فكّة |
| cofre (m) | χazzāna (f) | خزّانة |
| herdeiro (m) | wāres (m) | وارث |
| herança (f) | werāsa (f) | وراثة |
| fortuna (riqueza) | sarwa (f) | ثروة |
| arrendamento (m) | ʿa'd el egār (m) | عقد الإيجار |
| renda (f) de casa | ogret el sakan (f) | أجرة السكن |
| alugar (vt) | est'gar | إستأجر |
| preço (m) | seʿr (m) | سعر |
| custo (m) | taman (m) | ثمن |
| soma (f) | mablaɣ (m) | مبلغ |
| gastar (vt) | ṣaraf | صرف |
| gastos (m pl) | maṣarīf (pl) | مصاريف |

| | | |
|---|---|---|
| economizar (vi) | waffar | وفّر |
| económico | mowaffer | موفّر |
| pagar (vt) | dafa' | دفع |
| pagamento (m) | daf' (m) | دفع |
| troco (m) | el bā'y (m) | الباقي |
| imposto (m) | ḍarība (f) | ضريبة |
| multa (f) | ɣarāma (f) | غرامة |
| multar (vt) | faraḍ ɣarāma | فرض غرامة |

## 85. Correios. Serviço postal

| | | |
|---|---|---|
| correios (m pl) | maktab el barīd (m) | مكتب البريد |
| correio (m) | el barīd (m) | البريد |
| carteiro (m) | sā'y el barīd (m) | ساعي البريد |
| horário (m) | aw'āt el 'amal (pl) | أوقات العمل |
| carta (f) | resāla (f) | رسالة |
| carta (f) registada | resāla mosaggala (f) | رسالة مسجّلة |
| postal (m) | kart barīdy (m) | كرت بريدي |
| telegrama (m) | barqiya (f) | برقيّة |
| encomenda (f) postal | ṭard (m) | طرد |
| remessa (f) de dinheiro | ḥewāla māliya (f) | حوالة مالية |
| receber (vt) | estalam | إستلم |
| enviar (vt) | arsal | أرسل |
| envio (m) | ersāl (m) | إرسال |
| endereço (m) | 'enwān (m) | عنوان |
| código (m) postal | raqam el barīd (m) | رقم البريد |
| remetente (m) | morsel (m) | مرسل |
| destinatário (m) | morsel elayh (m) | مرسل إليه |
| nome (m) | esm (m) | اسم |
| apelido (m) | esm el 'a'ela (m) | اسم العائلة |
| tarifa (f) | ta'rīfa (f) | تعريفة |
| ordinário | 'ādy | عادي |
| económico | mowaffer | موفّر |
| peso (m) | wazn (m) | وزن |
| pesar (estabelecer o peso) | wazan | وزن |
| envelope (m) | ẓarf (m) | ظرف |
| selo (m) | ṭābe' (m) | طابع |
| colar o selo | alṣaq ṭābe' | ألصق طابع |

# Moradia. Casa. Lar

## 86. Casa. Habitação

| | | |
|---|---|---|
| casa (f) | beyt (m) | بيت |
| em casa | fel beyt | في البيت |
| pátio (m) | sāḥa (f) | ساحة |
| cerca (f) | sūr (m) | سور |
| tijolo (m) | ṭūb (m) | طوب |
| de tijolos | men el ṭūb | من الطوب |
| pedra (f) | ḥagar (m) | حجر |
| de pedra | ḥagary | حجري |
| betão (m) | χarasāna (f) | خرسانة |
| de betão | χarasāny | خرساني |
| novo | gedīd | جديد |
| velho | ʾadīm | قديم |
| decrépito | ʾāayel lel soqūṭ | آيل للسقوط |
| moderno | moʿāṣer | معاصر |
| de muitos andares | motaʿadded el ṭawābeq | متعدّد الطوابق |
| alto | ʿāly | عالي |
| andar (m) | dore (m) | دور |
| de um andar | zu ṭābeq wāḥed | ذو طابق واحد |
| andar (m) de baixo | el dore el awwal (m) | الدور الأوّل |
| andar (m) de cima | ṭābeʾ ʿolwy (m) | طابق علوي |
| telhado (m) | saʾf (m) | سقف |
| chaminé (f) | madχana (f) | مدخنة |
| telha (f) | qarmīd (m) | قرميد |
| de telha | men el qarmīd | من القرميد |
| sótão (m) | ʿelya (f) | علية |
| janela (f) | ʃebbāk (m) | شبّاك |
| vidro (m) | ezāz (m) | إزاز |
| parapeito (m) | ḥāfet el ʃebbāk (f) | حافة الشبّاك |
| portadas (f pl) | ʃīʃ (m) | شيش |
| parede (f) | ḥeyṭa (f) | حيطة |
| varanda (f) | balakona (f) | بلكونة |
| tubo (m) de queda | masūret el taṣrīf (f) | ماسورة التصريف |
| em cima | foʾe | فوق |
| subir (~ as escadas) | ṭeleʿ | طلع |
| descer (vi) | nezel | نزل |
| mudar-se (vr) | naʾal | نقل |

## 87. Casa. Entrada. Elevador

| | | |
|---|---|---|
| entrada (f) | madχal (m) | مدخل |
| escada (f) | sellem (m) | سلّم |
| degraus (m pl) | daragāt (pl) | درجات |
| corrimão (m) | drabzīn (m) | درابزين |
| hall (m) de entrada | ṣāla (f) | صالة |
| caixa (f) de correio | ṣandū' el barīd (m) | صندوق البريد |
| caixote (m) do lixo | ṣandū' el zebāla (m) | صندوق الزبالة |
| conduta (f) do lixo | manfaz el zebāla (m) | منفذ الزبالة |
| elevador (m) | asanseyr (m) | اسانسير |
| elevador (m) de carga | asanseyr el ʃaḥn (m) | اسانسير الشحن |
| cabine (f) | kabīna (f) | كابينة |
| pegar o elevador | rekeb el asanseyr | ركب الاسانسير |
| apartamento (m) | ʃa''a (f) | شقّة |
| moradores (m pl) | sokkān (pl) | سكّان |
| vizinho (m) | gār (m) | جار |
| vizinha (f) | gāra (f) | جارة |
| vizinhos (pl) | gerān (pl) | جيران |

## 88. Casa. Eletricidade

| | | |
|---|---|---|
| eletricidade (f) | kahraba' (m) | كهرباء |
| lâmpada (f) | lammba (f) | لمبة |
| interruptor (m) | meftāḥ (m) | مفتاح |
| fusível (m) | fuse (m) | فيوز |
| fio, cabo (m) | selk (m) | سلك |
| instalação (f) elétrica | aslāk (pl) | أسلاك |
| contador (m) de eletricidade | 'addād (m) | عدّاد |
| indicação (f), registo (m) | qerā'a (f) | قراءة |

## 89. Casa. Portas. Fechaduras

| | | |
|---|---|---|
| porta (f) | bāb (m) | باب |
| portão (m) | bawwāba (f) | بوّابة |
| maçaneta (f) | okret el bāb (f) | اوكرة الباب |
| destrancar (vt) | fataḥ | فتح |
| abrir (vt) | fataḥ | فتح |
| fechar (vt) | 'afal | قفل |
| chave (f) | meftāḥ (m) | مفتاح |
| molho (m) | rabṭa (f) | ربطة |
| ranger (vi) | ṣarr | صر |
| rangido (m) | ṣarīr (m) | صرير |
| dobradiça (f) | mafaṣṣla (f) | مفصّلة |
| tapete (m) de entrada | seggādet bāb (f) | سجّادة باب |
| fechadura (f) | 'efl el bāb (m) | قفل الباب |

| | | |
|---|---|---|
| buraco (m) da fechadura | χorm el meftāḥ (m) | خرم المفتاح |
| ferrolho (m) | terbās (m) | ترباس |
| fecho (ferrolho pequeno) | terbās (m) | ترباس |
| cadeado (m) | 'efl (m) | قفل |
| tocar (vt) | rann | رنّ |
| toque (m) | ranīn (m) | رنين |
| campainha (f) | garas (m) | جرس |
| botão (m) | zerr (m) | زرّ |
| batida (f) | ṭar', da'' (m) | طرق, دقّ |
| bater (vi) | χabbaṭ | خبّط |
| código (m) | kōd (m) | كود |
| fechadura (f) de código | kōd (m) | كود |
| telefone (m) de porta | garas el bāb (m) | جرس الباب |
| número (m) | raqam (m) | رقم |
| placa (f) de porta | lawḥa (f) | لوحة |
| vigia (f), olho (m) mágico | el ʿeyn el seḥriya (m) | العين السحرية |

## 90. Casa de campo

| | | |
|---|---|---|
| aldeia (f) | qarya (f) | قرية |
| horta (f) | bostān χoḍār (m) | بستان خضار |
| cerca (f) | sūr (m) | سور |
| paliçada (f) | sūr (m) | سور |
| cancela (f) do jardim | bawwāba farʿiya (f) | بوّابة فرعيّة |
| celeiro (m) | ʃouna (f) | شونة |
| adega (f) | serdāb (m) | سرداب |
| galpão, barracão (m) | sa'īfa (f) | سقيفة |
| poço (m) | bīr (m) | بير |
| fogão (m) | forn (m) | فرن |
| atiçar o fogo | awqad el botogāz | أوقد البوتاجاز |
| lenha (carvão ou ~) | ḥaṭab (m) | حطب |
| acha (lenha) | 'eṭʿet ḥaṭab (f) | قطعة حطب |
| varanda (f) | varannda (f) | فاراندة |
| alpendre (m) | ʃorfa (f) | شرفة |
| degraus (m pl) de entrada | sellem (m) | سلّم |
| balouço (m) | morgeyḥa (f) | مرجيحة |

## 91. Moradia. Mansão

| | | |
|---|---|---|
| casa (f) de campo | villa rīfiya (f) | فيلا ريفيّة |
| vila (f) | villa (f) | فيلا |
| ala (~ do edifício) | genāḥ (m) | جناح |
| jardim (m) | geneyna (f) | جنينة |
| parque (m) | ḥadīqa (f) | حديقة |
| estufa (f) | dafī'a (f) | دفيئة |
| cuidar de ... | ehtamm | إهتمّ |

| | | |
|---|---|---|
| piscina (f) | ḥammām sebāḥa (m) | حمّام سباحة |
| ginásio (m) | gīm (m) | جيم |
| campo (m) de ténis | mal'ab tennis (m) | ملعب تنس |
| cinema (m) | sinema manzeliya (f) | سينما منزليّة |
| garagem (f) | garāʒ (m) | جراج |
| propriedade (f) privada | melkiya χāṣa (f) | ملكيّة خاصّة |
| terreno (m) privado | arḍ χāṣa (m) | أرض خاصّة |
| advertência (f) | taḥzīr (m) | تحذير |
| sinal (m) de aviso | lāfetat taḥzīr (f) | لافتة تحذير |
| guarda (f) | ḥerāsa (f) | حراسة |
| guarda (m) | ḥāres amn (m) | حارس أمن |
| alarme (m) | gehāz enzār (m) | جهاز إنذار |

## 92. Castelo. Palácio

| | | |
|---|---|---|
| castelo (m) | 'al'a (f) | قلعة |
| palácio (m) | 'aṣr (m) | قصر |
| fortaleza (f) | 'al'a (f) | قلعة |
| muralha (f) | sūr (m) | سور |
| torre (f) | borg (m) | برج |
| calabouço (m) | borbg ra'īsy (m) | برج رئيسي |
| grade (f) levadiça | bāb motaḥarrek (m) | باب متحرّك |
| passagem (f) subterrânea | serdāb (m) | سرداب |
| fosso (m) | χondoq mā'y (m) | خندق مائي |
| corrente, cadeia (f) | selsela (f) | سلسلة |
| seteira (f) | mozɣal (m) | مزغل |
| magnífico | rā'e' | رائع |
| majestoso | mohīb | مهيب |
| inexpugnável | manee' | منيع |
| medieval | men el qorūn el wosṭa | من القرون الوسطى |

## 93. Apartamento

| | | |
|---|---|---|
| apartamento (m) | ʃa''a (f) | شقّة |
| quarto (m) | oḍa (f) | أوضة |
| quarto (m) de dormir | oḍet el nome (f) | أوضة النوم |
| sala (f) de jantar | oḍet el sofra (f) | أوضة السفرة |
| sala (f) de estar | oḍet el esteqbāl (f) | أوضة الإستقبال |
| escritório (m) | maktab (m) | مكتب |
| antessala (f) | madχal (m) | مدخل |
| quarto (m) de banho | ḥammām (m) | حمّام |
| toilette (lavabo) | ḥammām (m) | حمّام |
| teto (m) | sa'f (m) | سقف |
| chão, soalho (m) | arḍiya (f) | أرضية |
| canto (m) | zawya (f) | زاوية |

## 94. Apartamento. Limpeza

| | | |
|---|---|---|
| arrumar, limpar (vt) | naḍḍaf | نظّف |
| guardar (no armário, etc.) | ʃāl | شال |
| pó (m) | ɣobār (m) | غبار |
| empoeirado | meɣabbar | مغبّر |
| limpar o pó | masaḥ el ɣobār | مسح الغبار |
| aspirador (m) | maknasa kahraba'iya (f) | مكنسة كهربائيّة |
| aspirar (vt) | naḍḍaf be maknasa kahrabā'iya | نظّف بمكنسة كهربائيّة |
| varrer (vt) | kanas | كنس |
| sujeira (f) | qomāma (f) | قمامة |
| arrumação (f), ordem (f) | nezām (m) | نظام |
| desordem (f) | fawḍa (m) | فوّضى |
| esfregão (m) | ʃarʃūba (f) | شرشوبة |
| pano (m), trapo (m) | mamsaḥa (f) | ممسحة |
| vassoura (f) | ma'sʃa (f) | مقشّة |
| pá (f) de lixo | lammāma (f) | لمّامة |

## 95. Mobiliário. Interior

| | | |
|---|---|---|
| mobiliário (m) | asās (m) | أثاث |
| mesa (f) | maktab (m) | مكتب |
| cadeira (f) | korsy (m) | كرسي |
| cama (f) | serīr (m) | سرير |
| divã (m) | kanaba (f) | كنبة |
| cadeirão (m) | korsy (m) | كرسي |
| estante (f) | χazzānet kotob (f) | خزّانة كتب |
| prateleira (f) | raff (m) | رفّ |
| guarda-vestidos (m) | dolāb (m) | دولاب |
| cabide (m) de parede | ʃammā'a (f) | شمّاعة |
| cabide (m) de pé | ʃammā'a (f) | شمّاعة |
| cómoda (f) | dolāb adrāg (m) | دولاب أدراج |
| mesinha (f) de centro | ṭarabeyzet el 'ahwa (f) | طرابيزة القهوة |
| espelho (m) | merāya (f) | مراية |
| tapete (m) | seggāda (f) | سجّادة |
| tapete (m) pequeno | seggāda (f) | سجّادة |
| lareira (f) | daffāya (f) | دفّاية |
| vela (f) | ʃam'a (f) | شمعة |
| castiçal (m) | ʃam'adān (m) | شمعدان |
| cortinas (f pl) | satā'er (pl) | ستائر |
| papel (m) de parede | wara' ḥā'eṭ (m) | ورق حائط |
| estores (f pl) | satā'er ofoqiya (pl) | ستائر أفقيّة |
| candeeiro (m) de mesa | abāʒūr (f) | اباجورة |
| candeeiro (m) de parede | lammbet ḥā'eṭ (f) | لمّبة حائط |

| | | |
|---|---|---|
| candeeiro (m) de pé | meṣbāḥ arḍy (m) | مصباح أرضي |
| lustre (m) | nagafa (f) | نجفة |
| pé (de mesa, etc.) | regl (f) | رجل |
| braço (m) | masnad (m) | مسند |
| costas (f pl) | masnad (m) | مسند |
| gaveta (f) | dorg (m) | درج |

## 96. Quarto de dormir

| | | |
|---|---|---|
| roupa (f) de cama | bayāḍāt el serīr (pl) | بياضات السرير |
| almofada (f) | maχadda (f) | مخدّة |
| fronha (f) | kīs el maχadda (m) | كيس المخدّة |
| cobertor (m) | leḥāf (m) | لحاف |
| lençol (m) | melāya (f) | ملاية |
| colcha (f) | ɣaṭā' el serīr (m) | غطاء السرير |

## 97. Cozinha

| | | |
|---|---|---|
| cozinha (f) | maṭbaχ (m) | مطبخ |
| gás (m) | ɣāz (m) | غاز |
| fogão (m) a gás | botoɣāz (m) | بوتوغاز |
| fogão (m) elétrico | forn kaharabā'y (m) | فرن كهربائي |
| forno (m) | forn (m) | فرن |
| forno (m) de micro-ondas | mikroweyv (m) | ميكروويف |
| frigorífico (m) | tallāga (f) | ثلاجة |
| congelador (m) | freyzer (m) | فريزر |
| máquina (f) de lavar louça | ɣassālet aṭbā' (f) | غسّالة أطباق |
| moedor (m) de carne | farrāmet laḥm (f) | فرّامة لحم |
| espremedor (m) | 'aṣṣāra (f) | عصّارة |
| torradeira (f) | maḥmaṣet χobz (f) | محمصة خبز |
| batedeira (f) | χallāṭ (m) | خلّاط |
| máquina (f) de café | makinet ṣon' el 'ahwa (f) | ماكينة صنع القهوة |
| cafeteira (f) | ɣallāya kahraba'iya (f) | غلّاية القهوة |
| moinho (m) de café | maṭ-ḥanet 'ahwa (f) | مطحنة قهوة |
| chaleira (f) | ɣallāya (f) | غلّاية |
| bule (m) | barrād el ʃāy (m) | برّاد الشاي |
| tampa (f) | ɣaṭā' (m) | غطاء |
| coador (m) de chá | maṣfāh el ʃāy (f) | مصفاة الشاي |
| colher (f) | ma'la'a (f) | معلقة |
| colher (f) de chá | ma'la'et ʃāy (f) | معلقة شاي |
| colher (f) de sopa | ma'la'a kebīra (f) | ملعقة كبيرة |
| garfo (m) | ʃawka (f) | شوكة |
| faca (f) | sekkīna (f) | سكّينة |
| louça (f) | awāny (pl) | أواني |
| prato (m) | ṭaba' (m) | طبق |

| | | |
|---|---|---|
| pires (m) | ṭaba' fengān (m) | طبق فنجان |
| cálice (m) | kāsa (f) | كاسة |
| copo (m) | kobbāya (f) | كوبّاية |
| chávena (f) | fengān (m) | فنجان |
| açucareiro (m) | sokkariya (f) | سكّريّة |
| saleiro (m) | mamlaḥa (f) | مملحة |
| pimenteiro (m) | mobhera (f) | مبهرة |
| manteigueira (f) | ṭaba' zebda (m) | طبق زبدة |
| panela, caçarola (f) | ḥalla (f) | حلّة |
| frigideira (f) | ṭāsa (f) | طاسة |
| concha (f) | maɣrafa (f) | مغرفة |
| passador (m) | maṣfāh (f) | مصفاه |
| bandeja (f) | ṣeniya (f) | صينيّة |
| garrafa (f) | ezāza (f) | إزازة |
| boião (m) de vidro | barṭamān (m) | برطمان |
| lata (f) | kanz (m) | كانز |
| abre-garrafas (m) | fattāḥa (f) | فتّاحة |
| abre-latas (m) | fattāḥa (f) | فتّاحة |
| saca-rolhas (m) | barrīma (f) | بريّمة |
| filtro (m) | filter (m) | فلتر |
| filtrar (vt) | ṣaffa | صفّى |
| lixo (m) | zebāla (f) | زبالة |
| balde (m) do lixo | ṣandū' el zebāla (m) | صندوق الزبالة |

## 98. Casa de banho

| | | |
|---|---|---|
| quarto (m) de banho | ḥammām (m) | حمّام |
| água (f) | meyāh (f) | مياه |
| torneira (f) | ḥanafiya (f) | حنفيّة |
| água (f) quente | maya soxna (f) | مايّة سخنة |
| água (f) fria | maya barda (f) | مايّة باردة |
| pasta (f) de dentes | ma'gūn asnān (m) | معجون أسنان |
| escovar os dentes | naḍḍaf el asnān | نظّف الأسنان |
| escova (f) de dentes | forʃet senān (f) | فرشة أسنان |
| barbear-se (vr) | ḥala' | حلق |
| espuma (f) de barbear | raɣwa lel ḥelā'a (f) | رغوة للحلاقة |
| máquina (f) de barbear | mūs (m) | موس |
| lavar (vt) | ɣasal | غسل |
| lavar-se (vr) | estaḥamma | إستحمّى |
| duche (m) | doʃ (m) | دوش |
| tomar um duche | aχad doʃ | أخد دوش |
| banheira (f) | banyo (m) | بانيو |
| sanita (f) | twalet (m) | تواليت |
| lavatório (m) | ḥoḍe (m) | حوض |
| sabonete (m) | ṣabūn (m) | صابون |

| | | |
|---|---|---|
| saboneteira (f) | ṣabbāna (f) | صبّانة |
| esponja (f) | līfa (f) | ليفة |
| champô (m) | ʃambū (m) | شامبو |
| toalha (f) | fūṭa (f) | فوطة |
| roupão (m) de banho | robe el ḥammām (m) | روب حمّام |
| lavagem (f) | ɣasīl (m) | غسيل |
| máquina (f) de lavar | ɣassāla (f) | غسّالة |
| lavar a roupa | ɣasal el malābes | غسل الملابس |
| detergente (m) | mas-ḥūʾ ɣasīl (m) | مسحوق غسيل |

## 99. Eletrodomésticos

| | | |
|---|---|---|
| televisor (m) | televizion (m) | تليفزيون |
| gravador (m) | gehāz tasgīl (m) | جهاز تسجيل |
| videogravador (m) | ʾāla tasgīl video (f) | آلة تسجيل فيديو |
| rádio (m) | gehāz radio (m) | جهاز راديو |
| leitor (m) | blayer (m) | بليير |
| projetor (m) | gehāz ʿarḍ (m) | جهاز عرض |
| cinema (m) em casa | sinema manzeliya (f) | سينما منزليّة |
| leitor (m) de DVD | dividī blayer (m) | دي في دي بليير |
| amplificador (m) | mokabbaer el ṣote (m) | مكبّر الصوت |
| console (f) de jogos | ʾātāry (m) | أتاري |
| câmara (f) de vídeo | kamera video (f) | كاميرا فيديو |
| máquina (f) fotográfica | kamera (f) | كاميرا |
| câmara (f) digital | kamera diʒital (f) | كاميرا ديجيتال |
| aspirador (m) | maknasa kahrabaʾiya (f) | مكنسة كهربائيّة |
| ferro (m) de engomar | makwa (f) | مكواة |
| tábua (f) de engomar | lawḥet kayī (f) | لوحة كيّ |
| telefone (m) | telefon (m) | تليفون |
| telemóvel (m) | mobile (m) | موبايل |
| máquina (f) de escrever | ʾāla katba (f) | آلة كاتبة |
| máquina (f) de costura | makanet el χeyāṭa (f) | مكنة الخياطة |
| microfone (m) | mikrofon (m) | ميكروفون |
| auscultadores (m pl) | sammaʿāt raʾsiya (pl) | سمّاعات رأسية |
| controlo remoto (m) | remowt kontrol (m) | ريموت كنترول |
| CD (m) | sidī (m) | سي دي |
| cassete (f) | kasett (m) | كاسيت |
| disco (m) de vinil | esṭewāna mūsīqa (f) | أسطوانة موسيقى |

## 100. Reparações. Renovação

| | | |
|---|---|---|
| renovação (f) | tagdīdāt (m) | تجديدات |
| renovar (vt), fazer obras | gadded | جدّد |
| reparar (vt) | ṣallaḥ | صلّح |
| consertar (vt) | nazzam | نظّم |

| | | |
|---|---|---|
| refazer (vt) | ʿād | عاد |
| tinta (f) | dehān (m) | دهان |
| pintar (vt) | dahhen | دهّن |
| pintor (m) | dahhān (m) | دهّان |
| pincel (m) | forʃet dehān (f) | فرشاة الدهان |
| cal (f) | maḥlūl mobayeḍ (m) | محلول مبيّض |
| caiar (vt) | beyḍ | بيّض |
| papel (m) de parede | wara' ḥā'eṭ (m) | ورق حائط |
| colocar papel de parede | laṣaq wara' el ḥā'eṭ | لصق ورق الحائط |
| verniz (m) | warnīʃ (m) | ورنيش |
| envernizar (vt) | ṭala bel warnīʃ | طلى بالورنيش |

## 101. Canalizações

| | | |
|---|---|---|
| água (f) | meyāh (f) | مياه |
| água (f) quente | maya soχna (f) | ماية سخنة |
| água (f) fria | maya barda (f) | ماية باردة |
| torneira (f) | ḥanafiya (f) | حنفيّة |
| gota (f) | 'aṭra (f) | قطرة |
| gotejar (vi) | 'aṭṭar | قطّر |
| vazar (vt) | sarrab | سرّب |
| vazamento (m) | tasarrob (m) | تسرب |
| poça (f) | berka (f) | بركة |
| tubo (m) | masūra (f) | ماسورة |
| válvula (f) | ṣamām (m) | صمام |
| entupir-se (vr) | kān masdūd | كان مسدود |
| ferramentas (f pl) | adawāt (pl) | أدوات |
| chave (f) inglesa | el meftāḥ el englīzy (m) | المفتاح الإنجليزي |
| desenroscar (vt) | fataḥ | فتح |
| enroscar (vt) | aḥkam el ʃadd | أحكم الشدّ |
| desentupir (vt) | sallek | سلّك |
| canalizador (m) | samkary (m) | سمكري |
| cave (f) | badrome (m) | بدروم |
| sistema (m) de esgotos | ʃabaket el magāry (f) | شبكة المجاري |

## 102. Fogo. Deflagração

| | | |
|---|---|---|
| incêndio (m) | ḥarī' (m) | حريق |
| chama (f) | lahab (m) | لهب |
| faísca (f) | ʃarāra (f) | شرارة |
| fumo (m) | dokχān (m) | دخّان |
| tocha (f) | ʃoʿla (f) | شعلة |
| fogueira (f) | nār moχayem (m) | نار مخيّم |
| gasolina (f) | banzīn (m) | بنزين |
| querosene (m) | kerosīn (m) | كيروسين |

| | | |
|---|---|---|
| inflamável | qābel lel eḥterāq | قابل للإحتراق |
| explosivo | māda motafaggera | مادة متفجّرة |
| PROIBIDO FUMAR! | mamnūʿ el tadχīn | ممنوع التدخين |
| | | |
| segurança (f) | amn (m) | أمن |
| perigo (m) | χaṭar (m) | خطر |
| perigoso | χaṭīr | خطير |
| | | |
| incendiar-se (vr) | eʃtaʿal | إشتعل |
| explosão (f) | enfegār (m) | إنفجار |
| incendiar (vt) | aʃʿal el nār | أشعل النار |
| incendiário (m) | moʃʿel ḥarīq ʿan ʿamd (m) | مشعل حريق عن عمد |
| incêndio (m) criminoso | eḥrāq el momtalakāt (m) | إحراق الممتلكات |
| | | |
| arder (vi) | awhag | أوهج |
| queimar (vi) | et-ḥaraʾ | إتحرق |
| queimar tudo (vi) | et-ḥaraʾ | إتحرق |
| | | |
| chamar os bombeiros | kallim ʾism el ḥarīʾ | كلّم قسم الحريق |
| bombeiro (m) | rāgel el maṭāfy (m) | راجل المطافي |
| carro (m) de bombeiros | sayāret el maṭāfy (f) | سيّارة المطافي |
| corpo (m) de bombeiros | ʾesm el maṭāfy (f) | قسم المطافي |
| escada (f) extensível | sellem el maṭāfy (m) | سلّم المطافي |
| | | |
| mangueira (f) | χarṭūm el mayya (m) | خرطوم الميّة |
| extintor (m) | ṭaffayet ḥarīʾ (f) | طفّاية حريق |
| capacete (m) | χawza (f) | خوذة |
| sirene (f) | sarīna (f) | سرينة |
| | | |
| gritar (vi) | ṣarraχ | صرّخ |
| chamar por socorro | estaɣās | إستغاث |
| salvador (m) | monqez (m) | منقذ |
| salvar, resgatar (vt) | anqaz | أنقذ |
| | | |
| chegar (vi) | weṣel | وصل |
| apagar (vt) | ṭaffa | طفّى |
| água (f) | meyāh (f) | مياه |
| areia (f) | raml (m) | رمل |
| | | |
| ruínas (f pl) | ḥeṭām (pl) | حطام |
| ruir (vi) | enhār | إنهار |
| desmoronar (vi) | enhār | إنهار |
| desabar (vi) | enhār | إنهار |
| | | |
| fragmento (m) | ʾeṭʿet ḥeṭām (f) | قطعة حطام |
| cinza (f) | ramād (m) | رماد |
| | | |
| sufocar (vi) | eθχanaʾ | إتخنق |
| perecer (vi) | māt | مات |

# ATIVIDADES HUMANAS

## Emprego. Negócios. Parte 1

### 103. Escritório. O trabalho no escritório

| | | |
|---|---|---|
| escritório (~ de advogados) | maktab (m) | مكتب |
| escritório (do diretor, etc.) | maktab (m) | مكتب |
| receção (f) | este'bāl (m) | إستقبال |
| secretário (m) | sekerteyr (m) | سكرتير |
| diretor (m) | modīr (m) | مدير |
| gerente (m) | modīr (m) | مدير |
| contabilista (m) | muḥāseb (m) | محاسب |
| empregado (m) | mowazzaf (m) | موظّف |
| mobiliário (m) | asās (m) | أثاث |
| mesa (f) | maktab (m) | مكتب |
| cadeira (f) | korsy (m) | كرسي |
| bloco (m) de gavetas | weḥdet adrāg (f) | وحدة أدراج |
| cabide (m) de pé | ʃammāʿa (f) | شمّاعة |
| computador (m) | kombuter (m) | كمبيوتر |
| impressora (f) | ṭābeʿa (f) | طابعة |
| fax (m) | faks (m) | فاكس |
| fotocopiadora (f) | 'ālet nasχ (f) | آلة نسخ |
| papel (m) | wara' (m) | ورق |
| artigos (m pl) de escritório | adawāt maktabiya (pl) | أدوات مكتبية |
| tapete (m) de rato | maws bād (m) | ماوس باد |
| folha (f) de papel | wara'a (f) | ورقة |
| pasta (f) | malaff (m) | ملفّ |
| catálogo (m) | fehras (m) | فهرس |
| diretório (f) telefónico | dalīl el telefone (m) | دليل التليفون |
| documentação (f) | wasā'eq (pl) | وثائق |
| brochura (f) | naʃra (f) | نشرة |
| flyer (m) | manʃūr (m) | منشور |
| amostra (f) | namūzag (m) | نموذج |
| formação (f) | egtemāʿ tadrīb (m) | إجتماع تدريب |
| reunião (f) | egtemāʿ (m) | إجتماع |
| hora (f) de almoço | fatret el ɣada' (f) | فترة الغذاء |
| fazer uma cópia | ṣawwar | صوّر |
| tirar cópias | ṣawwar | صوّر |
| receber um fax | estalam faks | إستلم فاكس |
| enviar um fax | baʿat faks | بعت فاكس |
| fazer uma chamada | ettaṣal | إتّصل |

| | | |
|---|---|---|
| responder (vt) | gāwab | جاوب |
| passar (vt) | waṣṣal | وصّل |
| marcar (vt) | ḥadded | حدّد |
| demonstrar (vt) | ʿaraḍ | عرض |
| estar ausente | ɣāb | غاب |
| ausência (f) | ɣeyāb (m) | غياب |

## 104. Processos negociais. Parte 1

| | | |
|---|---|---|
| ocupação (f) | ʃoɣl (m) | شغل |
| firma, empresa (f) | ʃerka (f) | شركة |
| companhia (f) | ʃerka (f) | شركة |
| corporação (f) | moʾassasa tegariya (f) | مؤسسة تجارية |
| empresa (f) | ʃerka (f) | شركة |
| agência (f) | wekāla (f) | وكالة |
| acordo (documento) | ettefaqiya (f) | إتّفاقية |
| contrato (m) | ʿaʾd (m) | عقد |
| acordo (transação) | ṣafqa (f) | صفقة |
| encomenda (f) | ṭalab (m) | طلب |
| cláusulas (f pl), termos (m pl) | ʃorūṭ (pl) | شروط |
| por grosso (adv) | bel gomla | بالجملة |
| por grosso (adj) | el gomla | الجملة |
| venda (f) por grosso | beyʿ bel gomla (m) | بيع بالجملة |
| a retalho | yebeeʿ bel tagzeʾa | يبيع بالتجزئة |
| venda (f) a retalho | maḥal yebeeʿ bel tagzeʾa (m) | محل يبيع بالتجزئة |
| concorrente (m) | monāfes (m) | منافس |
| concorrência (f) | monafsa (f) | منافسة |
| competir (vi) | nāfes | نافس |
| sócio (m) | ʃerīk (m) | شريك |
| parceria (f) | ʃarāka (f) | شراكة |
| crise (f) | azma (f) | أزمة |
| bancarrota (f) | eflās (m) | إفلاس |
| entrar em falência | falles | فلّس |
| dificuldade (f) | ṣoʿūba (f) | صعوبة |
| problema (m) | moʃkela (f) | مشكلة |
| catástrofe (f) | karsa (f) | كارثة |
| economia (f) | eqtiṣād (m) | إقتصاد |
| económico | eqteṣādy | إقتصادي |
| recessão (f) económica | rokūd eqteṣādy (m) | ركود إقتصادي |
| objetivo (m) | hadaf (m) | هدف |
| tarefa (f) | mohemma (f) | مهمّة |
| comerciar (vi, vt) | tāger | تاجر |
| rede (de distribuição) | ʃabaka (f) | شبكة |
| estoque (m) | el maχzūn (m) | المخزون |
| sortimento (m) | taʃkīla (f) | تشكيلة |

| | | |
|---|---|---|
| líder (m) | qā'ed (m) | قائد |
| grande (~ empresa) | kebīr | كبير |
| monopólio (m) | eḥtekār (m) | إحتكار |
| teoria (f) | naẓariya (f) | نظريّة |
| prática (f) | momarsa (f) | ممارسة |
| experiência (falar por ~) | χebra (f) | خبرة |
| tendência (f) | ettegāh (m) | إتّجاه |
| desenvolvimento (m) | tanmeya (f) | تنمية |

## 105. Processos negociais. Parte 2

| | | |
|---|---|---|
| rentabilidade (f) | rebḥ (m) | ربح |
| rentável | morbeḥ | مربح |
| delegação (f) | wafd (m) | وفد |
| salário, ordenado (m) | morattab (m) | مرتّب |
| corrigir (um erro) | ṣaḥḥaḥ | صحّح |
| viagem (f) de negócios | reḥlet ʿamal (f) | رحلة عمل |
| comissão (f) | lagna (f) | لجنة |
| controlar (vt) | et-ḥakkem | إتحكّم |
| conferência (f) | mo'tamar (m) | مؤتمر |
| licença (f) | roχṣa (f) | رخصة |
| confiável | mawsūq | موثوق |
| empreendimento (m) | mobadra (f) | مبادرة |
| norma (f) | meʿyār (m) | معيار |
| circunstância (f) | ẓarf (m) | ظرف |
| dever (m) | wāgeb (m) | واجب |
| empresa (f) | monaẓẓama (f) | منظّمة |
| organização (f) | tanẓīm (m) | تنظيم |
| organizado | monaẓẓam | منظّم |
| anulação (f) | elɣā' (m) | إلغاء |
| anular, cancelar (vt) | alɣa | ألغى |
| relatório (m) | ta'rīr (m) | تقرير |
| patente (f) | bara'et el eχterāʿ (f) | براءة الإختراع |
| patentear (vt) | saggel barā'et eχterāʿ | سجّل براءة الإختراع |
| planear (vt) | χaṭṭeṭ | خطّط |
| prémio (m) | ʿalāwa (f) | علاوة |
| profissional | mehany | مهني |
| procedimento (m) | egrā' (m) | إجراء |
| examinar (a questão) | baḥs fi | بحث في |
| cálculo (m) | ḥesāb (m) | حساب |
| reputação (f) | somʿa (f) | سمعة |
| risco (m) | moχaṭra (f) | مخاطرة |
| dirigir (~ uma empresa) | adār | أدار |
| informação (f) | maʿlumāt (pl) | معلومات |
| propriedade (f) | melkiya (f) | ملكيّة |

| | | |
|---|---|---|
| união (f) | etteḥād (m) | إتّحاد |
| seguro (m) de vida | ta'mīn 'alal ḥayah (m) | تأمين على الحياة |
| fazer um seguro | ammen | أمّن |
| seguro (m) | ta'mīn (m) | تأمين |
| | | |
| leilão (m) | mazād (m) | مزاد |
| notificar (vt) | ballaɣ | بلّغ |
| gestão (f) | edāra (f) | إدارة |
| serviço (indústria de ~s) | χadma (f) | خدمة |
| | | |
| fórum (m) | nadwa (f) | ندوة |
| funcionar (vi) | adda waẓīfa | أدّى وظيفة |
| estágio (m) | marḥala (f) | مرحلة |
| jurídico | qanūniya | قانونية |
| jurista (m) | muḥāmy (m) | محامي |

## 106. Produção. Trabalhos

| | | |
|---|---|---|
| usina (f) | maṣna' (m) | مصنع |
| fábrica (f) | maṣna' (m) | مصنع |
| oficina (f) | warʃa (f) | ورشة |
| local (m) de produção | maṣna' (m) | مصنع |
| | | |
| indústria (f) | ṣenā'a (f) | صناعة |
| industrial | ṣenā'y | صناعي |
| indústria (f) pesada | ṣenā'a te'īla (f) | صناعة ثقيلة |
| indústria (f) ligeira | ṣenā'a χafīfa (f) | صناعة خفيفة |
| | | |
| produção (f) | montagāt (pl) | منتجات |
| produzir (vt) | antag | أنتج |
| matérias-primas (f pl) | mawād χām (pl) | مواد خام |
| | | |
| chefe (m) de brigada | ra'īs el 'ommāl (m) | رئيس العمّال |
| brigada (f) | farī' el 'ommāl (m) | فريق العمّال |
| operário (m) | 'āmel (m) | عامل |
| | | |
| dia (m) de trabalho | yome 'amal (m) | يوم عمل |
| pausa (f) | rāḥa (f) | راحة |
| reunião (f) | egtemā' (m) | إجتماع |
| discutir (vt) | nā'eʃ | ناقش |
| | | |
| plano (m) | χeṭṭa (f) | خطّة |
| cumprir o plano | naffez el χeṭṭa | نفّذ الخطّة |
| taxa (f) de produção | mo'addal el entāg (m) | معدّل الإنتاج |
| qualidade (f) | gawda (f) | جودة |
| controlo (m) | taftīʃ (m) | تفتيش |
| controlo (m) da qualidade | ḍabṭ el gawda (m) | ضبط الجودة |
| | | |
| segurança (f) no trabalho | salāmet makān el 'amal (f) | سلامة مكان العمل |
| disciplina (f) | enḍebāṭ (m) | إنضباط |
| infração (f) | moχalfa (f) | مخالفة |
| violar (as regras) | χālef | خالف |
| greve (f) | eḍrāb (m) | إضراب |
| grevista (m) | moḍrab (m) | مضرب |

| | | |
|---|---|---|
| estar em greve | aḍrab | أضرب |
| sindicato (m) | etteḥād el ʿomā (m) | إتّحاد العمال |
| inventar (vt) | eχtaraʿ | إخترع |
| invenção (f) | eχterāʿ (m) | إختراع |
| pesquisa (f) | baḥs (m) | بحث |
| melhorar (vt) | ḥassen | حسّن |
| tecnologia (f) | teknoloʒia (f) | تكنولوجيا |
| desenho (m) técnico | rasm teqany (m) | رسم تقني |
| carga (f) | ʃaḥn (m) | شحن |
| carregador (m) | ʃayāl (m) | شيّال |
| carregar (vt) | ʃaḥn | شحن |
| carregamento (m) | taḥmīl (m) | تحميل |
| descarregar (vt) | farraɣ | فرّغ |
| descarga (f) | tafrīɣ (m) | تفريغ |
| transporte (m) | wasāʾel el naʾl (pl) | وسائل النقل |
| companhia (f) de transporte | ʃerket naʾl (f) | شركة نقل |
| transportar (vt) | naʾal | نقل |
| vagão (m) de carga | ʿarabet ʃaḥn (f) | عربة شحن |
| cisterna (f) | χazzān (m) | خزّان |
| camião (m) | ʃāḥena (f) | شاحنة |
| máquina-ferramenta (f) | makana (f) | مكنة |
| mecanismo (m) | ʾāliya (f) | آليّة |
| resíduos (m pl) industriais | moχallafāt ṣenaʿiya (pl) | مخلفات صناعية |
| embalagem (f) | taʿbeʾa (f) | تعبئة |
| embalar (vt) | ʿabba | عبّأ |

## 107. Contrato. Acordo

| | | |
|---|---|---|
| contrato (m) | ʿaʾd (m) | عقد |
| acordo (m) | ettefāʾ (m) | إتّفاق |
| adenda (f), anexo (m) | molḥaʾ (m) | ملحق |
| assinar o contrato | waqqaʿ ʿala ʿaʾd | وقّع على عقد |
| assinatura (f) | tawqeeʿ (m) | توقيع |
| assinar (vt) | waqqaʿ | وقّع |
| carimbo (m) | χetm (m) | ختم |
| objeto (m) do contrato | mawḍūʿ el ʿaʾd (m) | موضوع العقد |
| cláusula (f) | band (m) | بند |
| partes (f pl) | aṭrāf (pl) | أطراف |
| morada (f) jurídica | ʿenwān qanūny (m) | عنوان قانوني |
| violar o contrato | χālef el ʿaʾd | خالف العقد |
| obrigação (f) | eltezām (m) | إلتزام |
| responsabilidade (f) | masʾoliya (f) | مسؤوليّة |
| força (f) maior | ʾowwa qāhera (m) | قوّة قاهرة |
| litígio (m), disputa (f) | χelāf (m) | خلاف |
| multas (f pl) | ʿoqobāt (pl) | عقوبات |

## 108. Importação & Exportação

| | | |
|---|---|---|
| importação (f) | esterād (m) | إستيراد |
| importador (m) | mostawred (m) | مستورّد |
| importar (vt) | estawrad | إستورّد |
| de importação | wāred | وارد |
| exportação (f) | taṣdīr (m) | تصدير |
| exportador (m) | moṣadder (m) | مصدّر |
| exportar (vt) | ṣaddar | صدّر |
| de exportação | sādir | صادر |
| mercadoria (f) | baḍā'e' (pl) | بضائع |
| lote (de mercadorias) | ʃoḥna (f) | شحنة |
| peso (m) | wazn (m) | وزن |
| volume (m) | ḥagm (m) | حجم |
| metro (m) cúbico | metr moka''ab (m) | متر مكعّب |
| produtor (m) | el ʃerka el moṣanne'a (f) | الشركة المصنّعة |
| companhia (f) de transporte | ʃerket na'l (f) | شركة نقل |
| contentor (m) | ḥāweya (f) | حاوية |
| fronteira (f) | ḥadd (m) | حدّ |
| alfândega (f) | gamārek (pl) | جمارك |
| taxa (f) alfandegária | rasm gomroky (m) | رسم جمركي |
| funcionário (m) da alfândega | mowazzaf el gamārek (m) | موظّف الجمارك |
| contrabando (atividade) | tahrīb (m) | تهريب |
| contrabando (produtos) | beḍā'a moharraba (pl) | بضاعة مهربة |

## 109. Finanças

| | | |
|---|---|---|
| ação (f) | sahm (m) | سهم |
| obrigação (f) | sanad (m) | سند |
| nota (f) promissória | kembyāla (f) | كمبيالة |
| bolsa (f) | borṣa (f) | بورصة |
| cotação (m) das ações | se'r el sahm (m) | سعر السهم |
| tornar-se mais barato | reχeṣ | رخص |
| tornar-se mais caro | ʃely | غلي |
| parte (f) | naṣīb (m) | نصيب |
| participação (f) maioritária | el magmū'a el mosayṭara (f) | المجموعة المسيطرة |
| investimento (m) | estesmār (pl) | إستثمار |
| investir (vt) | estasmar | إستثمر |
| percentagem (f) | bel me'a - bel miya | بالمئة |
| juros (m pl) | fayda (f) | فائدة |
| lucro (m) | rebḥ (m) | ربح |
| lucrativo | morbeḥ | مربح |
| imposto (m) | ḍarība (f) | ضريبة |
| divisa (f) | 'omla (f) | عملة |

| | | |
|---|---|---|
| nacional | waṭany | وطني |
| câmbio (m) | taḥwīl (m) | تحويل |
| | | |
| contabilista (m) | muḥāseb (m) | محاسب |
| contabilidade (f) | maḥasba (f) | محاسبة |
| | | |
| bancarrota (f) | eflās (m) | إفلاس |
| falência (f) | enheyār (m) | إنهيار |
| ruína (f) | eflās (m) | إفلاس |
| arruinar-se (vr) | falles | فلّس |
| inflação (f) | taḍakχom māly (m) | تضخّم مالي |
| desvalorização (f) | taχfīḍ qīmet ʿomla (m) | تخفيض قيمة عملة |
| | | |
| capital (m) | ra'ʼs māl (m) | رأس مال |
| rendimento (m) | daχl (m) | دخل |
| volume (m) de negócios | dawret ra'ʼs el māl (f) | دورة رأس المال |
| recursos (m pl) | mawāred (pl) | موارد |
| recursos (m pl) financeiros | el mawāred el naqdiya (pl) | الموارد النقديّة |
| despesas (f pl) gerais | nafaʼāt ʿāmma (pl) | نفقات عامّة |
| reduzir (vt) | χaffaḍ | خفّض |

## 110. Marketing

| | | |
|---|---|---|
| marketing (m) | taswīʼ (m) | تسويق |
| mercado (m) | sūʼ (f) | سوق |
| segmento (m) do mercado | qaṭāʿ el sūʼ (m) | قطاع السوق |
| produto (m) | montag (m) | منتج |
| mercadoria (f) | baḍāʼeʿ (pl) | بضائع |
| | | |
| marca (f) | mārka (f) | ماركة |
| marca (f) comercial | marka tegāriya (f) | ماركة تجاريّة |
| logotipo (m) | ʃeʿār (m) | شعار |
| logo (m) | ʃeʿār (m) | شعار |
| | | |
| demanda (f) | ṭalab (m) | طلب |
| oferta (f) | mUʿİddāt (pl) | معدّات |
| necessidade (f) | ḥāga (f) | حاجة |
| consumidor (m) | mostahlek (m) | مستهلك |
| | | |
| análise (f) | taḥlīl (m) | تحليل |
| analisar (vt) | ḥallel | حلّل |
| posicionamento (m) | waḍʿ (m) | وضع |
| posicionar (vt) | waḍaʿ | وضع |
| | | |
| preço (m) | seʿr (m) | سعر |
| política (f) de preços | seyāset el asʿār (f) | سياسة الأسعار |
| formação (f) de preços | taʃkīl el asʿār (m) | تشكيل الأسعار |

## 111. Publicidade

| | | |
|---|---|---|
| publicidade (f) | eʿlān (m) | إعلان |
| publicitar (vt) | aʿlan | أعلن |

| | | |
|---|---|---|
| orçamento (m) | mezaniya (f) | ميزانية |
| anúncio (m) publicitário | eʿlān (m) | إعلان |
| publicidade (f) televisiva | eʿlān fel televiziōn (m) | إعلان في التليفزيون |
| publicidade (f) na rádio | eʿlān fel radio (m) | إعلان في الراديو |
| publicidade (f) exterior | eʿlān zahery (m) | إعلان ظاهري |

| | | |
|---|---|---|
| comunicação (f) de massa | wasāʾel el eʿlām (pl) | وسائل الإعلام |
| periódico (m) | magalla dawriya (f) | مجلّة دوريّة |
| imagem (f) | imyʒ (m) | إيميج |

| | | |
|---|---|---|
| slogan (m) | ʃeʿār (m) | شعار |
| mote (m), divisa (f) | ʃeʿār (m) | شعار |

| | | |
|---|---|---|
| campanha (f) | ḥamla (f) | حملة |
| companha (f) publicitária | ḥamla eʿlaniya (f) | حملة إعلانيّة |
| grupo (m) alvo | magmūʿa mostahdafa (f) | مجموعة مستهدفة |

| | | |
|---|---|---|
| cartão (m) de visita | kart el ʿamal (m) | كارت العمل |
| flyer (m) | manʃūr (m) | منشور |
| brochura (f) | naʃra (f) | نشرة |
| folheto (m) | kotayeb (m) | كتيّب |
| boletim (~ informativo) | naʃra eχbariya (f) | نشرة إخبارية |

| | | |
|---|---|---|
| letreiro (m) | yafṭa, lāfeta (f) | لافتة, يافطة |
| cartaz, póster (m) | boster (m) | بوستر |
| painel (m) publicitário | lawḥet eʿlanāt (f) | لوحة إعلانات |

## 112. Banca

| | | |
|---|---|---|
| banco (m) | bank (m) | بنك |
| sucursal, balcão (f) | farʿ (m) | فرع |

| | | |
|---|---|---|
| consultor (m) | mowazzaf bank (m) | موظّف بنك |
| gerente (m) | modīr (m) | مدير |

| | | |
|---|---|---|
| conta (f) | ḥesāb bank (m) | حساب بنك |
| número (m) da conta | raqam el ḥesāb (m) | رقم الحساب |
| conta (f) corrente | ḥesāb gāry (m) | حساب جاري |
| conta (f) poupança | ḥesāb tawfīr (m) | حساب توّفير |

| | | |
|---|---|---|
| abrir uma conta | fataḥ ḥesāb | فتح حساب |
| fechar uma conta | ʾafal ḥesāb | قفل حساب |
| depositar na conta | awdaʿ fel ḥesāb | أودع في الحساب |
| levantar (vt) | saḥab men el ḥesāb | سحب من الحساب |

| | | |
|---|---|---|
| depósito (m) | wadeeʿa (f) | وديعة |
| fazer um depósito | awdaʿ | أودع |
| transferência (f) bancária | ḥewāla maṣrefiya (f) | حوالة مصرفيّة |
| transferir (vt) | ḥawwel | حوّل |

| | | |
|---|---|---|
| soma (f) | mablaɣ (m) | مبلغ |
| Quanto? | kām? | كام؟ |
| assinatura (f) | tawqeeʿ (m) | توقيع |
| assinar (vt) | waqqaʿ | وقّع |

| | | |
|---|---|---|
| cartão (m) de crédito | kredit kard (f) | كريدت كارد |
| código (m) | kōd (m) | كود |
| número (m) do cartão de crédito | raqam el kredit kard (m) | رقم الكريدت كارد |
| Caixa Multibanco (m) | makinet ṣarrāf 'āly (f) | ماكينة صرّاف آلي |
| cheque (m) | ʃīk (m) | شيك |
| passar um cheque | katab ʃīk | كتب شيك |
| livro (m) de cheques | daftar ʃikāt (m) | دفتر شيكات |
| empréstimo (m) | qarḍ (m) | قرض |
| pedir um empréstimo | 'addem ṭalab 'ala qarḍ | قدّم طلب على قرض |
| obter um empréstimo | ḥaṣal 'ala qarḍ | حصل على قرض |
| conceder um empréstimo | edda qarḍ | ادّى قرض |
| garantia (f) | ḍamān (m) | ضمان |

## 113. Telefone. Conversação telefónica

| | | |
|---|---|---|
| telefone (m) | telefon (m) | تليفون |
| telemóvel (m) | mobile (m) | موبايل |
| secretária (f) electrónica | gehāz radd 'alal mokalmāt (m) | جهاز ردّ على المكالمات |
| fazer uma chamada | ettaṣal | إتّصل |
| chamada (f) | mokalma telefoniya (f) | مكالمة تليفونية |
| marcar um número | ettaṣal be raqam | إتّصل برقم |
| Alô! | alo! | ألو! |
| perguntar (vt) | sa'al | سأل |
| responder (vt) | radd | ردّ |
| ouvir (vt) | seme' | سمع |
| bem | kewayes | كويّس |
| mal | meʃ kowayīs | مش كويّس |
| ruído (m) | taʃwīʃ (m) | تشويش |
| auscultador (m) | sammā'a (f) | سمّاعة |
| pegar o telefone | rafa' el sammā'a | رفع السمّاعة |
| desligar (vi) | 'afal el sammā'a | قفل السمّاعة |
| ocupado | maʃɣūl | مشغول |
| tocar (vi) | rann | رنّ |
| lista (f) telefónica | dalīl el telefone (m) | دليل التليفون |
| local | maḥalliyya | ة محلّيّة |
| chamada (f) local | mokalma maḥalliya (f) | مكالمة محلّيّة |
| de longa distância | bi'īd | بعيد |
| chamada (f) de longa distância | mokalma bi'īda (f) | مكالمة بعيدة المدى |
| internacional | dowly | دوّلي |
| chamada (f) internacional | mokalma dowliya (f) | مكالمة دوليّة |

## 114. Telefone móvel

| | | |
|---|---|---|
| telemóvel (m) | mobile (m) | موبايل |
| ecrã (m) | ʿarḍ (m) | عرض |
| botão (m) | zerr (m) | زر |
| cartão SIM (m) | sim kard (m) | سيم كارد |
| bateria (f) | baṭṭariya (f) | بطّاريّة |
| descarregar-se | χelṣet | خلصت |
| carregador (m) | ʃāḥen (m) | شاحن |
| menu (m) | qā'ema (f) | قائمة |
| definições (f pl) | awḍāʿ (pl) | أوضاع |
| melodia (f) | naɣama (f) | نغمة |
| escolher (vt) | eχtār | إختار |
| calculadora (f) | 'āla ḥasba (f) | آلة حاسبة |
| correio (m) de voz | barīd ṣawty (m) | بريد صوتي |
| despertador (m) | monabbeh (m) | منبّه |
| contatos (m pl) | gehāt el etteṣāl (pl) | جهات الإتّصال |
| mensagem (f) de texto | resāla 'aṣīra ɛsɛmɛs (f) | sms رسالة قصيرة |
| assinante (m) | moʃtarek (m) | مشترك |

## 115. Estacionário

| | | |
|---|---|---|
| caneta (f) | 'alam gāf (m) | قلم جاف |
| caneta (f) tinteiro | 'alam rīʃa (m) | قلم ريشة |
| lápis (m) | 'alam roṣāṣ (m) | قلم رصاص |
| marcador (m) | markar (m) | ماركر |
| caneta (f) de feltro | 'alam fulumaster (m) | قلم فلوماستر |
| bloco (m) de notas | mozakkera (f) | مذكّرة |
| agenda (f) | gadwal el aʿmāl (m) | جدول الأعمال |
| régua (f) | masṭara (f) | مسطرة |
| calculadora (f) | 'āla ḥasba (f) | آلة حاسبة |
| borracha (f) | astīka (f) | استيكة |
| pionés (m) | dabbūs (m) | دبّوس |
| clipe (m) | dabbūs wara' (m) | دبّوس ورق |
| cola (f) | ṣamɣ (m) | صمغ |
| agrafador (m) | dabbāsa (f) | دبّاسة |
| furador (m) | χarrāma (m) | خرّامة |
| afia-lápis (m) | barrāya (f) | برّاية |

## 116. Vários tipos de documentos

| | | |
|---|---|---|
| relatório (m) | ta'rīr (m) | تقرير |
| acordo (m) | ettefā' (m) | إتّفاق |

| | | |
|---|---|---|
| ficha (f) de inscrição | estemāret ṭalab (m) | إستمارة طلب |
| autêntico | aṣly | أصلي |
| crachá (m) | ʃāra (f) | شارة |
| cartão (m) de visita | kart el ʻamal (m) | كارت العمل |
| certificado (m) | ʃahāda (f) | شهادة |
| cheque (m) | ʃīk (m) | شيك |
| conta (f) | ḥesāb (m) | حساب |
| constituição (f) | dostūr (m) | دستور |
| contrato (m) | ʻaʾd (m) | عقد |
| cópia (f) | ṣūra (f) | صورة |
| exemplar (m) | nosχa (f) | نسخة |
| declaração (f) alfandegária | taṣrīḥ gomroky (m) | تصريح جمركي |
| documento (m) | wasīqa (f) | وثيقة |
| carta (f) de condução | roχṣet el qeyāda (f) | رخصة قيادة |
| adenda (ao contrato) | molḥaʾ (m) | ملحق |
| questionário (m) | estemāra (f) | استمارة |
| bilhete (m) de identidade | beṭāʾet el hawiya (f) | بطاقة الهويّة |
| inquérito (m) | estefsār (m) | إستفسار |
| convite (m) | beṭāʾet daʻwa (f) | بطاقة دعوة |
| fatura (f) | fatūra (f) | فاتورة |
| lei (f) | qanūn (m) | قانون |
| carta (correio) | resāla (f) | رسالة |
| papel (m) timbrado | tarwīsa (f) | ترويّسة |
| lista (f) | qāʾema (f) | قائمة |
| manuscrito (m) | maχṭūṭa (f) | مخطوطة |
| boletim (~ informativo) | naʃra eχbariya (f) | نشرة إخبارية |
| bilhete (mensagem breve) | nouta (f) | نوتة |
| passe (m) | beṭāʾet morūr (f) | بطاقة مرور |
| passaporte (m) | basbore (m) | باسبور |
| permissão (f) | roχṣa (f) | رخصة |
| CV, currículo (m) | sīra zātiya (f) | سيرة ذاتيّة |
| vale (nota promissória) | mozakkeret deyn (f) | مذكّرة دين |
| recibo (m) | eṣāl (m) | إيصال |
| talão (f) | eṣāl (m) | إيصال |
| relatório (m) | taʾrīr (m) | تقرير |
| mostrar (vt) | ʾaddem | قدّم |
| assinar (vt) | waqqaʻ | وقّع |
| assinatura (f) | tawqeeʻ (m) | توقيع |
| carimbo (m) | χetm (m) | ختم |
| texto (m) | noṣṣ (m) | نصّ |
| bilhete (m) | tazkara (f) | تذكرة |
| riscar (vt) | ʃaṭab | شطب |
| preencher (vt) | mala | ملأ |
| guia (f) de remessa | bolīṣet ʃaḥn (f) | بوليصة شحن |
| testamento (m) | waṣiya (f) | وصيّة |

## 117. Tipos de negócios

| | | |
|---|---|---|
| serviços (m pl) de contabilidade | χedamāt moḥasba (pl) | خدمات محاسبة |
| publicidade (f) | eʿlān (m) | إعلان |
| agência (f) de publicidade | wekālet eʿlān (f) | وكالة إعلان |
| ar (m) condicionado | takyīf (m) | تكييف |
| companhia (f) aérea | ʃerket ṭayarān (f) | شركة طيران |
| bebidas (f pl) alcoólicas | maʃrūbāt koḥūliya (pl) | مشروبات كحوليّة |
| comércio (m) de antiguidades | toḥaf (pl) | تحف |
| galeria (f) de arte | maʿraḍ fanny (m) | معرض فنّي |
| serviços (m pl) de auditoria | χedamāt faḥṣ el ḥesābāt (pl) | خدمات فحص الحسابات |
| negócios (m pl) bancários | el qeṭāʿ el maṣrefy (m) | القطاع المصرفي |
| bar (m) | bār (m) | بار |
| salão (m) de beleza | ṣalone tagmīl (m) | صالون تجميل |
| livraria (f) | maḥal kotob (m) | محل كتب |
| cervejaria (f) | maṣnaʿ bīra (m) | مصنع بيرة |
| centro (m) de escritórios | markaz tegāry (m) | مركز تجاري |
| escola (f) de negócios | kolliyet edāret el aʿmāl (f) | كليّة إدارة الأعمال |
| casino (m) | kazino (m) | كازينو |
| construção (f) | benāʾ (m) | بناء |
| serviços (m pl) de consultoria | esteʃāra (f) | إستشارة |
| estomatologia (f) | ʿeyādet asnān (f) | عيادة أسنان |
| design (m) | taṣmīm (m) | تصميم |
| farmácia (f) | ṣaydaliya (f) | صيدليّة |
| lavandaria (f) | dray klīn (m) | دراي كلين |
| agência (f) de emprego | wekālet tawẓīf (f) | وكالة توّظيف |
| serviços (m pl) financeiros | χedamāt māliya (pl) | خدمات ماليّة |
| alimentos (m pl) | akl (m) | أكل |
| agência (f) funerária | maktab motaʿahhed el dafn (m) | مكتب متعهّد الدفن |
| mobiliário (m) | asās (m) | أثاث |
| roupa (f) | malābes (pl) | ملابس |
| hotel (m) | fondoʾ (m) | فندق |
| gelado (m) | ʾays krīm (m) | آيس كريم |
| indústria (f) | ṣenāʿa (f) | صناعة |
| seguro (m) | taʾmīn (m) | تأمين |
| internet (f) | internet (m) | إنترنت |
| investimento (m) | estesmarāt (pl) | إستثمارات |
| joalheiro (m) | ṣāʾeɣ (m) | صائغ |
| joias (f pl) | mogawharāt (pl) | مجوهرات |
| lavandaria (f) | maɣsala (f) | مغسلة |
| serviços (m pl) jurídicos | χedamāt qanūniya (pl) | خدمات قانونيّة |
| indústria (f) ligeira | ṣenāʿa χafīfa (f) | صناعة خفيفة |
| revista (f) | magalla (f) | مجلّة |
| vendas (f pl) por catálogo | beyʿ be neẓām el barīd (m) | بيع بنظام البريد |
| medicina (f) | ṭebb (m) | طبّ |

| | | |
|---|---|---|
| cinema (m) | sinema (f) | سينما |
| museu (m) | mat-ḥaf (m) | متحف |
| | | |
| agência (f) de notícias | wekāla eχbariya (f) | وكالة إخبارية |
| jornal (m) | garīda (f) | جريدة |
| clube (m) noturno | malha leyly (m) | ملهى ليّلي |
| | | |
| petróleo (m) | nafṭ (m) | نفط |
| serviço (m) de encomendas | χedamāt el ʃaḥn (pl) | خدمات الشحن |
| indústria (f) farmacêutica | ṣaydala (f) | صيدلة |
| poligrafia (f) | ṭebā'a (f) | طباعة |
| editora (f) | dar el ṭebā'a wel naʃr (f) | دار الطباعة والنشر |
| | | |
| rádio (m) | radio (m) | راديو |
| imobiliário (m) | 'eqarāt (pl) | عقارات |
| restaurante (m) | maṭ'am (m) | مطعم |
| | | |
| empresa (f) de segurança | ʃerket amn (f) | شركة أمن |
| desporto (m) | reyāḍa (f) | رياضة |
| bolsa (f) | borṣa (f) | بورصة |
| loja (f) | maḥal (m) | محل |
| supermercado (m) | subermarket (m) | سوبرماركت |
| piscina (f) | ḥammām sebāḥa (m) | حمّام سباحة |
| | | |
| alfaiataria (f) | maḥal χeyāṭa (m) | محل خياطة |
| televisão (f) | televizion (m) | تليفزيون |
| teatro (m) | masraḥ (m) | مسرح |
| comércio (atividade) | tegāra (f) | تجارة |
| serviços (m pl) de transporte | wasā'el el na'l (pl) | وسائل النقل |
| viagens (f pl) | safar (m) | سفر |
| | | |
| veterinário (m) | doktore beṭary (m) | دكتور بيطري |
| armazém (m) | mostawda' (m) | مستودع |
| recolha (f) do lixo | gama' el nefayāt (m) | جمع النفايات |

# Emprego. Negócios. Parte 2

## 118. Espetáculo. Feira

| | | |
|---|---|---|
| feira (f) | ma'raḍ (m) | معرض |
| feira (f) comercial | ma'raḍ tegāry (m) | معرض تجاري |
| participação (f) | eʃterāk (m) | إشتراك |
| participar (vi) | ʃārek | شارك |
| participante (m) | moʃtarek (m) | مشترك |
| diretor (m) | modīr (m) | مدير |
| direção (f) | maktab el monazzemīn (m) | مكتب المنظّمين |
| organizador (m) | monazzem (m) | منظّم |
| organizar (vt) | nazzam | نظّم |
| ficha (f) de inscrição | estemāret el eʃterak (f) | إستمارة الإشتراك |
| preencher (vt) | mala | ملأ |
| detalhes (m pl) | tafaṣīl (pl) | تفاصيل |
| informação (f) | este'lamāt (pl) | إستعلامات |
| preço (m) | se'r (m) | سعر |
| incluindo | bema feyh | بما فيه |
| incluir (vt) | taḍamman | تضمّن |
| pagar (vt) | dafa' | دفع |
| taxa (f) de inscrição | rosūm el tasgīl (pl) | رسوم التسجيل |
| entrada (f) | madχal (m) | مدخل |
| pavilhão (m) | genāḥ (m) | جناح |
| inscrever (vt) | saggel | سجّل |
| crachá (m) | ʃāra (f) | شارة |
| stand (m) | koʃk (m) | كشك |
| reservar (vt) | ḥagaz | حجز |
| vitrina (f) | vatrīna (f) | فترينة |
| foco, spot (m) | kasʃāf el nūr (m) | كشّاف النور |
| design (m) | taṣmīm (m) | تصميم |
| pôr, colocar (vt) | ḥaṭṭ | حطّ |
| distribuidor (m) | mowazze' (m) | موزّع |
| fornecedor (m) | mowarred (m) | مورّد |
| país (m) | balad (m) | بلد |
| estrangeiro | agnaby | أجنبي |
| produto (m) | montag (m) | منتج |
| associação (f) | gam'iya (f) | جمعيّة |
| sala (f) de conferências | qā'et el mo'tamarāt (f) | قاعة المؤتمرات |
| congresso (m) | mo'tamar (m) | مؤتمر |

| | | |
|---|---|---|
| concurso (m) | mosab'a (f) | مسابقة |
| visitante (m) | zā'er (m) | زائر |
| visitar (vt) | ḥaḍar | حضر |
| cliente (m) | zobūn (m) | زبون |

## 119. Media

| | | |
|---|---|---|
| jornal (m) | garīda (f) | جريدة |
| revista (f) | magalla (f) | مجلّة |
| imprensa (f) | ṣaḥāfa (f) | صحافة |
| rádio (m) | radio (m) | راديو |
| estação (f) de rádio | maḥaṭṭet radio (f) | محطّة راديو |
| televisão (f) | televizion (m) | تليفزيون |
| apresentador (m) | mo'addem (m) | مقدّم |
| locutor (m) | mozee' (m) | مذيع |
| comentador (m) | mo'alleq (m) | معلّق |
| jornalista (m) | ṣaḥafy (m) | صحفي |
| correspondente (m) | morāsel (m) | مراسل |
| repórter (m) fotográfico | moṣawwer ṣaḥafy (m) | مصوّر صحفي |
| repórter (m) | ṣaḥafy (m) | صحفي |
| redator (m) | moḥarrer (m) | محرّر |
| redator-chefe (m) | ra'īs taḥrīr (m) | رئيس تحرير |
| assinar a ... | eʃtarak | إشترك |
| assinatura (f) | eʃterāk (m) | إشتراك |
| assinante (m) | moʃtarek (m) | مشترك |
| ler (vt) | 'ara | قرأ |
| leitor (m) | qāre' (m) | قارئ |
| tiragem (f) | tadāwol (m) | تداول |
| mensal | ʃahry | شهري |
| semanal | osbū'y | أسبوعي |
| número (jornal, revista) | 'adad (m) | عدد |
| recente | gedīd | جديد |
| manchete (f) | 'enwān (m) | عنوان |
| pequeno artigo (m) | maqāla saɣīra (f) | مقالة قصيرة |
| coluna (~ semanal) | 'amūd (m) | عمود |
| artigo (m) | maqāla (f) | مقالة |
| página (f) | ṣafḥa (f) | صفحة |
| reportagem (f) | rebortāʒ (m) | ريبورتاج |
| evento (m) | ḥadass (m) | حدث |
| sensação (f) | ḍagga (f) | ضجّة |
| escândalo (m) | feḍīḥa (f) | فضيحة |
| escandaloso | fāḍeḥ | فاضح |
| grande | ʃahīr | شهير |
| programa (m) de TV | barnāmeg (m) | برنامج |
| entrevista (f) | leqā' ṣaḥafy (m) | لقاء صحفي |
| transmissão (f) em direto | ezā'a mobāʃera (f) | إذاعة مباشرة |
| canal (m) | qanah (f) | قناة |

## 120. Agricultura

| | | |
|---|---|---|
| agricultura (f) | zerā'a (f) | زراعة |
| camponês (m) | fallāḥ (m) | فلّاح |
| camponesa (f) | fallāḥa (f) | فلّاحة |
| agricultor (m) | mozāre' (m) | مزارع |
| trator (m) | garrār (m) | جرّار |
| ceifeira-debulhadora (f) | ḥaṣṣāda (f) | حصّادة |
| arado (m) | meḥrās (m) | محراث |
| arar (vt) | ḥaras | حرث |
| campo (m) lavrado | ḥaql maḥrūθ (m) | حقل محروث |
| rego (m) | talem (m) | تلم |
| semear (vt) | bezr | بذر |
| semeadora (f) | bazzara (f) | بذّارة |
| semeadura (f) | zar' (m) | زرع |
| gadanha (f) | meḥasʃ (m) | محشّ |
| gadanhar (vt) | ḥasʃ | حشّ |
| pá (f) | karīk (m) | كريك |
| cavar (vt) | ḥaras | حرث |
| enxada (f) | magrafa (f) | مجرفة |
| carpir (vt) | est'ṣal nabatāt | إستأصل نباتات |
| erva (f) daninha | nabāt ṭafayly (m) | نبات طفيّلي |
| regador (m) | raʃāʃa (f) | رشّاشة |
| regar (vt) | sa'a | سقى |
| rega (f) | sa'y (m) | سقي |
| forquilha (f) | mazrāh (f) | مذراة |
| ancinho (m) | madamma (f) | مدمّة |
| fertilizante (m) | semād (m) | سماد |
| fertilizar (vt) | sammed | سمّد |
| estrume (m) | semād (m) | سماد |
| campo (m) | ḥaql (m) | حقل |
| prado (m) | marag (m) | مرج |
| horta (f) | bostān χoḍār (m) | بستان خضار |
| pomar (m) | bostān (m) | بستان |
| pastar (vt) | ra'a | رعى |
| pastor (m) | rā'y (m) | راعي |
| pastagem (f) | mar'a (m) | مرعى |
| pecuária (f) | tarbeya el mawāʃy (f) | تربية المواشي |
| criação (f) de ovelhas | tarbeya aɣnām (f) | تربية أغنام |
| plantação (f) | mazra'a (f) | مزرعة |
| canteiro (m) | ḥoḍe (m) | حوض |
| invernadouro (m) | dafī'a (f) | دفيئة |

| | | |
|---|---|---|
| seca (f) | gafāf (m) | جفاف |
| seco (verão ~) | gāf | جاف |
| | | |
| cereal (m) | ḥobūb (pl) | حبوب |
| cereais (m pl) | maḥaṣīl el ḥubūb (pl) | محاصيل الحبوب |
| colher (vt) | ḥaṣad | حصد |
| | | |
| moleiro (m) | ṭaḥḥān (m) | طحّان |
| moinho (m) | ṭaḥūna (f) | طاحونة |
| moer (vt) | ṭaḥn el ḥobūb | طحن الحبوب |
| farinha (f) | deī’ (m) | دقيق |
| palha (f) | ʾasʃ (m) | قشّ |

## 121. Construção. Processo de construção

| | | |
|---|---|---|
| canteiro (m) de obras | arḍ benāʾ (f) | أرض بناء |
| construir (vt) | bana | بنى |
| construtor (m) | ʿāmel benāʾ (m) | عامل بناء |
| | | |
| projeto (m) | maʃrūʿ (m) | مشروع |
| arquiteto (m) | mohandes meʿmāry (m) | مهندس معماري |
| operário (m) | ʿāmel (m) | عامل |
| | | |
| fundação (f) | asās (m) | أساس |
| telhado (m) | sa’f (m) | سقف |
| estaca (f) | kawmet el asās (f) | كومة الأساس |
| parede (f) | ḥeyṭa (f) | حيطة |
| | | |
| varões (m pl) para betão | ḥadīd taslīḥ (m) | حديد تسليح |
| andaime (m) | sa’’āla (f) | سقّالة |
| | | |
| betão (m) | χarasāna (f) | خرسانة |
| granito (m) | granīt (m) | جرانيت |
| pedra (f) | ḥagar (m) | حجر |
| tijolo (m) | ṭūb (m) | طوب |
| | | |
| areia (f) | raml (m) | رمل |
| cimento (m) | asmant (m) | إسمنت |
| emboço (m) | ṭalāʾ gaṣṣ (m) | طلاء جصّ |
| emboçar (vt) | ṭala bel gaṣṣ | طلى بالجصّ |
| tinta (f) | dehān (m) | دهان |
| | | |
| pintar (vt) | dahhen | دهّن |
| barril (m) | barmīl (m) | برميل |
| | | |
| grua (f), guindaste (m) | rāfeʿa (f) | رافعة |
| erguer (vt) | rafaʿ | رفع |
| baixar (vt) | nazzel | نزّل |
| | | |
| buldózer (m) | bulldozer (m) | بولدوزر |
| escavadora (f) | ḥaffāra (f) | حفّارة |
| caçamba (f) | magrafa (f) | مجرفة |
| escavar (vt) | ḥafar | حفر |
| capacete (m) de proteção | χawza (f) | خوذة |

## 122. Ciência. Investigação. Cientistas

| | | |
|---|---|---|
| ciência (f) | ʿelm (m) | علم |
| científico | ʿelmy | علمي |
| cientista (m) | ʿālem (m) | عالم |
| teoria (f) | naẓariya (f) | نظريّة |
| axioma (m) | badīhiya (f) | بديهيّة |
| análise (f) | taḥlīl (m) | تحليل |
| analisar (vt) | ḥallel | حلّل |
| argumento (m) | borhān (m) | برهان |
| substância (f) | madda (f) | مادّة |
| hipótese (f) | faraḍiya (f) | فرضيّة |
| dilema (m) | moʿḍela (f) | معضلة |
| tese (f) | resāla ʿelmiya (f) | رسالة علميّة |
| dogma (m) | ʿaqīda (f) | عقيدة |
| doutrina (f) | mazhab (m) | مذهب |
| pesquisa (f) | baḥs (m) | بحث |
| pesquisar (vt) | baḥs | بحث |
| teste (m) | eχtebārāt (pl) | إختبارات |
| laboratório (m) | moχtabar (m) | مختبر |
| método (m) | manhag (m) | منهج |
| molécula (f) | gozayeʾ (m) | جزيء |
| monitoramento (m) | reqāba (f) | رقابة |
| descoberta (f) | ekteʃāf (m) | إكتشاف |
| postulado (m) | mosallama (f) | مسلّمة |
| princípio (m) | mabdaʾ (m) | مبدأ |
| prognóstico (previsão) | tanabboʾ (m) | تنبّؤ |
| prognosticar (vt) | tanabbaʾ | تنبّأ |
| síntese (f) | tarkīb (m) | تركيب |
| tendência (f) | ettegāh (m) | إتّجاه |
| teorema (m) | naẓariya (f) | نظريّة |
| ensinamentos (m pl) | taʿalīm (pl) | تعاليم |
| facto (m) | ḥaʾīʾa (f) | حقيقة |
| expedição (f) | beʿsa (f) | بعثة |
| experiência (f) | tagreba (f) | تجربة |
| académico (m) | akadīmy (m) | أكاديمي |
| bacharel (m) | bakaleryūs (m) | بكالوريوس |
| doutor (m) | doktore (m) | دكتور |
| docente (m) | ostāz moʃārek (m) | أستاذ مشارك |
| mestre (m) | maʒestīr (m) | ماجستير |
| professor (m) catedrático | brofessor (m) | بروفيسور |

# Profissões e ocupações

## 123. Procura de emprego. Demissão

| | | |
|---|---|---|
| trabalho (m) | ʿamal (m) | عمل |
| equipa (f) | kawādir (pl) | كوادر |
| pessoal (m) | ṭāqem el ʿāmelīn (m) | طاقم العاملين |
| carreira (f) | mehna (f) | مهنة |
| perspetivas (f pl) | ʾāfāq (pl) | آفاق |
| mestria (f) | maharāt (pl) | مهارات |
| seleção (f) | eχteyār (m) | إختيار |
| agência (f) de emprego | wekālet tawẓīf (f) | وكالة توّظيف |
| CV, currículo (m) | sīra zātiya (f) | سيرة ذاتيّة |
| entrevista (f) de emprego | mo'ablet ʿamal (f) | مقابلة عمل |
| vaga (f) | wazīfa χaleya (f) | وظيفة خالية |
| salário (m) | morattab (m) | مرتّب |
| salário (m) fixo | rāteb sābet (m) | راتب ثابت |
| pagamento (m) | ogra (f) | أجرة |
| posto (m) | manṣeb (m) | منصب |
| dever (do empregado) | wāgeb (m) | واجب |
| gama (f) de deveres | magmūʿa men el wāgebāt (f) | مجموعة من الواجبات |
| ocupado | maʃɣūl | مشغول |
| despedir, demitir (vt) | rafad | رفد |
| demissão (f) | eqāla (m) | إقالة |
| desemprego (m) | baṭāla (f) | بطالة |
| desempregado (m) | ʿāṭel (m) | عاطل |
| reforma (f) | maʿāʃ (m) | معاش |
| reformar-se | oḥīl ʿala el maʿāʃ | أحيل على المعاش |

## 124. Gente de negócios

| | | |
|---|---|---|
| diretor (m) | modīr (m) | مدير |
| gerente (m) | modīr (m) | مدير |
| patrão, chefe (m) | raʾīs (m) | رئيس |
| superior (m) | motafawweq (m) | متفوّق |
| superiores (m pl) | ro'asāʾ (pl) | رؤساء |
| presidente (m) | raʾīs (m) | رئيس |
| presidente (m) de direção | raʾīs (m) | رئيس |
| substituto (m) | nāʾeb (m) | نائب |
| assistente (m) | mosāʿed (m) | مساعد |

| | | |
|---|---|---|
| secretário (m) | sekerteyr (m) | سكرتير |
| secretário (m) pessoal | sekerteyr χāṣ (m) | سكرتير خاص |
| homem (m) de negócios | ragol aʿmāl (m) | رجل أعمال |
| empresário (m) | rāʾed aʿmāl (m) | رائد أعمال |
| fundador (m) | moʾasses (m) | مؤسّس |
| fundar (vt) | asses | أسّس |
| fundador, sócio (m) | moʾasses (m) | مؤسّس |
| parceiro, sócio (m) | ʃerīk (m) | شريك |
| acionista (m) | mālek el as-hom (m) | مالك الأسهم |
| milionário (m) | millyonīr (m) | مليونير |
| bilionário (m) | milliardīr (m) | ملياردير |
| proprietário (m) | ṣāḥeb (m) | صاحب |
| proprietário (m) de terras | ṣāḥeb el arḍ (m) | صاحب الأرض |
| cliente (m) | ʿamīl (m) | عميل |
| cliente (m) habitual | ʿamīl dāʾem (m) | عميل دائم |
| comprador (m) | moʃtary (m) | مشتري |
| visitante (m) | zāʾer (m) | زائر |
| profissional (m) | moḥtaref (m) | محترف |
| perito (m) | χabīr (m) | خبير |
| especialista (m) | motaχaṣṣeṣ (m) | متخصّص |
| banqueiro (m) | ṣāḥeb maṣraf (m) | صاحب مصرف |
| corretor (m) | semsār (m) | سمسار |
| caixa (m, f) | ʿāmel kaʃier (m) | عامل كاشيير |
| contabilista (m) | muḥāseb (m) | محاسب |
| guarda (m) | ḥāres amn (m) | حارس أمن |
| investidor (m) | mostasmer (m) | مستثمر |
| devedor (m) | modīn (m) | مدين |
| credor (m) | dāʾen (m) | دائن |
| mutuário (m) | moqtareḍ (m) | مقترض |
| importador (m) | mostawred (m) | مستوّرد |
| exportador (m) | moṣadder (m) | مصدّر |
| produtor (m) | el ʃerka el moṣanneʿa (f) | الشركة المصنّعة |
| distribuidor (m) | mowazzeʿ (m) | موزّع |
| intermediário (m) | wasīṭ (m) | وسيط |
| consultor (m) | mostaʃār (m) | مستشار |
| representante (m) | mandūb mabiʿāt (m) | مندوب مبيعات |
| agente (m) | wakīl (m) | وكيل |
| agente (m) de seguros | wakīl el taʾmīn (m) | وكيل التأمين |

## 125. Profissões de serviços

| | | |
|---|---|---|
| cozinheiro (m) | ṭabbāχ (m) | طبّاخ |
| cozinheiro chefe (m) | el ʃeyf (m) | الشيف |

| | | |
|---|---|---|
| padeiro (m) | χabbāz (m) | خبّاز |
| barman (m) | bārman (m) | بارمان |
| empregado (m) de mesa | garsone (m) | جرسون |
| empregada (f) de mesa | garsona (f) | جرسونة |
| advogado (m) | muḥāmy (m) | محامي |
| jurista (m) | muḥāmy χabīr qanūny (m) | محامي خبير قانوني |
| notário (m) | mowassaq (m) | موثّق |
| eletricista (m) | kahrabā'y (m) | كهربائي |
| canalizador (m) | samkary (m) | سمكري |
| carpinteiro (m) | naggār (m) | نجّار |
| massagista (m) | modallek (m) | مدلّك |
| massagista (f) | modalleka (f) | مدلّكة |
| médico (m) | doktore (m) | دكتور |
| taxista (m) | sawwā' taksi (m) | سوّاق تاكسي |
| condutor (automobilista) | sawwā' (m) | سوّاق |
| entregador (m) | rāgel el delivery (m) | راجل الديلفري |
| camareira (f) | 'āmela tandīf ɣoraf (f) | عاملة تنظيف غرف |
| guarda (m) | ḥāres amn (m) | حارس أمن |
| hospedeira (f) de bordo | moḍīfet ṭayarān (f) | مضيفة طيران |
| professor (m) | modarres madrasa (m) | مدرّس مدرسة |
| bibliotecário (m) | amīn maktaba (m) | أمين مكتبة |
| tradutor (m) | motargem (m) | مترجم |
| intérprete (m) | motargem fawwry (m) | مترجم فوّري |
| guia (pessoa) | morʃed (m) | مرشد |
| cabeleireiro (m) | ḥallā' (m) | حلّاق |
| carteiro (m) | sā'y el barīd (m) | ساعي البريد |
| vendedor (m) | bayā' (m) | بيّاع |
| jardineiro (m) | bostāny (m) | بستاني |
| criado (m) | χādema (m) | خادمة |
| criada (f) | χadema (f) | خادمة |
| empregada (f) de limpeza | 'āmela tandīf (f) | عاملة تنظيف |

## 126. Profissões militares e postos

| | | |
|---|---|---|
| soldado (m) raso | gondy (m) | جندي |
| sargento (m) | raqīb tāny (m) | رقيب تاني |
| tenente (m) | molāzem tāny (m) | ملازم تاني |
| capitão (m) | naqīb (m) | نقيب |
| major (m) | rā'ed (m) | رائد |
| coronel (m) | 'aqīd (m) | عقيد |
| general (m) | ʒenerāl (m) | جنرال |
| marechal (m) | marʃāl (m) | مارشال |
| almirante (m) | amerāl (m) | أميرال |
| militar (m) | 'askary (m) | عسكري |
| soldado (m) | gondy (m) | جندي |

| | | |
|---|---|---|
| oficial (m) | ḍābeṭ (m) | ضابط |
| comandante (m) | qā'ed (m) | قائد |
| guarda (m) fronteiriço | ḥaras ḥodūd (m) | حرس حدود |
| operador (m) de rádio | 'āmel lāselky (m) | عامل لاسلكي |
| explorador (m) | rā'ed mostakʃef (m) | رائد مستكشف |
| sapador (m) | mohandes 'askary (m) | مهندس عسكري |
| atirador (m) | rāmy (m) | رامي |
| navegador (m) | mallāḥ (m) | ملاّح |

## 127. Oficiais. Padres

| | | |
|---|---|---|
| rei (m) | malek (m) | ملك |
| rainha (f) | maleka (f) | ملكة |
| príncipe (m) | amīr (m) | أمير |
| princesa (f) | amīra (f) | أميرة |
| czar (m) | qayṣar (m) | قيصر |
| czarina (f) | qayṣara (f) | قيصرة |
| presidente (m) | ra'īs (m) | رئيس |
| ministro (m) | wazīr (m) | وزير |
| primeiro-ministro (m) | ra'īs wozarā' (m) | رئيس وزراء |
| senador (m) | 'oḍw magles el ʃoyūχ (m) | عضو مجلس الشيوخ |
| diplomata (m) | deblomāsy (m) | دبلوماسي |
| cônsul (m) | qonṣol (m) | قنصل |
| embaixador (m) | safīr (m) | سفير |
| conselheiro (m) | mostaʃār (m) | مستشار |
| funcionário (m) | mowazzaf (m) | موظّف |
| prefeito (m) | ra'īs edāret el ḥayī (m) | رئيس إدارة الحي |
| Presidente (m) da Câmara | ra'īs el baladiya (m) | رئيس البلديّة |
| juiz (m) | qāḍy (m) | قاضي |
| procurador (m) | el na'eb el 'ām (m) | النائب العام |
| missionário (m) | mobasʃer (m) | مبشّر |
| monge (m) | rāheb (m) | راهب |
| abade (m) | ra'īs el deyr (m) | رئيس الدير |
| rabino (m) | ḥaχām (m) | حاخام |
| vizir (m) | wazīr (m) | وزير |
| xá (m) | ʃāh (m) | شاه |
| xeque (m) | ʃɛyχ (m) | شيخ |

## 128. Profissões agrícolas

| | | |
|---|---|---|
| apicultor (m) | naḥḥāl (m) | نحّال |
| pastor (m) | rā'y (m) | راعي |
| agrónomo (m) | mohandes zerā'y (m) | مهندس زراعي |

| | | |
|---|---|---|
| criador (m) de gado | morabby el mawāʃy (m) | مربّي المواشي |
| veterinário (m) | doktore beṭary (m) | دكتور بيطري |
| agricultor (m) | mozāreʿ (m) | مزارع |
| vinicultor (m) | ṣāneʿ el χamr (m) | صانع الخمر |
| zoólogo (m) | χabīr fe ʿelm el ḥayawān (m) | خبير في علم الحيوان |
| cowboy (m) | rāʿy el baʾar (m) | راعي البقر |

## 129. Profissões artísticas

| | | |
|---|---|---|
| ator (m) | momassel (m) | ممثّل |
| atriz (f) | momassela (f) | ممثّلة |
| cantor (m) | moṭreb (m) | مطرب |
| cantora (f) | moṭreba (f) | مطربة |
| bailarino (m) | rāqeṣ (m) | راقص |
| bailarina (f) | raʾāṣa (f) | راقصة |
| artista (m) | fannān (m) | فنّان |
| artista (f) | fannāna (f) | فنّانة |
| músico (m) | ʿāzef (m) | عازف |
| pianista (m) | ʿāzef biano (m) | عازف بيانو |
| guitarrista (m) | ʿāzef guitar (m) | عازف جيتار |
| maestro (m) | qāʾed orkestra (m) | قائد أوركسترا |
| compositor (m) | molaḥḥen (m) | ملحّن |
| empresário (m) | modīr ferʾa (m) | مدير فرقة |
| realizador (m) | moχreg aflām (m) | مخرج أفلام |
| produtor (m) | monteg (m) | منتج |
| argumentista (m) | kāteb senario (m) | كاتب سيناريو |
| crítico (m) | nāqed (m) | ناقد |
| escritor (m) | kāteb (m) | كاتب |
| poeta (m) | ʃāʿer (m) | شاعر |
| escultor (m) | naḥḥāt (m) | نحّات |
| pintor (m) | rassām (m) | رسّام |
| malabarista (m) | bahlawān (m) | بهلوان |
| palhaço (m) | aragoze (m) | أراجوز |
| acrobata (m) | bahlawān (m) | بهلوان |
| mágico (m) | sāḥer (m) | ساحر |

## 130. Várias profissões

| | | |
|---|---|---|
| médico (m) | doktore (m) | دكتور |
| enfermeira (f) | momarreḍa (f) | ممرّضة |
| psiquiatra (m) | doktore nafsāny (m) | دكتور نفساني |
| estomatologista (m) | doktore asnān (m) | دكتور أسنان |
| cirurgião (m) | garrāḥ (m) | جرّاح |

| | | |
|---|---|---|
| astronauta (m) | rā'ed faḍā' (m) | رائد فضاء |
| astrónomo (m) | 'ālem falak (m) | عالم فلك |
| piloto (m) | ṭayār (m) | طيّار |
| motorista (m) | sawwā' (m) | سوّاق |
| maquinista (m) | sawwā' (m) | سوّاق |
| mecânico (m) | mikanīky (m) | ميكانيكي |
| mineiro (m) | 'āmel mangam (m) | عامل منجم |
| operário (m) | 'āmel (m) | عامل |
| serralheiro (m) | 'affāl (m) | قفّال |
| marceneiro (m) | naggār (m) | نجّار |
| torneiro (m) | χarrāṭ (m) | خرّاط |
| construtor (m) | 'āmel benā' (m) | عامل بناء |
| soldador (m) | laḥḥām (m) | لحّام |
| professor (m) catedrático | brofessor (m) | بروفيسور |
| arquiteto (m) | mohandes me'māry (m) | مهندس معماري |
| historiador (m) | mo'arreχ (m) | مؤرّخ |
| cientista (m) | 'ālem (m) | عالم |
| físico (m) | fizyā'y (m) | فيزيائي |
| químico (m) | kemyā'y (m) | كيميائي |
| arqueólogo (m) | 'ālem'āsār (m) | عالم آثار |
| geólogo (m) | ʒeoloʒy (m) | جيولوجي |
| pesquisador (cientista) | bāḥes (m) | باحث |
| babysitter (f) | dāda (f) | دادة |
| professor (m) | mo'allem (m) | معلّم |
| redator (m) | moḥarrer (m) | محرّر |
| redator-chefe (m) | ra'īs taḥrīr (m) | رئيس تحرير |
| correspondente (m) | morāsel (m) | مراسل |
| datilógrafa (f) | kāteba 'ala el 'āla el kāteba (f) | كاتبة على الآلة الكاتبة |
| designer (m) | moṣammem (m) | مصمّم |
| especialista (m) em informática | motaχaṣṣeṣ bel kombuter (m) | متخصص بالكمبيوتر |
| programador (m) | mobarmeg (m) | مبرمج |
| engenheiro (m) | mohandes (m) | مهندس |
| marujo (m) | baḥḥār (m) | بحّار |
| marinheiro (m) | baḥḥār (m) | بحّار |
| salvador (m) | monqez (m) | منقذ |
| bombeiro (m) | rāgel el maṭāfy (m) | راجل المطافئ |
| polícia (m) | ʃorṭy (m) | شرطي |
| guarda-noturno (m) | ḥāres (m) | حارس |
| detetive (m) | moḥaqqeq (m) | محقّق |
| funcionário (m) da alfândega | mowazzaf el gamārek (m) | موظّف الجمارك |
| guarda-costas (m) | ḥāres ʃaχṣy (m) | حارس شخصي |
| guarda (m) prisional | ḥāres segn (m) | حارس سجن |
| inspetor (m) | mofatteʃ (m) | مفتّش |
| desportista (m) | reyāḍy (m) | رياضي |
| treinador (m) | modarreb (m) | مدرّب |

| | | |
|---|---|---|
| talhante (m) | gazzār (m) | جزّار |
| sapateiro (m) | eskāfy (m) | إسكافي |
| comerciante (m) | tāger (m) | تاجر |
| carregador (m) | ʃayāl (m) | شيّال |
| estilista (m) | moṣammem azyā' (m) | مصمّم أزياء |
| modelo (f) | modeyl (f) | موديل |

## 131. Ocupações. Estatuto social

| | | |
|---|---|---|
| aluno, escolar (m) | talmīz (m) | تلميذ |
| estudante (~ universitária) | ṭāleb (m) | طالب |
| filósofo (m) | faylasūf (m) | فيلسوف |
| economista (m) | eqtiṣādy (m) | إقتصادي |
| inventor (m) | moχtare' (m) | مخترع |
| desempregado (m) | 'āṭel (m) | عاطل |
| reformado (m) | motaqā'ed (m) | متقاعد |
| espião (m) | gasūs (m) | جاسوس |
| preso (m) | sagīn (m) | سجين |
| grevista (m) | moḍrab (m) | مضرب |
| burocrata (m) | buroqrāṭy (m) | بيوروقراطي |
| viajante (m) | raḥḥāla (m) | رحّالة |
| homossexual (m) | ʃāz (m) | شاذ |
| hacker (m) | haker (m) | هاكر |
| hippie | hippi (m) | هيبي |
| bandido (m) | qāṭe' ṭarī' (m) | قاطع طريق |
| assassino (m) a soldo | qātel ma'gūr (m) | قاتل مأجور |
| toxicodependente (m) | modmen moχaddarāt (m) | مدمن مخدّرات |
| traficante (m) | tāger moχaddarāt (m) | تاجر مخدّرات |
| prostituta (f) | mommos (f) | مومس |
| chulo (m) | qawwād (m) | قوّاد |
| bruxo (m) | sāḥer (m) | ساحر |
| bruxa (f) | sāḥera (f) | ساحرة |
| pirata (m) | 'orṣān (m) | قرصان |
| escravo (m) | 'abd (m) | عبد |
| samurai (m) | samuray (m) | ساموراي |
| selvagem (m) | motawaḥḥeʃ (m) | متوحّش |

# Desportos

## 132. Tipos de desportos. Desportistas

| | | |
|---|---|---|
| desportista (m) | reyāḍy (m) | رياضي |
| tipo (m) de desporto | nūʿ men el reyāḍa (m) | نوع من الرياضة |
| basquetebol (m) | koret el salla (f) | كرة السلّة |
| jogador (m) de basquetebol | lāʿeb korat el salla (m) | لاعب كرة السلّة |
| beisebol (m) | baseball (m) | بيسبول |
| jogador (m) de beisebol | lāʿeb basebāl (m) | لاعب بيسبول |
| futebol (m) | koret el qadam (f) | كرة القدم |
| futebolista (m) | lāʿeb korat qadam (m) | لاعب كرة القدم |
| guarda-redes (m) | ḥāres el marma (m) | حارس المرمى |
| hóquei (m) | hoky (m) | هوكي |
| jogador (m) de hóquei | lāʿeb hoky (m) | لاعب هوكي |
| voleibol (m) | voliball (m) | فولي بول |
| jogador (m) de voleibol | lāʿeb volly bal (m) | لاعب فولي بول |
| boxe (m) | molakma (f) | ملاكمة |
| boxeador, pugilista (m) | molākem (m) | ملاكم |
| luta (f) | moṣarʿa (f) | مصارعة |
| lutador (m) | moṣāreʿ (m) | مصارع |
| karaté (m) | karate (m) | كاراتيه |
| karateca (m) | lāʿeb karateyh (m) | لاعب كاراتيه |
| judo (m) | ʒudo (m) | جودو |
| judoca (m) | lāʿeb ʒudo (m) | لاعب جودو |
| ténis (m) | tennis (m) | تنس |
| tenista (m) | lāʿeb tennis (m) | لاعب تنس |
| natação (f) | sebāḥa (f) | سباحة |
| nadador (m) | sabbāḥ (m) | سبّاح |
| esgrima (f) | mobarza (f) | مبارزة |
| esgrimista (m) | mobārez (m) | مبارز |
| xadrez (m) | ʃaṭarang (m) | شطرنج |
| xadrezista (m) | lāʿeb ʃaṭarang (m) | لاعب شطرنج |
| alpinismo (m) | tasalloq el gebāl (m) | تسلّق الجبال |
| alpinista (m) | motasalleq el gebāl (m) | متسلّق الجبال |
| corrida (f) | garyī (m) | جريّ |

| | | |
|---|---|---|
| corredor (m) | ʿaddāʾ (m) | عدّاء |
| atletismo (m) | alʿāb el qowa (pl) | ألعاب القوى |
| atleta (m) | lāʿeb reyāḍy (m) | لاعب رياضي |
| hipismo (m) | reyāḍa el forūsiya (f) | رياضة الفروسيّة |
| cavaleiro (m) | fāres (m) | فارس |
| patinagem (f) artística | tazallog fanny ʿalal galīd (m) | تزلّج فنّي على الجليد |
| patinador (m) | motazalleg rāqeṣ (m) | متزلّج راقص |
| patinadora (f) | motazallega rāqeṣa (f) | متزلّجة راقصة |
| halterofilismo (m) | rafʿ el asqāl (m) | رفع الأثقال |
| halterofilista (m) | rāfeʿ el asqāl (m) | رافع الأثقال |
| corrida (f) de carros | sebāʾ el sayarāt (m) | سباق السيارات |
| piloto (m) | sawwāʾ sebāʾ (m) | سائق سباق |
| ciclismo (m) | rokūb el darragāt (m) | ركوب الدرّاجات |
| ciclista (m) | lāʿeb el darrāga (m) | لاعب الدرّاجة |
| salto (m) em comprimento | el qafz el ʿāly (m) | القفز العالي |
| salto (m) à vara | el qafz bel ʿaṣa (m) | القفز بالعصا |
| atleta (m) de saltos | qāfez (m) | قافز |

## 133. Tipos de desportos. Diversos

| | | |
|---|---|---|
| futebol (m) americano | koret el qadam (f) | كرة القدم |
| badminton (m) | el rīʃa (m) | الريشة |
| biatlo (m) | el biatlon (m) | البياتلون |
| bilhar (m) | bilyardo (m) | بلياردو |
| bobsled (m) | zalāga gamaʿiya (f) | زلاجة جماعية |
| musculação (f) | body building (m) | بادي بيلدنج |
| polo (m) aquático | koret el maya (f) | كرة الميّة |
| andebol (m) | koret el yad (f) | كرة اليد |
| golfe (m) | golf (m) | جولف |
| remo (m) | tagdīf (m) | تجديف |
| mergulho (m) | ɣoṣe (m) | غوص |
| corrida (f) de esqui | reyāḍa el ski (f) | رياضة الإسكي |
| ténis (m) de mesa | koret el ṭawla (f) | كرة الطاولة |
| vela (f) | reyāḍa ebḥār el marākeb (f) | رياضة إبحار المراكب |
| rali (m) | sebāʾ el sayarāt (m) | سباق السيارات |
| râguebi (m) | rugby (m) | رجبي |
| snowboard (m) | el tazallog ʿlal galīd (m) | التزلّج على الجليد |
| tiro (m) com arco | remāya (f) | رماية |

## 134. Ginásio

| | | |
|---|---|---|
| barra (f) | bār ḥadīd (m) | بار حديد |
| halteres (m pl) | dumbbells (m) | دمبلز |

| | | |
|---|---|---|
| aparelho (m) de musculaçao | gehāz tadrīb (m) | جهاز تدريب |
| bicicleta (f) ergométrica | 'agalet tadrīb (f) | عجلة تدريب |
| passadeira (f) de corrida | trīdmil (f) | تريد ميل |
| barra (f) fixa | 'o'la (f) | عقلة |
| barras (f) paralelas | el motawaziyīn (pl) | المتوازيين |
| cavalo (m) | manaṣṣet el qafz (f) | منصّة القفز |
| tapete (m) de ginástica | ḥaṣīra (f) | حصيرة |
| corda (f) de saltar | ḥabl el naṭṭ (m) | حبل النطّ |
| aeróbica (f) | aerobiks (m) | ايروبيكس |
| ioga (f) | yoga (f) | يوجا |

## 135. Hóquei

| | | |
|---|---|---|
| hóquei (m) | hoky (m) | هوكي |
| jogador (m) de hóquei | lā'eb hoky (m) | لاعب هوكي |
| jogar hóquei | le'eb el hoky | لعب الهوكي |
| gelo (m) | galīd (m) | جليد |
| disco (m) | 'orṣ el hoky (m) | قرص الهوكي |
| taco (m) de hóquei | maḍrab el hoky (m) | مضرب الهوكي |
| patins (m pl) de gelo | zallagāt (pl) | زلّاجات |
| muro (m) | ḥalabet el hokky (f) | حلبة الهوكي |
| tiro (m) | ramya (f) | رمية |
| guarda-redes (m) | ḥāres el marma (m) | حارس المرمى |
| golo (m) | hadaf (m) | هدف |
| marcar um golo | gāb hadaf | جاب هدف |
| tempo (m) | ʃoṭe (m) | شوط |
| segundo tempo (m) | el ʃoṭe el tāni (m) | الشوط التاني |
| banco (m) de reservas | dekket el eḥṭiāṭy (f) | دكّة الإحتياطي |

## 136. Futebol

| | | |
|---|---|---|
| futebol (m) | koret el qadam (f) | كرة القدم |
| futebolista (m) | lā'eb korat qadam (m) | لاعب كرة القدم |
| jogar futebol | le'eb korret el qadam | لعب كرة القدم |
| Liga Principal (f) | el dawry el kebīr (m) | الدوّري الكبير |
| clube (m) de futebol | nādy koret el qadam (m) | نادي كرة القدم |
| treinador (m) | modarreb (m) | مدرب |
| proprietário (m) | ṣāḥeb (m) | صاحب |
| equipa (f) | farī' (m) | فريق |
| capitão (m) da equipa | kabten el farī' (m) | كابتن الفريق |
| jogador (m) | lā'eb (m) | لاعب |
| jogador (m) de reserva | lā'eb eḥteyāṭy (m) | لاعب إحتياطي |
| atacante (m) | lā'eb hogūm (m) | لاعب هجوم |
| avançado (m) centro | wasaṭ el hogūm (m) | وسط الهجوم |

| | | |
|---|---|---|
| marcador (m) | haddāf (m) | هدّاف |
| defesa (m) | modāfeʿ (m) | مدافع |
| médio (m) | lāʿeb χaṭṭ wasaṭ (m) | لاعب خطّ وسط |
| jogo (desafio) | mobarā (f) | مباراة |
| encontrar-se (vr) | ʾābel | قابل |
| final (m) | mobarāh nehaʾiya (f) | مباراة نهائيّة |
| meia-final (f) | el dore el neṣf el nehāʾy (m) | الدور النصف النهائي |
| campeonato (m) | boṭūla (f) | بطولة |
| tempo (m) | ʃoṭe (m) | شوط |
| primeiro tempo (m) | el ʃoṭe el awwal (m) | الشوط الأوّل |
| intervalo (m) | beyn el ʃoṭeyn | بين الشوطين |
| baliza (f) | marma (m) | مرمى |
| guarda-redes (m) | ḥāres el marma (m) | حارس المرمى |
| trave (f) | ʿārḍa (f) | عارضة |
| barra (f) transversal | ʿārḍa (f) | عارضة |
| rede (f) | ʃabaka (f) | شبكة |
| sofrer um golo | samaḥ be eṣābet el hadaf | سمح بإصابة الهدف |
| bola (f) | kora (f) | كرة |
| passe (m) | tamrīra (f) | تمريرة |
| chute (m) | ḍarba (f) | ضربة |
| chutar (vt) | ʃāt | شات |
| tiro (m) livre | ḍarba ḥorra (f) | ضربة حرّة |
| canto (m) | ḍarba rokniya (f) | ضربة ركنيّة |
| ataque (m) | hogūm (m) | هجوم |
| contra-ataque (m) | hagma moḍāda (f) | هجمة مضادّة |
| combinação (f) | tarkīb (m) | تركيب |
| árbitro (m) | ḥakam (m) | حكم |
| apitar (vi) | ṣaffar | صفّر |
| apito (m) | ṣoffāra (f) | صفّارة |
| falta (f) | moχalfa (f) | مخالفة |
| cometer a falta | χālef | خالف |
| expulsar (vt) | ṭarad men el malʿab | طرد من الملعب |
| cartão (m) amarelo | el kart el aṣfar (m) | الكارت الأصفر |
| cartão (m) vermelho | el kart el aḥmar (m) | الكارت الأحمر |
| desqualificação (f) | ḥermān (m) | حرمان |
| desqualificar (vt) | ḥaram | حرم |
| penálti (m) | ḍarbet gazāʾ (f) | ضربة جزاء |
| barreira (f) | ḥāʾeṭ (m) | حائط |
| marcar (vt) | gāb hadaf | جاب هدف |
| golo (m) | hadaf (m) | هدف |
| marcar um golo | gāb hadaf | جاب هدف |
| substituição (f) | tabdīl (m) | تبديل |
| substituir (vt) | baddal | بدّل |
| regras (f pl) | qawāʿed (pl) | قواعد |
| tática (f) | taktīk (m) | تكتيك |
| estádio (m) | malʿab (m) | ملعب |
| bancadas (f pl) | modarrag (m) | مدرّج |

| | | |
|---|---|---|
| fã, adepto (m) | moʃaggeʿ (m) | مشجّع |
| gritar (vi) | ṣarrax | صرّخ |
| marcador (m) | lawḥet el natīga (f) | لوحة النتيجة |
| resultado (m) | natīga (f) | نتيجة |
| derrota (f) | hazīma (f) | هزيمة |
| perder (vt) | xeser | خسر |
| empate (m) | taʿādol (m) | تعادل |
| empatar (vi) | taʿādal | تعادل |
| vitória (f) | foze (m) | فوز |
| ganhar, vencer (vi, vt) | fāz | فاز |
| campeão (m) | baṭal (m) | بطل |
| melhor | aḥsan | أحسن |
| felicitar (vt) | hanna | هنّأ |
| comentador (m) | moʿalleq (m) | معلّق |
| comentar (vt) | ʿallaʾ | علّق |
| transmissão (f) | ezāʿa (f) | إذاعة |

## 137. Esqui alpino

| | | |
|---|---|---|
| esqui (m) | zallagāt (pl) | زلّاجات |
| esquiar (vi) | tazallag | تزلّج |
| estância (f) de esqui | montagaʿ gabaly lel tazaḥloq (m) | منتجع جبلي للتزلج |
| teleférico (m) | meṣʿad (m) | مصعد |
| bastões (m pl) de esqui | ʿeṣyān el tazallog (pl) | عصيان التزلّج |
| declive (m) | monḥadar (m) | منحدر |
| slalom (m) | el tazallog el motaʿarreg (m) | التزلّج المتعرّج |

## 138. Ténis. Golfe

| | | |
|---|---|---|
| golfe (m) | golf (m) | جولف |
| clube (m) de golfe | nādy golf (m) | نادي جولف |
| jogador (m) de golfe | lāʿeb golf (m) | لاعب جولف |
| buraco (m) | tagwīf (m) | تجويف |
| taco (m) | maḍrab (m) | مضرب |
| trolley (m) | ʿaraba lel golf (f) | عربة للجولف |
| ténis (m) | tennis (m) | تنس |
| quadra (f) de ténis | malʿab tennis (m) | ملعب تنس |
| saque (m) | monawla (f) | مناولة |
| sacar (vi) | nāwel | ناول |
| raquete (f) | maḍrab (m) | مضرب |
| rede (f) | ʃabaka (f) | شبكة |
| bola (f) | kora (f) | كرة |

## 139. Xadrez

| | | |
|---|---|---|
| xadrez (m) | ʃaṭarang (m) | شطرنج |
| peças (f pl) de xadrez | aḥgār el ʃaṭarang (pl) | أحجار الشطرنج |
| xadrezista (m) | lā'eb ʃaṭarang (m) | لاعب شطرنج |
| tabuleiro (m) de xadrez | lawḥet el ʃaṭarang (f) | لوحة الشطرنج |
| peça (f) de xadrez | ḥagar (m) | حجر |
| brancas (f pl) | aḥgār bayḍā' (pl) | أحجار بيضاء |
| pretas (f pl) | aḥgār sawdā' (pl) | أحجار سوداء |
| peão (m) | bayda' (m) | بيدق |
| bispo (m) | fīl (m) | فيل |
| cavalo (m) | ḥoṣān (m) | حصان |
| torre (f) | rakχ (m) | رخّ |
| dama (f) | el maleka (f) | الملكة |
| rei (m) | el malek (m) | الملك |
| vez (m) | χaṭwa (f) | خطوة |
| mover (vt) | ḥarrak | حرّك |
| sacrificar (vt) | ḍaḥḥa | ضحّى |
| roque (m) | χaṭwa el raχ wel ʃah (f) | خطوة الرخ والشاه |
| xeque (m) | kesʃ | كشّ |
| xeque-mate (m) | kesʃ malek | كشّ ملك |
| torneio (m) de xadrez | boṭūlet ʃaṭarang (f) | بطولة شطرنج |
| grão-mestre (m) | grand master (m) | جراند ماستر |
| combinação (f) | tarkīb (m) | تركيب |
| partida (f) | dore (m) | دور |
| jogo (m) de damas | dama (f) | داما |

## 140. Boxe

| | | |
|---|---|---|
| boxe (m) | molakma (f) | ملاكمة |
| combate (m) | molakma (f) | ملاكمة |
| duelo (m) | mobarāt molakma (f) | مباراة ملاكمة |
| round (m) | gawla (f) | جولة |
| ringue (m) | ḥalaba (f) | حلبة |
| gongo (m) | naqūs (m) | ناقوس |
| murro, soco (m) | ḍarba (f) | ضربة |
| knockdown (m) | ḍarba ḥasema (f) | ضربة حاسمة |
| nocaute (m) | ḍarba 'āḍya (f) | ضربة قاضية |
| nocautear (vt) | ḍarab ḍarba qāḍiya | ضرب ضربة قاضية |
| luva (f) de boxe | qoffāz el molakma (m) | قفّاز الملاكمة |
| árbitro (m) | ḥakam (m) | حكم |
| peso-leve (m) | el wazn el χafīf (m) | الوزن الخفيف |
| peso-médio (m) | el wazn el motawasseṭ (m) | الوزن المتوسط |
| peso-pesado (m) | el wazn el te'īl (m) | الوزن الثقيل |

## 141. Desportos. Diversos

| | | |
|---|---|---|
| Jogos (m pl) Olímpicos | alʿāb olombiya (pl) | ألعاب أولمبيّة |
| vencedor (m) | fāʾez (m) | فائز |
| vencer (vi) | fāz | فاز |
| vencer, ganhar (vi) | fāz | فاز |
| líder (m) | zaʿīm (m) | زعيم |
| liderar (vt) | taʾaddam | تقدّم |
| primeiro lugar (m) | el martaba el ūla (f) | المرتبة الأولى |
| segundo lugar (m) | el martaba el tanya (f) | المرتبة الثانية |
| terceiro lugar (m) | el martaba el talta (f) | المرتبة الثالثة |
| medalha (f) | medalya (f) | ميدالية |
| troféu (m) | kaʾs (f) | كأس |
| taça (f) | kaʾs (f) | كأس |
| prémio (m) | gayza (f) | جائزة |
| prémio (m) principal | akbar gayza (f) | أكبر جائزة |
| recorde (m) | raqam qeyāsy (m) | رقم قياسي |
| estabelecer um recorde | fāz be raqam qeyāsy | فاز برقم قياسي |
| final (m) | mobarāh nehaʾiya (f) | مباراة نهائيّة |
| final | nehāʾy | نهائي |
| campeão (m) | baṭal (m) | بطل |
| campeonato (m) | boṭūla (f) | بطولة |
| estádio (m) | malʿab (m) | ملعب |
| bancadas (f pl) | modarrag (m) | مدرّج |
| fã, adepto (m) | moʃaggeʿ (m) | مشجّع |
| adversário (m) | ʿadeww (m) | عدوّ |
| partida (f) | χaṭṭ el bedāya (m) | خطّ البداية |
| chegada, meta (f) | χaṭṭ el nehāya (m) | خطّ النهاية |
| derrota (f) | hazīma (f) | هزيمة |
| perder (vt) | χeser | خسر |
| árbitro (m) | ḥakam (m) | حكم |
| júri (m) | hayʾet el ḥokm (f) | هيئة الحكم |
| resultado (m) | natīga (f) | نتيجة |
| empate (m) | taʿādol (m) | تعادل |
| empatar (vi) | taʿādal | تعادل |
| ponto (m) | noʾṭa (f) | نقطة |
| resultado (m) final | natīga nehaʾiya (f) | نتيجة نهائية |
| tempo, período (m) | ʃoṭe (m) | شوط |
| intervalo (m) | beyn el ʃoṭeyn | بين الشوطين |
| doping (m) | monasʃeṭāt (pl) | منشّطات |
| penalizar (vt) | ʿāqab | عاقب |
| desqualificar (vt) | ḥaram | حرم |
| aparelho (m) | adah (f) | أداة |
| dardo (m) | remḥ (m) | رمح |

| | | |
|---|---|---|
| peso (m) | kora maʿdaniya (f) | كرة معدنية |
| bola (f) | kora (f) | كرة |
| | | |
| alvo, objetivo (m) | hadaf (m) | هدف |
| alvo (~ de papel) | hadaf (m) | هدف |
| atirar, disparar (vi) | ḍarab bel nār | ضرب بالنار |
| preciso (tiro ~) | maḍbūṭ | مضبوط |
| | | |
| treinador (m) | modarreb (m) | مدرّب |
| treinar (vt) | darrab | درّب |
| treinar-se (vr) | etdarrab | إتدرّب |
| treino (m) | tadrīb (m) | تدريب |
| | | |
| ginásio (m) | gīm (m) | جيم |
| exercício (m) | tamrīn (m) | تمرين |
| aquecimento (m) | tasχīn (m) | تسخين |

# Educação

## 142. Escola

| | | |
|---|---|---|
| escola (f) | madrasa (f) | مدرسة |
| diretor (m) de escola | modīr el madrasa (m) | مدير المدرسة |
| aluno (m) | talmīz (m) | تلميذ |
| aluna (f) | telmīza (f) | تلميذة |
| escolar (m) | talmīz (m) | تلميذ |
| escolar (f) | telmīza (f) | تلميذة |
| ensinar (vt) | ʿallem | علّم |
| aprender (vt) | taʿallam | تعلّم |
| aprender de cor | ḥafaẓ | حفظ |
| estudar (vi) | taʿallam | تعلّم |
| andar na escola | daras | درس |
| ir à escola | rāḥ el madrasa | راح المدرسة |
| alfabeto (m) | abgadiya (f) | أبجدية |
| disciplina (f) | madda (f) | مادّة |
| sala (f) de aula | faṣl (m) | فصل |
| lição (f) | dars (m) | درس |
| recreio (m) | estrāḥa (f) | إستراحة |
| toque (m) | garas el madrasa (m) | جرس المدرسة |
| carteira (f) | disk el madrasa (m) | ديسك المدرسة |
| quadro (m) negro | sabbūra (f) | سبّورة |
| nota (f) | daraga (f) | درجة |
| boa nota (f) | daraga kewayesa (f) | درجة كويسة |
| nota (f) baixa | daraga meʃ kewayesa (f) | درجة مش كويسة |
| dar uma nota | edda daraga | إدّى درجة |
| erro (m) | χaṭaʾ (m) | خطأ |
| fazer erros | aχṭaʾ | أخطأ |
| corrigir (vt) | ṣaḥḥaḥ | صحّح |
| cábula (f) | berʃām (m) | برشام |
| dever (m) de casa | wāgeb (m) | واجب |
| exercício (m) | tamrīn (m) | تمرين |
| estar presente | ḥaḍar | حضر |
| estar ausente | ɣāb | غاب |
| faltar às aulas | taɣeyyab ʿan el madrasa | تغيّب عن المدرسة |
| punir (vt) | ʿāqab | عاقب |
| punição (f) | ʿeqāb (m) | عقاب |
| comportamento (m) | solūk (m) | سلوك |

| | | |
|---|---|---|
| boletim (m) escolar | el taqrīr el madrasy (m) | التقرير المدرسي |
| lápis (m) | 'alam roṣāṣ (m) | قلم رصاص |
| borracha (f) | astīka (f) | استيكة |
| giz (m) | ṭabaʃīr (m) | طباشير |
| estojo (m) | ma'lama (f) | مقلمة |
| | | |
| pasta (f) escolar | ʃanṭet el madrasa (f) | شنطة المدرسة |
| caneta (f) | 'alam (m) | قلم |
| caderno (m) | daftar (m) | دفتر |
| manual (m) escolar | ketāb taʿlīm (m) | كتاب تعليم |
| compasso (m) | bargal (m) | برجل |
| | | |
| traçar (vt) | rasam rasm teqany | رسم رسم تقني |
| desenho (m) técnico | rasm teqany (m) | رسم تقني |
| | | |
| poesia (f) | 'aṣīda (f) | قصيدة |
| de cor | ʿan ẓahr qalb | عن ظهر قلب |
| aprender de cor | ḥafaẓ | حفظ |
| | | |
| férias (f pl) | agāza (f) | أجازة |
| estar de férias | ʿando agāza | عنده أجازة |
| passar as férias | 'aḍa el agāza | قضى الأجازة |
| | | |
| teste (m) | emteḥān (m) | إمتحان |
| composição, redação (f) | enʃā' (m) | إنشاء |
| ditado (m) | emlā' (m) | إملاء |
| exame (m) | emteḥān (m) | إمتحان |
| fazer exame | ʿamal emteḥān | عمل إمتحان |
| experiência (~ química) | tagreba (f) | تجربة |

## 143. Colégio. Universidade

| | | |
|---|---|---|
| academia (f) | akademiya (f) | أكاديميّة |
| universidade (f) | gamʿa (f) | جامعة |
| faculdade (f) | kolliya (f) | كلّيّة |
| | | |
| estudante (m) | ṭāleb (m) | طالب |
| estudante (f) | ṭāleba (f) | طالبة |
| professor (m) | muḥāḍer (m) | محاضر |
| | | |
| sala (f) de palestras | modarrag (m) | مدرّج |
| graduado (m) | motaχarreg (m) | متخرج |
| | | |
| diploma (m) | dibloma (f) | دبلومة |
| tese (f) | resāla ʿelmiya (f) | رسالة علميّة |
| | | |
| estudo (obra) | derāsa (f) | دراسة |
| laboratório (m) | moχtabar (m) | مختبر |
| | | |
| palestra (f) | moḥaḍra (f) | محاضرة |
| colega (m) de curso | zamīl fel ṣaff (m) | زميل في الصفّ |
| | | |
| bolsa (f) de estudos | menḥa derāsiya (f) | منحة دراسيّة |
| grau (m) académico | daraga ʿelmiya (f) | درجة علميّة |

## 144. Ciências. Disciplinas

| | | |
|---|---|---|
| matemática (f) | reyāḍīāt (pl) | رياضيّات |
| álgebra (f) | el gabr (m) | الجبر |
| geometria (f) | handasa (f) | هندسة |
| astronomia (f) | ʿelm el falak (m) | علم الفلك |
| biologia (f) | al aḥya' (m) | الأحياء |
| geografia (f) | goɣrafia (f) | جغرافيا |
| geologia (f) | ʒeoloʒia (f) | جيولوجيا |
| história (f) | tarīχ (m) | تاريخ |
| medicina (f) | ṭebb (m) | طبّ |
| pedagogia (f) | tarbeya (f) | تربية |
| direito (m) | qanūn (m) | قانون |
| física (f) | fezya' (f) | فيزياء |
| química (f) | kemya' (f) | كيمياء |
| filosofia (f) | falsafa (f) | فلسفة |
| psicologia (f) | ʿelm el nafs (m) | علم النفس |

## 145. Sistema de escrita. Ortografia

| | | |
|---|---|---|
| gramática (f) | el naḥw wel ṣarf (m) | النحو والصرف |
| vocabulário (m) | mofradāt el loɣa (pl) | مفردات اللغة |
| fonética (f) | ṣawtīāt (pl) | صوتيات |
| substantivo (m) | esm (m) | اسم |
| adjetivo (m) | ṣefa (f) | صفة |
| verbo (m) | feʿl (m) | فعل |
| advérbio (m) | ẓarf (m) | ظرف |
| pronome (m) | ḍamīr (m) | ضمير |
| interjeição (f) | oslūb el taʿaggob (m) | أسلوب التعجّب |
| preposição (f) | ḥarf el garr (m) | حرف الجرّ |
| raiz (f) da palavra | gezr el kelma (m) | جذر الكلمة |
| terminação (f) | nehāya (f) | نهاية |
| prefixo (m) | sabaeqa (f) | سابقة |
| sílaba (f) | maqṭaʿ lafzy (m) | مقطع لفظي |
| sufixo (m) | lāḥeqa (f) | لاحقة |
| acento (m) | nabra (f) | نبرة |
| apóstrofo (m) | ʿalāmet ḥazf (f) | علامة حذف |
| ponto (m) | no'ṭa (f) | نقطة |
| vírgula (f) | faṣla (f) | فاصلة |
| ponto e vírgula (m) | no'ṭa w faṣla (f) | نقطة وفاصلة |
| dois pontos (m pl) | no'ṭeteyn (pl) | نقطتين |
| reticências (f pl) | talat no'aṭ (pl) | ثلاث نقط |
| ponto (m) de interrogação | ʿalāmet estefhām (f) | علامة إستفهام |
| ponto (m) de exclamação | 'alāmet taʿaggob (f) | علامة تعجّب |

| | | |
|---|---|---|
| aspas (f pl) | 'alamāt el eqtebās (pl) | علامات الإقتباس |
| entre aspas | beyn 'alamaty el eqtebās | بين علامتي الاقتباس |
| parênteses (m pl) | qoseyn (du) | قوسين |
| entre parênteses | beyn el qoseyn | بين القوسين |
| hífen (m) | 'alāmet waṣl (f) | علامة وصل |
| travessão (m) | ʃorṭa (f) | شرطة |
| espaço (m) | farāɣ (m) | فراغ |
| letra (f) | ḥarf (m) | حرف |
| letra (f) maiúscula | ḥarf kebīr (m) | حرف كبير |
| vogal (f) | ḥarf ṣauty (m) | حرف صوتي |
| consoante (f) | ḥarf sāken (m) | حرف ساكن |
| frase (f) | gomla (f) | جملة |
| sujeito (m) | fā'el (m) | فاعل |
| predicado (m) | mosnad (m) | مسند |
| linha (f) | saṭr (m) | سطر |
| em uma nova linha | men bedāyet el saṭr | من بداية السطر |
| parágrafo (m) | faqra (f) | فقرة |
| palavra (f) | kelma (f) | كلمة |
| grupo (m) de palavras | magmū'a men el kelamāt (pl) | مجموعة من الكلمات |
| expressão (f) | mosṭalaḥ (m) | مصطلح |
| sinónimo (m) | morādef (m) | مرادف |
| antónimo (m) | motaḍād loɣawy (m) | متضاد لغوي |
| regra (f) | qa'eda (f) | قاعدة |
| exceção (f) | estesnā' (m) | إستثناء |
| correto | ṣaḥīḥ | صحيح |
| conjugação (f) | ṣarf (m) | صرف |
| declinação (f) | taṣrīf el asmā' (m) | تصريف الأسماء |
| caso (m) | ḥāla esmiya (f) | حالة أسمية |
| pergunta (f) | so'āl (m) | سؤال |
| sublinhar (vt) | ḥaṭṭ xaṭṭ taḥt | حطّ خطّ تحت |
| linha (f) pontilhada | xaṭṭ mena''aṭ (m) | خطّ منقّط |

## 146. Línguas estrangeiras

| | | |
|---|---|---|
| língua (f) | loɣa (f) | لغة |
| estrangeiro | agnaby | أجنبيّ |
| língua (f) estrangeira | loɣa agnabiya (f) | لغة أجنبية |
| estudar (vt) | daras | درس |
| aprender (vt) | ta'allam | تعلّم |
| ler (vt) | 'ara | قرأ |
| falar (vi) | kallem | كلّم |
| compreender (vt) | fehem | فهم |
| escrever (vt) | katab | كتب |
| rapidamente | bosor'a | بسرعة |
| devagar | bo boṭ' | ببطء |

| | | |
|---|---|---|
| fluentemente | beṭalāqa | بطلاقة |
| regras (f pl) | qawā'ed (pl) | قواعد |
| gramática (f) | el naḥw wel ṣarf (m) | النحو والصرف |
| vocabulário (m) | mofradāt el loɣa (pl) | مفردات اللغة |
| fonética (f) | ṣawtīāt (pl) | صوتيات |
| manual (m) escolar | ketāb ta'līm (m) | كتاب تعليم |
| dicionário (m) | qamūs (m) | قاموس |
| manual (m) de autoaprendizagem | ketāb ta'līm zāty (m) | كتاب تعليم ذاتي |
| guia (m) de conversação | ketāb lel 'ebarāt el ʃā'e'a (m) | كتاب للعبارت الشائعة |
| cassete (f) | kasett (m) | كاسيت |
| vídeo cassete (m) | ʃerī'ṭ video (m) | شريط فيديو |
| CD (m) | sidī (m) | سي دي |
| DVD (m) | dividī (m) | دي في دي |
| alfabeto (m) | abgadiya (f) | أبجدية |
| soletrar (vt) | tahagga | تهجّى |
| pronúncia (f) | noṭ' (m) | نطق |
| sotaque (m) | lahga (f) | لهجة |
| com sotaque | be lahga | بـ لهجة |
| sem sotaque | men ɣeyr lahga | من غير لهجة |
| palavra (f) | kelma (f) | كلمة |
| sentido (m) | ma'na (m) | معنى |
| cursos (m pl) | dawra (f) | دورة |
| inscrever-se (vr) | saggel esmo | سجّل إسمه |
| professor (m) | modarres (m) | مدرّس |
| tradução (processo) | targama (f) | ترجمة |
| tradução (texto) | targama (f) | ترجمة |
| tradutor (m) | motargem (m) | مترجم |
| intérprete (m) | motargem fawwry (m) | مترجم فوّري |
| poliglota (m) | 'alīm be'eddet loɣāt (m) | عليم بعدّة لغات |
| memória (f) | zākera (f) | ذاكرة |

## 147. Personagens de contos de fadas

| | | |
|---|---|---|
| Pai (m) Natal | baba neweyl (m) | بابا نويل |
| Cinderela (f) | sindrīla | سيندريلا |
| sereia (f) | 'arūset el baḥr (f) | عروسة البحر |
| Neptuno (m) | nibtūn (m) | نبتون |
| mago (m) | sāḥer (m) | ساحر |
| fada (f) | genniya (f) | جنّيّة |
| mágico | seḥry | سحري |
| varinha (f) mágica | el 'aṣāya el seḥriya (f) | العصاية السحرية |
| conto (m) de fadas | ḥekāya χayaliya (f) | حكاية خيالية |
| milagre (m) | mo'geza (f) | معجزة |

| | | |
|---|---|---|
| anão (m) | qazam (m) | قزم |
| transformar-se em ... | taḥawwal ela ... | تحوّل إلى... |
| | | |
| fantasma (m) | ʃabaḥ (m) | شبح |
| espetro (m) | ʃabaḥ (m) | شبح |
| monstro (m) | waḥʃ (m) | وحش |
| dragão (m) | tennīn (m) | تنّين |
| gigante (m) | ʿemlāq (m) | عملاق |

## 148. Signos do Zodíaco

| | | |
|---|---|---|
| Carneiro | borg el ḥaml (m) | برج الحمل |
| Touro | borg el sore (m) | برج الثور |
| Gémeos | borg el gawzāʾ (m) | برج الجوزاء |
| Caranguejo | borg el saraṭān (m) | برج السرطان |
| Leão | borg el asad (m) | برج الأسد |
| Virgem (f) | borg el ʿazrāʾ (m) | برج العذراء |
| | | |
| Balança | borg el mezān (m) | برج الميزان |
| Escorpião | borg el ʿaʾrab (m) | برج العقرب |
| Sagitário | borg el qose (m) | برج القوس |
| Capricórnio | borg el gady (m) | برج الجدي |
| Aquário | borg el dalw (m) | برج الدلو |
| Peixes | borg el ḥūt (m) | برج الحوت |
| | | |
| caráter (m) | ʃaχṣiya (f) | شخصية |
| traços (m pl) do caráter | el ṣefāt el ʃaχṣiya (pl) | الصفات الشخصية |
| comportamento (m) | solūk (m) | سلوك |
| predizer (vt) | ʾara el ṭāleʿ | قرأ الطالع |
| adivinha (f) | ʿarrāfa (f) | عرّافة |
| horóscopo (m) | tawaqqoʿāt el abrāg (pl) | توقّعات الأبراج |

# Artes

## 149. Teatro

| | | |
|---|---|---|
| teatro (m) | masraḥ (m) | مسرح |
| ópera (f) | obra (f) | أوبرا |
| opereta (f) | obrette (f) | أوبريت |
| balé (m) | baleyh (m) | باليه |
| cartaz (m) | molṣaq (m) | ملصق |
| companhia (f) teatral | fer'a (f) | فرقة |
| turné (digressão) | gawlet fananīn (f) | جولة فنّانين |
| estar em turné | tagawwal | تجوّل |
| ensaiar (vt) | ʿamal brova | عمل بروفة |
| ensaio (m) | brova (f) | بروفة |
| repertório (m) | barnāmeg el masraḥ (m) | برنامج المسرح |
| apresentação (f) | adāʾ (m) | أداء |
| espetáculo (m) | ʿarḍ masraḥy (m) | عرض مسرحي |
| peça (f) | masraḥiya (f) | مسرحيّة |
| bilhete (m) | tazkara (f) | تذكرة |
| bilheteira (f) | ʃebbāk el tazāker (m) | شبّاك التذاكر |
| hall (m) | ṣāla (f) | صالة |
| guarda-roupa (m) | ɣorfet īdāʿ el maʿāṭef (f) | غرفة إيداع المعاطف |
| senha (f) numerada | beṭāʾet edāʿ el maʿaṭef (f) | بطاقة إيداع المعاطف |
| binóculo (m) | naḍḍāra moʿaẓẓema lel obera (f) | نظارة معظمة للأوبرا |
| lanterninha (m) | ḥāgeb el sinema (m) | حاجب السينما |
| plateia (f) | karāsy el orkestra (pl) | كراسي الأوركسترا |
| balcão (m) | balakona (f) | بلكونة |
| primeiro balcão (m) | ʃorfa (f) | شرفة |
| camarote (m) | log (m) | لوج |
| fila (f) | ṣaff (m) | صفّ |
| assento (m) | meqʿad (m) | مقعد |
| público (m) | gomhūr (m) | جمهور |
| espetador (m) | moʃāhed (m) | مشاهد |
| aplaudir (vt) | ṣaffaʾ | صفّق |
| aplausos (m pl) | taṣfīʾ (m) | تصفيق |
| ovação (f) | taṣfīʾ ḥār (m) | تصفيق حار |
| palco (m) | χaʃabet el masraḥ (f) | خشبة المسرح |
| pano (m) de boca | setāra (f) | ستارة |
| cenário (m) | dekor (m) | ديكور |
| bastidores (m pl) | kawalīs (pl) | كواليس |
| cena (f) | maʃ-had (m) | مشهد |
| ato (m) | faṣl (m) | فصل |
| entreato (m) | estrāḥa (f) | استراحة |

## 150. Cinema

| | | |
|---|---|---|
| ator (m) | momassel (m) | ممثّل |
| atriz (f) | momassela (f) | ممثّلة |
| cinema (m) | el aflām (m) | الأفلام |
| filme (m) | film (m) | فيلم |
| episódio (m) | goz' (m) | جزء |
| filme (m) policial | film bolīsy (m) | فيلم بوليسي |
| filme (m) de ação | film akʃen (m) | فيلم أكشن |
| filme (m) de aventuras | film moɣamarāt (m) | فيلم مغامرات |
| filme (m) de ficção científica | film χayāl 'elmy (m) | فيلم خيال علمي |
| filme (m) de terror | film ro'b (m) | فيلم رعب |
| comédia (f) | film komedia (f) | فيلم كوميديا |
| melodrama (m) | melodrama (m) | ميلودراما |
| drama (m) | drama (f) | دراما |
| filme (m) ficcional | film χayāly (m) | فيلم خيالي |
| documentário (m) | film wasā'eqy (m) | فيلم وثائقي |
| desenho (m) animado | kartōn (m) | كرتون |
| cinema (m) mudo | sinema ṣāmeta (f) | سينما صامتة |
| papel (m) | dore (m) | دور |
| papel (m) principal | dore ra'īsy (m) | دور رئيسي |
| representar (vt) | massel | مثّل |
| estrela (f) de cinema | negm senamā'y (m) | نجم سينمائي |
| conhecido | ma'rūf | معروف |
| famoso | maʃ-hūr | مشهور |
| popular | maḥbūb | محبوب |
| argumento (m) | senario (m) | سيناريو |
| argumentista (m) | kāteb senario (m) | كاتب سيناريو |
| realizador (m) | moχreg (m) | مخرج |
| produtor (m) | monteg (m) | منتج |
| assistente (m) | mosā'ed (m) | مساعد |
| diretor (m) de fotografia | moṣawwer (m) | مصوّر |
| duplo (m) | mo'addy maʃāhed χaṭīra (m) | مؤدي مشاهد خطيرة |
| duplo (m) de corpo | momassel badīl (m) | ممثّل بديل |
| filmar (vt) | ṣawwar film | صوّر فيلم |
| audição (f) | tagreba adā' (f) | تجربة أداء |
| filmagem (f) | taṣwīr (m) | تصوير |
| equipe (f) de filmagem | ṭāqem el film (m) | طاقم الفيلم |
| set (m) de filmagem | mante'et taṣwīr (f) | منطقة التصوير |
| câmara (f) | kamera (f) | كاميرا |
| cinema (m) | sinema (f) | سينما |
| ecrã (m), tela (f) | ʃāʃa (f) | شاشة |
| exibir um filme | 'araḍ film | عرض فيلم |
| pista (f) sonora | mosīqa taṣweriya (f) | موسيقى تصويرية |
| efeitos (m pl) especiais | mo'asserāt χāṣa (pl) | مؤثّرات خاصّة |

| | | |
|---|---|---|
| legendas (f pl) | targamet el ḥewār (f) | ترجمة الحوار |
| crédito (m) | ʃāret el nehāya (f) | شارة النهاية |
| tradução (f) | targama (f) | ترجمة |

## 151. Pintura

| | | |
|---|---|---|
| arte (f) | fann (m) | فنّ |
| belas-artes (f pl) | fonūn gamīla (pl) | فنون جميلة |
| galeria (f) de arte | ma'raḍ fonūn (m) | معرض فنون |
| exposição (f) de arte | ma'raḍ fanny (m) | معرض فنّي |
| pintura (f) | lawḥa (f) | لوحة |
| arte (f) gráfica | fann taṣwīry (m) | فن تصويري |
| arte (f) abstrata | fann tagrīdy (m) | فن تجريدي |
| impressionismo (m) | el enṭebā'iya (f) | الإنطباعيّة |
| pintura (f), quadro (m) | lawḥa (f) | لوحة |
| desenho (m) | rasm (m) | رسم |
| cartaz, póster (m) | boster (m) | بوستر |
| ilustração (f) | rasm tawḍīḥy (m) | رسم توضيحي |
| miniatura (f) | ṣūra moṣagɣara (f) | صورة مصغّرة |
| cópia (f) | nosɣa (f) | نسخة |
| reprodução (f) | nosɣa ṭeb' el aṣl (f) | نسخة طبق الأصل |
| mosaico (m) | fosayfesā' (f) | فسيفساء |
| vitral (m) | ʃebbāk 'ezāz mlawwen (m) | شبّاك قزاز ملوّن |
| fresco (m) | taṣwīr gaṣṣy (m) | تصوير جصي |
| gravura (f) | na'ʃ (m) | نقش |
| busto (m) | temsāl neṣfy (m) | تمثال نصفي |
| escultura (f) | naḥt (m) | نحت |
| estátua (f) | temsāl (m) | تمثال |
| gesso (m) | gibss (m) | جيبس |
| em gesso | men el gebs | من الجيبس |
| retrato (m) | bortreyh (m) | بورتريه |
| autorretrato (m) | bortreyh ʃaxṣy (m) | بورتريه شخصي |
| paisagem (f) | lawḥet manzar ṭabee'y (f) | لوحة منظر طبيعي |
| natureza (f) morta | ṭabee'a ṣāmeta (f) | طبيعة صامتة |
| caricatura (f) | ṣūra karikatoriya (f) | صورة كاريكاتورية |
| esboço (m) | rasm tamhīdy (m) | رسم تمهيدي |
| tinta (f) | lone (m) | لون |
| aguarela (f) | alwān maya (m) | ألوان ميّة |
| óleo (m) | zeyt (m) | زيت |
| lápis (m) | 'alam roṣāṣ (m) | قلم رصاص |
| tinta da China (f) | ḥebr hendy (m) | حبر هندي |
| carvão (m) | faḥm (m) | فحم |
| desenhar (vt) | rasam | رسم |
| pintar (vt) | rasam | رسم |
| posar (vi) | 'a'ad | قعد |
| modelo (m) | modeyl ḥayī amām el rassām (m) | موديل حيّ أمام الرسّام |

| | | |
|---|---|---|
| modelo (f) | modeyl ḥayī arrām el rassām (m) | موديل حيّ أمام الرسّام |
| pintor (m) | rassām (m) | رسّام |
| obra (f) | ʿamal fanny (m) | عمل فنّي |
| obra-prima (f) | toḥfa faniya (f) | تحفة فنيّة |
| estúdio (m) | warʃa (f) | ورشة |
| tela (f) | kanava (f) | كانفا |
| cavalete (m) | masnad el loḥe (m) | مسند اللوح |
| paleta (f) | lawḥet el alwān (f) | لوحة الألوان |
| moldura (f) | eṭār (m) | إطار |
| restauração (f) | tarmīm (m) | ترميم |
| restaurar (vt) | rammem | رمّم |

## 152. Literatura & Poesia

| | | |
|---|---|---|
| literatura (f) | adab (m) | أدب |
| autor (m) | mo'allef (m) | مؤلّف |
| pseudónimo (m) | esm mostaʿār (m) | اسم مستعار |
| livro (m) | ketāb (m) | كتاب |
| volume (m) | mogallad (m) | مجلّد |
| índice (m) | gadwal el moḥtawayāt (m) | جدوّل المحتويات |
| página (f) | ṣafḥa (f) | صفحة |
| protagonista (m) | el ʃaχṣiya el ra'esiya (f) | الشخصية الرئيسية |
| autógrafo (m) | tawqeeʿ el mo'allef (m) | توقيع المؤلّف |
| conto (m) | qeṣṣa 'aṣīra (f) | قصّة قصيرة |
| novela (f) | 'oṣṣa (f) | قصّة |
| romance (m) | rewāya (f) | رواية |
| obra (f) | mo'allef (m) | مؤلّف |
| fábula (m) | ḥekāya (f) | حكاية |
| romance (m) policial | rewāya bolesiya (f) | رواية بوليسية |
| poesia (obra) | 'aṣīda (f) | قصيدة |
| poesia (arte) | ʃeʿr (m) | شعر |
| poema (m) | 'aṣīda (f) | قصيدة |
| poeta (m) | ʃāʿer (m) | شاعر |
| ficção (f) | χayāl (m) | خيال |
| ficção (f) científica | χayāl ʿelmy (m) | خيال علمي |
| aventuras (f pl) | adab el moγamrāt (m) | أدب المغامرات |
| literatura (f) didática | adab tarbawy (m) | أدب تربوّي |
| literatura (f) infantil | adab el aṭfāl (m) | أدب الأطفال |

## 153. Circo

| | | |
|---|---|---|
| circo (m) | serk (m) | سيرك |
| circo (m) ambulante | serk motana''el (m) | سيرك متنقّل |
| programa (m) | barnāmeg (m) | برنامج |
| apresentação (f) | adā' (m) | أداء |

| | | |
|---|---|---|
| número (m) | ʿarḍ (m) | عرض |
| arena (f) | ḥalabet el serk (f) | حلبة السيرك |
| pantomima (f) | momassel īmāʾy (m) | ممثّل إيمائي |
| palhaço (m) | aragoze (m) | أراجوز |
| acrobata (m) | bahlawān (m) | بهلوان |
| acrobacia (f) | alʿab bahlawaniya (f) | ألعاب بهلوانية |
| ginasta (m) | lāʿeb gombāz (m) | لاعب جمباز |
| ginástica (f) | gombāz (m) | جمباز |
| salto (m) mortal | ḥarakāt ʃaʾlaba (pl) | حركات شقلبة |
| homem forte (m) | el ragl el qawy (m) | الرجل القوي |
| domador (m) | morawweḍ (m) | مروّض |
| cavaleiro (m) equilibrista | fāres (m) | فارس |
| assistente (m) | mosāʿed (m) | مساعد |
| truque (m) | ḥeyla (f) | حيلة |
| truque (m) de mágica | χedʿa seḥriya (f) | خدعة سحرية |
| mágico (m) | sāḥer (m) | ساحر |
| malabarista (m) | bahlawān (m) | بهلوان |
| fazer malabarismos | leʿeb be korāt ʿadīda | لعب بكرات عديدة |
| domador (m) | modarreb ḥayawanāt (m) | مدرّب حيوانات |
| adestramento (m) | tadrīb el ḥayawanāt (m) | تدريب الحيوانات |
| adestrar (vt) | darrab | درّب |

## 154. Música. Música popular

| | | |
|---|---|---|
| música (f) | mosīqa (f) | موسيقى |
| músico (m) | ʿāzef (m) | عازف |
| instrumento (m) musical | ʾāla moseqiya (f) | آلة موسيقيّة |
| tocar ... | ʿazaf ... | عزف... |
| guitarra (f) | guitar (m) | جيتار |
| violino (m) | kamān (m) | كمان |
| violoncelo (m) | el tʃello (m) | التشيلو |
| contrabaixo (m) | kamān kebīr (m) | كمان كبير |
| harpa (f) | qesār (m) | قيثار |
| piano (m) | biano (m) | بيانو |
| piano (m) de cauda | biano kebīr (m) | بيانو كبير |
| órgão (m) | arɣan (m) | أرغن |
| instrumentos (m pl) de sopro | ʾālāt el nafχ (pl) | آلات النفخ |
| oboé (m) | mezmār (m) | مزمار |
| saxofone (m) | saksofon (m) | ساكسوفون |
| clarinete (m) | klarinet (m) | كلارنيت |
| flauta (f) | flute (m) | فلوت |
| trompete (m) | būʾ (m) | بوق |
| acordeão (m) | okordiōn (m) | أكورديون |
| tambor (m) | ṭabla (f) | طبلة |
| duo, dueto (m) | sonāʾy (m) | ثنائي |
| trio (m) | solāsy (m) | ثلاثي |

| | | |
|---|---|---|
| quarteto (m) | robāʿy (m) | رباعي |
| coro (m) | korale (m) | كورال |
| orquestra (f) | orkestra (f) | أوركسترا |
| música (f) pop | mosīqa el bob (f) | موسيقى البوب |
| música (f) rock | mosīqa el rok (f) | موسيقى الروك |
| grupo (m) de rock | ferʾet el rokk (f) | فرقة الروك |
| jazz (m) | ʒāzz (m) | جاز |
| ídolo (m) | maʿbūd (m) | معبود |
| fã, admirador (m) | moʿgab (m) | معجب |
| concerto (m) | ḥafla mūsiqiya (f) | حفلة موسيقيّة |
| sinfonia (f) | semfoniya (f) | سمفونيّة |
| composição (f) | ʾeṭʿa mosiqiya (f) | قطعة موسيقيّة |
| compor (vt) | allaf | ألّف |
| canto (m) | ɣenāʾ (m) | غناء |
| canção (f) | oɣniya (f) | أغنيّة |
| melodia (f) | laḥn (m) | لحن |
| ritmo (m) | eqāʿ (m) | إيقاع |
| blues (m) | mosīqa el blues (f) | موسيقى البلوز |
| notas (f pl) | notāt (pl) | نوتات |
| batuta (f) | ʿaṣa el maystro (m) | عصا المايسترو |
| arco (m) | qose (m) | قوس |
| corda (f) | watar (m) | وتر |
| estojo (m) | ʃanṭa (f) | شنطة |

# Descanso. Entretenimento. Viagens

## 155. Viagens

| | | |
|---|---|---|
| turismo (m) | seyāḥa (f) | سياحة |
| turista (m) | sā'eḥ (m) | سائح |
| viagem (f) | reḥla (f) | رحلة |
| aventura (f) | moɣamra (f) | مغامرة |
| viagem (f) | reḥla (f) | رحلة |
| férias (f pl) | agāza (f) | أجازة |
| estar de férias | kān fi agāza | كان في أجازة |
| descanso (m) | estrāḥa (f) | إستراحة |
| comboio (m) | qeṭār, 'aṭṭr (m) | قطار |
| de comboio (chegar ~) | bel qeṭār - bel aṭṭr | بالقطار |
| avião (m) | ṭayāra (f) | طيّارة |
| de avião | bel ṭayāra | بالطيّارة |
| de carro | bel sayāra | بالسيّارة |
| de navio | bel safīna | بالسفينة |
| bagagem (f) | el ʃonaṭ (pl) | الشنط |
| mala (f) | ʃanṭa (f) | شنطة |
| carrinho (m) | 'arabet ʃonaṭ (f) | عربة شنط |
| passaporte (m) | basbore (m) | باسبور |
| visto (m) | ta'ʃīra (f) | تأشيرة |
| bilhete (m) | tazkara (f) | تذكرة |
| bilhete (m) de avião | tazkara ṭayarān (f) | تذكرة طيران |
| guia (m) de viagem | dalīl (m) | دليل |
| mapa (m) | χarīṭa (f) | خريطة |
| local (m), area (f) | mante'a (f) | منطقة |
| lugar, sítio (m) | makān (m) | مكان |
| exotismo (m) | ɣarāba (f) | غرابة |
| exótico | ɣarīb | غريب |
| surpreendente | mod-heʃ | مدهش |
| grupo (m) | magmū'a (f) | مجموعة |
| excursão (f) | gawla (f) | جولة |
| guia (m) | morʃed (m) | مرشد |

## 156. Hotel

| | | |
|---|---|---|
| hotel (m) | fondo' (m) | فندق |
| motel (m) | motel (m) | موتيل |
| três estrelas | talat nogūm | ثلاث نجوم |

| | | |
|---|---|---|
| cinco estrelas | χamas nogūm | خمس نجوم |
| ficar (~ num hotel) | nezel | نزل |
| quarto (m) | oḍa (f) | أوضة |
| quarto (m) individual | owḍa le ʃaχṣ wāḥed (f) | أوضة لشخص واحد |
| quarto (m) duplo | oḍa le ʃaχṣeyn (f) | أوضة لشخصين |
| reservar um quarto | ḥagaz owḍa | حجز أوضة |
| meia pensão (f) | wagbeteyn fel yome (du) | وجبتين في اليوم |
| pensão (f) completa | talat wagabāt fel yome | ثلاث وجبات في اليوم |
| com banheira | bel banyo | بـ البانيو |
| com duche | bel doʃ | بالدوش |
| televisão (m) satélite | televizion be qanawāt faḍā'iya (m) | تليفزيون بقنوات فضائية |
| ar (m) condicionado | takyīf (m) | تكييف |
| toalha (f) | fūṭa (f) | فوطة |
| chave (f) | meftāḥ (m) | مفتاح |
| administrador (m) | modīr (m) | مدير |
| camareira (f) | 'āmela tandīf ɣoraf (f) | عاملة تنظيف غرف |
| bagageiro (m) | ʃayāl (m) | شيّال |
| porteiro (m) | bawwāb (m) | بوّاب |
| restaurante (m) | maṭ'am (m) | مطعم |
| bar (m) | bār (m) | بار |
| pequeno-almoço (m) | foṭūr (m) | فطور |
| jantar (m) | 'aʃā' (m) | عشاء |
| buffet (m) | bofeyh (m) | بوفيه |
| hall (m) de entrada | rad-ha (f) | ردهة |
| elevador (m) | asanseyr (m) | اسانسير |
| NÃO PERTURBE | nargu 'adam el ez'āg | نرجو عدم الإزعاج |
| PROIBIDO FUMAR! | mamnū' el tadχ̄n | ممنوع التدخين |

## 157. Livros. Leitura

| | | |
|---|---|---|
| livro (m) | ketāb (m) | كتاب |
| autor (m) | mo'allef (m) | مؤلّف |
| escritor (m) | kāteb (m) | كاتب |
| escrever (vt) | allaf | ألّف |
| leitor (m) | qāre' (m) | قارئ |
| ler (vt) | 'ara | قرأ |
| leitura (f) | qerā'a (f) | قراءة |
| para si | beṣamt | بصمت |
| em voz alta | beṣote 'āly | بصوت عالي |
| publicar (vt) | naʃar | نشر |
| publicação (f) | naʃr (m) | نشر |
| editor (m) | nāʃer (m) | ناشر |
| editora (f) | dar el ṭebā'a wel naʃr (f) | دار الطباعة والنشر |

| | | |
|---|---|---|
| sair (vi) | ṣadar | صدر |
| lançamento (m) | ṣodūr (m) | صدور |
| tiragem (f) | 'adad el nosaχ (m) | عدد النسخ |
| livraria (f) | maḥal kotob (m) | محل كتب |
| biblioteca (f) | maktaba (f) | مكتبة |
| novela (f) | 'oṣṣa (f) | قصّة |
| conto (m) | qeṣṣa 'aṣīra (f) | قصّة قصيرة |
| romance (m) | rewāya (f) | رواية |
| romance (m) policial | rewāya bolesiya (f) | رواية بوليسية |
| memórias (f pl) | mozakkerāt (pl) | مذكّرات |
| lenda (f) | osṭūra (f) | أسطورة |
| mito (m) | χorāfa (f) | خرافة |
| poesia (f) | ʃe'r (m) | شعر |
| autobiografia (f) | sīret ḥayah (f) | سيرة حياة |
| obras (f pl) escolhidas | muχtarāt (pl) | مختارات |
| ficção (f) científica | χayāl 'elmy (m) | خيال علمي |
| título (m) | 'enwān (m) | عنوان |
| introdução (f) | moqaddema (f) | مقدّمة |
| folha (f) de rosto | ṣafḥet 'enwān (f) | صفحة العنوان |
| capítulo (m) | faṣl (m) | فصل |
| excerto (m) | χolāṣa (f) | خلاصة |
| episódio (m) | maʃ-had (m) | مشهد |
| tema (m) | ḥabka (f) | حبكة |
| conteúdo (m) | moḥtawayāt (pl) | محتويات |
| índice (m) | gadwal el moḥtawayāt (m) | جدوّل المحتويات |
| protagonista (m) | el ʃaχṣiya el ra'esiya (f) | الشخصية الرئيسية |
| tomo, volume (m) | mogallad (m) | مجلّد |
| capa (f) | ɣelāf (m) | غلاف |
| encadernação (f) | taglīd (m) | تجليد |
| marcador (m) de livro | ʃerī'ṭ (m) | شريط |
| página (f) | ṣafḥa (f) | صفحة |
| folhear (vt) | 'alleb el ṣafaḥāt | قلّب الصفحات |
| margem (f) | hāmeʃ (m) | هامش |
| anotação (f) | molaḥza (f) | ملاحظة |
| nota (f) de rodapé | molaḥza (f) | ملاحظة |
| texto (m) | noṣṣ (m) | نصّ |
| fonte (f) | nū' el χaṭṭ (m) | نوع الخطّ |
| gralha (f) | χaṭa' maṭba'y (m) | خطأ مطبعيّ |
| tradução (f) | targama (f) | ترجمة |
| traduzir (vt) | targem | ترجم |
| original (m) | aṣliya (f) | أصلية |
| famoso | maʃ-hūr | مشهور |
| desconhecido | meʃ ma'rūf | مش معروف |
| interessante | moʃawweq | مشوّق |

| | | |
|---|---|---|
| best-seller (m) | aktar mabee'an (m) | أكثر مبيعاً |
| dicionário (m) | qamūs (m) | قاموس |
| manual (m) escolar | ketāb ta'līm (m) | كتاب تعليم |
| enciclopédia (f) | ensayklopedia (f) | إنسيكلوبيديا |

## 158. Caça. Pesca

| | | |
|---|---|---|
| caça (f) | ṣeyd (m) | صيد |
| caçar (vi) | eṣṭād | إصطاد |
| caçador (m) | ṣayād (m) | صيّاد |
| atirar (vi) | ḍarab bel nār | ضرب بالنار |
| caçadeira (f) | bondoqiya (f) | بندقيّة |
| cartucho (m) | roṣāṣa (f) | رصاصة |
| chumbo (m) de caça | 'eyār (m) | عيار |
| armadilha (f) | maṣyada (f) | مصيّدة |
| armadilha (com corda) | fakχ (m) | فخّ |
| cair na armadilha | we'e' fe fakχ | وقع في فخّ |
| pôr a armadilha | naṣb fakχ | نصب فخّ |
| caçador (m) furtivo | sāre' el ṣeyd (m) | سارق الصيد |
| caça (f) | ṣeyd (m) | صيد |
| cão (m) de caça | kalb ṣeyd (m) | كلب صيد |
| safári (m) | safāry (m) | سفاري |
| animal (m) empalhado | ḥayawān moḥannaṭ (m) | حيوان محنّط |
| pescador (m) | ṣayād el samak (m) | صيّاد السمك |
| pesca (f) | ṣeyd el samak (m) | صيد السمك |
| pescar (vt) | eṣṭād samak | إصطاد سمك |
| cana (f) de pesca | ṣennāra (f) | صنّارة |
| linha (f) de pesca | χeyṭ (m) | خيط |
| anzol (m) | ʃaṣ el garīma (m) | شص الصيد |
| boia (f) | 'awwāma (f) | عوّامة |
| isca (f) | ṭa'm (m) | طعم |
| lançar a linha | ṭaraḥ el ṣennāra | طرح الصنّارة |
| morder (vt) | 'aḍḍ | عض |
| pesca (f) | el samak el moṣṭād (m) | السمك المصطاد |
| buraco (m) no gelo | fat-ḥa fel galīd (f) | فتحة في الجليد |
| rede (f) | ʃabaket el ṣeyd (f) | شبكة الصيد |
| barco (m) | markeb (m) | مركب |
| pescar com rede | eṣṭād bel ʃabaka | إصطاد بالشبكة |
| lançar a rede | rama ʃabaka | رمى شبكة |
| puxar a rede | aχrag ʃabaka | أخرج شبكة |
| cair nas malhas | we'e' fe ʃabaka | وقع في شبكة |
| baleeiro (m) | ṣayād el ḥūt (m) | صيّاد الحوت |
| baleeira (f) | safīna ṣeyd ḥitān (f) | سفينة صيد الحيتان |
| arpão (m) | ḥerba (f) | حربة |

## 159. Jogos. Bilhar

| | | |
|---|---|---|
| bilhar (m) | bilyardo (m) | بلياردو |
| sala (f) de bilhar | qā'a bilyardo (m) | قاعة بلياردو |
| bola (f) de bilhar | kora (f) | كرة |
| embolsar uma bola | dakχal kora | دخّل كرة |
| taco (m) | 'aṣāyet bilyardo (f) | عصاية بلياردو |
| caçapa (f) | geyb bilyardo (m) | جيب بلياردو |

## 160. Jogos. Jogar cartas

| | | |
|---|---|---|
| ouros (m pl) | el dinary (m) | الديناري |
| espadas (f pl) | el bastūny (m) | البستوني |
| copas (f pl) | el koba (f) | الكوبة |
| paus (m pl) | el sebāty (m) | السباتي |
| ás (m) | 'āss (m) | آس |
| rei (m) | malek (m) | ملك |
| dama (f) | maleka (f) | ملكة |
| valete (m) | walad (m) | ولد |
| carta (f) de jogar | wara'a (f) | ورقة |
| cartas (f pl) | wara' (m) | ورق |
| trunfo (m) | wara'a rābeḥa (f) | ورقة رابحة |
| baralho (m) | desta wara' 'enab (f) | دستة ورق اللعب |
| ponto (m) | nu'ṭa (f) | نقطة |
| dar, distribuir (vt) | farra' | فرّق |
| embaralhar (vt) | χalaṭ | خلط |
| vez, jogada (f) | dore (m) | دور |
| batoteiro (m) | moḥtāl fel 'omār (m) | محتال في القمار |

## 161. Casino. Roleta

| | | |
|---|---|---|
| casino (m) | kazino (m) | كازينو |
| roleta (f) | rulett (m) | روليت |
| aposta (f) | rahān (m) | رهان |
| apostar (vt) | qāmar | قامر |
| vermelho (m) | aḥmar (m) | أحمر |
| preto (m) | aswad (m) | أسود |
| apostar no vermelho | rāhen 'ala el aḥmar | راهن على الأحمر |
| apostar no preto | rāhen 'ala el aswad | راهن على الأسود |
| crupiê (m, f) | mowazzaf nādy el 'omār (m) | موظّف نادى القمار |
| girar a roda | dawwar el 'agala | دوّر العجلة |
| regras (f pl) do jogo | qawā'ed (pl) | قواعد |
| ficha (f) | fīʃa (f) | فيشة |
| ganhar (vi, vt) | keseb | كسب |
| ganho (m) | rebḥ (m) | ربح |

| | | |
|---|---|---|
| perder (dinheiro) | χeser | خسر |
| perda (f) | χesāra (f) | خسارة |
| jogador (m) | lāʿeb (m) | لاعب |
| blackjack (m) | blɛkdʒɛk (m) | بلاك جاك |
| jogo (m) de dados | leʿbet el nard (f) | لعبة النرد |
| dados (m pl) | zahr el nard (m) | زهر النرد |
| máquina (f) de jogo | ʾālet qomār (f) | آلة قمار |

## 162. Descanso. Jogos. Diversos

| | | |
|---|---|---|
| passear (vi) | tamasʃa | تمشّي |
| passeio (m) | tamʃeya (f) | تمشيّة |
| viagem (f) de carro | gawla bel sayāra (f) | جولة بالسيّارة |
| aventura (f) | moɣamra (f) | مغامرة |
| piquenique (m) | nozha (f) | نزهة |
| jogo (m) | leʿba (f) | لعبة |
| jogador (m) | lāʿeb (m) | لاعب |
| partida (f) | dore (m) | دور |
| colecionador (m) | gāmeʿ (m) | جامِع |
| colecionar (vt) | gammaʿ | جمّع |
| coleção (f) | magmūʿa (f) | مجموعة |
| palavras (f pl) cruzadas | kalemāt motaqaṭʿa (pl) | كلمات متقاطعة |
| hipódromo (m) | ḥalabet el sebāʾ (f) | حلبة السباق |
| discoteca (f) | disko (m) | ديسكو |
| sauna (f) | sauna (f) | ساونا |
| lotaria (f) | yanaṣīb (m) | يانصيب |
| campismo (m) | reḥlet taχyīm (f) | رحلة تخييم |
| acampamento (m) | moχayam (m) | مخيّم |
| tenda (f) | χeyma (f) | خيمة |
| bússola (f) | boṣla (f) | بوصلة |
| campista (m) | moχayam (m) | مخيّم |
| ver (vt), assistir à … | ʃāhed | شاهد |
| telespectador (m) | moʃāhed (m) | مشاهد |
| programa (m) de TV | barnāmeg televiziony (m) | برنامج تليفزيوني |

## 163. Fotografia

| | | |
|---|---|---|
| máquina (f) fotográfica | kamera (f) | كاميرا |
| foto, fotografia (f) | ṣūra (f) | صورة |
| fotógrafo (m) | moṣawwer (m) | مصوّر |
| estúdio (m) fotográfico | estudio taṣwīr (m) | إستوديو تصوير |
| álbum (m) de fotografias | albūm el ṣewar (m) | ألبوم الصور |
| objetiva (f) | ʿadaset kamera (f) | عدسة الكاميرا |
| teleobjetiva (f) | ʿadasa teleskopiya (f) | عدسة تلسكوبيّة |

| | | |
|---|---|---|
| filtro (m) | filter (m) | فلتر |
| lente (f) | ʿadasa (f) | عدسة |
| ótica (f) | baṣrīāt (pl) | بصريات |
| abertura (f) | saddāda (f) | سدّادة |
| exposição (f) | moddet el taʿarroḍ (f) | مدّة التعرض |
| visor (m) | el ʿeyn el faḥeṣa (f) | العين الفاحصة |
| câmara (f) digital | kamera diʒital (f) | كاميرا ديجيتال |
| tripé (m) | tribod (m) | ترايبود |
| flash (m) | flāʃ (m) | فلاش |
| fotografar (vt) | ṣawwar | صوّر |
| tirar fotos | ṣawwar | صوّر |
| fotografar-se | etṣawwar | إتصوّر |
| foco (m) | tarkīz (m) | تركيز |
| focar (vt) | rakkez | ركّز |
| nítido | ḥādda | حادّة |
| nitidez (f) | ḥedda (m) | حدّة |
| contraste (m) | tabāyon (m) | تباين |
| contrastante | motabāyen | متباين |
| retrato (m) | ṣūra (f) | صورة |
| negativo (m) | el nosχa el salba (f) | النسخة السالبة |
| filme (m) | film (m) | فيلم |
| fotograma (m) | eṭār (m) | إطار |
| imprimir (vt) | ṭabaʿ | طبع |

## 164. Praia. Natação

| | | |
|---|---|---|
| praia (f) | ʃāṭeʾ (m) | شاطئ |
| areia (f) | raml (m) | رمل |
| deserto | mahgūr | مهجور |
| bronzeado (m) | esmerār el baʃra (m) | إسمرار البشرة |
| bronzear-se (vr) | etʃammes | إتشمّس |
| bronzeado | asmar | أسمر |
| protetor (m) solar | krīm wāqy men el ʃams (m) | كريم واقي من الشمس |
| biquíni (m) | bikini (m) | بكيني |
| fato (m) de banho | mayo (m) | مايّوه |
| calção (m) de banho | mayo regāly (m) | مايّوه رجالي |
| piscina (f) | ḥammām sebāḥa (m) | حمّام سباحة |
| nadar (vi) | ʿām, sabaḥ | عام, سبح |
| duche (m) | doʃ (m) | دوش |
| mudar de roupa | γayar lebso | غيّر لبسه |
| toalha (f) | fūṭa (f) | فوطة |
| barco (m) | markeb (m) | مركب |
| lancha (f) | lunʃ (m) | لنش |
| esqui (m) aquático | tazallog ʿalal māʾ (m) | تزلّج على الماء |

| | | |
|---|---|---|
| barco (m) de pedais | el baddāl (m) | البدّال |
| surf (m) | surfing (m) | سيرفينج |
| surfista (m) | rākeb el amwāg (m) | راكب الأمواج |
| | | |
| equipamento (m) de mergulho | gehāz el tanaffos (m) | جهاز التنفّس |
| barbatanas (f pl) | za'ānef el sebāḥa (pl) | زعانف السباحة |
| máscara (f) | kamāma (f) | كمامة |
| mergulhador (m) | ɣawwāṣ (m) | غوّاص |
| mergulhar (vi) | ɣāṣ | غاص |
| debaixo d'água | taḥt el maya | تحت المايّة |
| | | |
| guarda-sol (m) | ʃamsiya (f) | شمسيّة |
| espreguiçadeira (f) | korsy blāʒ (m) | كرسي بلاج |
| óculos (m pl) de sol | naḍḍāret ʃams (f) | نضّارة شمس |
| colchão (m) de ar | martaba hawa'iya (f) | مرتبة هوائية |
| | | |
| brincar (vi) | le'eb | لعب |
| ir nadar | sebeḥ | سبح |
| | | |
| bola (f) de praia | koret ʃaṭṭ (f) | كرة شطّ |
| encher (vt) | nafaχ | نفخ |
| inflável, de ar | qābel lel nafχ | قابل للنفخ |
| | | |
| onda (f) | mouga (f) | موجة |
| boia (f) | ʃamandūra (f) | شمندورة |
| afogar-se (pessoa) | ɣere' | غرق |
| | | |
| salvar (vt) | anqaz | أنقذ |
| colete (m) salva-vidas | sotret nagah (f) | سترة نجاة |
| observar (vt) | rāqab | راقب |
| nadador-salvador (m) | ḥāres ʃāṭe' (m) | حارس شاطئ |

# EQUIPAMENTO TÉCNICO. TRANSPORTES

## Equipamento técnico. Transportes

### 165. Computador

| | | |
|---|---|---|
| computador (m) | kombuter (m) | كمبيوتر |
| portátil (m) | lab tob (m) | لابتوب |
| ligar (vt) | fataḥ, ʃagɣal | فتح, شغّل |
| desligar (vt) | ṭaffa | طفّى |
| teclado (m) | lawḥet el mafatīḥ (f) | لوحة المفاتيح |
| tecla (f) | meftāḥ (m) | مفتاح |
| rato (m) | maws (m) | ماوس |
| tapete (m) de rato | maws bād (m) | ماوس باد |
| botão (m) | zerr (m) | زرّ |
| cursor (m) | mo'asʃer (m) | مؤشّر |
| monitor (m) | ʃāʃa (f) | شاشة |
| ecrã (m) | ʃāʃa (f) | شاشة |
| disco (m) rígido | hard disk (m) | هارد ديسك |
| capacidade (f) do disco rígido | se'et el hard disk (f) | سعة الهارد ديسك |
| memória (f) | zākera (f) | ذاكرة |
| memória RAM (f) | zākerat el woṣūl el 'aʃwā'y (f) | ذاكرة الوصول العشوائي |
| ficheiro (m) | malaff (m) | ملفّ |
| pasta (f) | ḥāfeza (m) | حافظة |
| abrir (vt) | fataḥ | فتح |
| fechar (vt) | 'afal | قفل |
| guardar (vt) | ḥafaẓ | حفظ |
| apagar, eliminar (vt) | masaḥ | مسح |
| copiar (vt) | nasaχ | نسخ |
| ordenar (vt) | ṣannaf | صنّف |
| copiar (vt) | na'al | نقل |
| programa (m) | barnāmeg (m) | برنامج |
| software (m) | barmagīāt (pl) | برمجيّات |
| programador (m) | mobarmeg (m) | مبرمج |
| programar (vt) | barmag | برمج |
| hacker (m) | haker (m) | هاكر |
| senha (f) | kelmet el serr (f) | كلمة السرّ |
| vírus (m) | virūs (m) | فيروس |
| detetar (vt) | la'a | لقى |
| byte (m) | byte (m) | بايت |

| | | |
|---|---|---|
| megabyte (m) | megabayt (m) | ميجا بايت |
| dados (m pl) | bayanāt (pl) | بيانات |
| base (f) de dados | qa'edet bayanāt (f) | قاعدة بيانات |
| cabo (m) | kabl (m) | كابل |
| desconectar (vt) | faṣal | فصل |
| conetar (vt) | waṣṣal | وصّل |

## 166. Internet. E-mail

| | | |
|---|---|---|
| internet (f) | internet (m) | إنترنت |
| browser (m) | motaṣaffeḥ (m) | متصفّح |
| motor (m) de busca | moḥarrek baḥs (m) | محرك بحث |
| provedor (m) | ʃerket el internet (f) | شركة الإنترنت |
| webmaster (m) | modīr el mawqe' (m) | مدير الموقع |
| website, sítio web (m) | mawqe' elektrony (m) | موقع الكتروني |
| página (f) web | ṣafḥet web (f) | صفحة ويب |
| endereço (m) | 'enwān (m) | عنوان |
| livro (m) de endereços | daftar el 'anawīn (m) | دفتر العناوين |
| caixa (f) de correio | ṣandū' el barīd (m) | صندوق البريد |
| correio (m) | barīd (m) | بريد |
| cheia (caixa de correio) | mumtali' | ممتلىء |
| mensagem (f) | resāla (f) | رسالة |
| mensagens (f pl) recebidas | rasa'el wārda (pl) | رسائل واردة |
| mensagens (f pl) enviadas | rasa'el ṣādra (pl) | رسائل صادرة |
| remetente (m) | morsel (m) | مرسل |
| enviar (vt) | arsal | أرسل |
| envio (m) | ersāl (m) | إرسال |
| destinatário (m) | morsel elayh (m) | مرسل إليه |
| receber (vt) | estalam | إستلم |
| correspondência (f) | morasla (f) | مراسلة |
| corresponder-se (vr) | tarāsal | تراسل |
| ficheiro (m) | malaff (m) | ملفّ |
| fazer download, baixar | ḥammel | حمّل |
| criar (vt) | 'amal | عمل |
| apagar, eliminar (vt) | masaḥ | مسح |
| eliminado | mamsūḥ | ممسوح |
| conexão (f) | etteṣāl (m) | إتّصال |
| velocidade (f) | sor'a (f) | سرعة |
| modem (m) | modem (m) | مودم |
| acesso (m) | woṣūl (m) | وصول |
| porta (f) | maχrag (m) | مخرج |
| conexão (f) | etteṣāl (m) | إتّصال |
| conetar (vi) | yuwṣel | يوصل |
| escolher (vt) | eχtār | إختار |
| buscar (vt) | baḥs | بحث |

## 167. Eletricidade

| | | |
|---|---|---|
| eletricidade (f) | kahraba' (m) | كهرباء |
| elétrico | kahrabā'y | كهربائي |
| central (f) elétrica | maḥaṭṭa kahraba'iya (f) | محطة كهربائيّة |
| energia (f) | ṭāqa (f) | طاقة |
| energia (f) elétrica | ṭāqa kahraba'iya (f) | طاقة كهربائيّة |
| lâmpada (f) | lammba (f) | لمبة |
| lanterna (f) | kasʃāf el nūr (m) | كشّاف النور |
| poste (m) de iluminação | 'amūd el nūr (m) | عمود النور |
| luz (f) | nūr (m) | نور |
| ligar (vt) | fataḥ, ʃagɣal | فتح, شغّل |
| desligar (vt) | ṭaffa | طفّى |
| apagar a luz | ṭaffa el nūr | طفّى النور |
| fundir (vi) | etṭafa | إتّطفى |
| curto-circuito (m) | dayra kahraba'iya 'aṣīra (f) | دائرة كهربائية قصيرة |
| rutura (f) | selk ma'ṭū' (m) | سلك مقطوع |
| contacto (m) | talāmos (m) | تلامس |
| interruptor (m) | meftāḥ el nūr (m) | مفتاح النور |
| tomada (f) | bareza el kaharaba' (f) | بريزة الكهرباء |
| ficha (f) | fīʃet el kahraba' (f) | فيشة الكهرباء |
| extensão (f) | selk tawṣīl (m) | سلك توصيل |
| fusível (m) | fetīl (m) | فتيل |
| fio, cabo (m) | selk (m) | سلك |
| instalação (f) elétrica | aslāk (pl) | أسلاك |
| ampere (m) | ambere (m) | أمبير |
| amperagem (f) | ʃeddet el tayār (f) | شدّة التيّار |
| volt (m) | volt (m) | فولت |
| voltagem (f) | el gohd el kaharab'y (m) | الجهد الكهربائي |
| aparelho (m) elétrico | gehāz kahrabā'y (m) | جهاز كهربائي |
| indicador (m) | mo'asʃer (m) | مؤشّر |
| eletricista (m) | kahrabā'y (m) | كهربائي |
| soldar (vt) | laḥam | لحم |
| ferro (m) de soldar | adat laḥm (f) | إداة لحم |
| corrente (f) elétrica | tayār kahrabā'y (m) | تيّاركهربائي |

## 168. Ferramentas

| | | |
|---|---|---|
| ferramenta (f) | adah (f) | أداة |
| ferramentas (f pl) | adawāt (pl) | أدوات |
| equipamento (m) | mo'eddāt (pl) | معدّات |
| martelo (m) | ʃakūʃ (m) | شاكوش |
| chave (f) de fendas | mefakk (m) | مفكّ |
| machado (m) | fa's (m) | فأس |

| serra (f) | monʃār (m) | منشار |
| serrar (vt) | naʃar | نشر |
| plaina (f) | mesḥāg (m) | مسحاج |
| aplainar (vt) | saḥag | سمج |
| ferro (m) de soldar | adat laḥm (f) | إداة لحم |
| soldar (vt) | laḥam | لحم |

| lima (f) | mabrad (m) | مبرد |
| tenaz (f) | kamʃa (f) | كمشة |
| alicate (m) | zardiya (f) | زردية |
| formão (m) | ezmīl (m) | إزميل |

| broca (f) | mesqāb (m) | مثقاب |
| berbequim (f) | drill kahrabā'y (m) | دريل كهربائي |
| furar (vt) | ḥafar | حفر |

| faca (f) | sekkīna (f) | سكّينة |
| canivete (m) | sekkīnet gīb (m) | سكّينة جيب |
| lâmina (f) | ʃafra (f) | شفرة |

| afiado | ḥād | حاد |
| cego | telma | تلمة |
| embotar-se (vr) | kānet telma | كانت تلمة |
| afiar, amolar (vt) | sann | سنّ |

| parafuso (m) | mesmār 'alawoze (m) | مسمار قلاووظ |
| porca (f) | ṣamūla (f) | صامولة |
| rosca (f) | χaʃχana (f) | خشخنة |
| parafuso (m) para madeira | 'alawūz (m) | قلاووظ |

| prego (m) | mesmār (m) | مسمار |
| cabeça (f) do prego | rās el mesmār (m) | رأس المسمار |

| régua (f) | masṭara (f) | مسطرة |
| fita (f) métrica | ʃerīʰṭ el 'eyās (m) | شريط القياس |
| nível (m) | mizān el maya (m) | ميزان الميّة |
| lupa (f) | 'adasa mokabbera (f) | عدسة مكبّرة |

| medidor (m) | gehāz 'eyās (m) | جهاز قياس |
| medir (vt) | 'ās | قاس |
| escala (f) | me'yās (m) | مقياس |
| indicação (f), registo (m) | qerā'a (f) | قراءة |

| compressor (m) | kombressor (m) | كومبرسور |
| microscópio (m) | mikroskob (m) | ميكروسكوب |

| bomba (f) | ṭolommba (f) | طلمّبة |
| robô (m) | robot (m) | روبوت |
| laser (m) | laser (m) | ليزر |

| chave (f) de boca | meftāḥ rabṭ (m) | مفتاح ربط |
| fita (f) adesiva | laz' (m) | لزق |
| cola (f) | ṣamɣ (m) | صمغ |

| lixa (f) | wara' ṣanfara (m) | ورق صنفرة |
| mola (f) | sosta (f) | سوسنة |

| | | |
|---|---|---|
| íman (m) | meɣnaṭīs (m) | مغنطيس |
| luvas (f pl) | gwanty (m) | جوانتي |
| corda (f) | ḥabl (m) | حبل |
| cordel (m) | selk (m) | سلك |
| fio (m) | selk (m) | سلك |
| cabo (m) | kabl (m) | كابل |
| marreta (f) | marzaba (f) | مرزبة |
| pé de cabra (m) | ʿatala (f) | عتلة |
| escada (f) de mão | sellem (m) | سلّم |
| escadote (m) | sellem naʾāl (m) | سلّم نقال |
| enroscar (vt) | aḥkam el ʃadd | أحكم الشدّ |
| desenroscar (vt) | fataḥ | فتح |
| apertar (vt) | kamaʃ | كمش |
| colar (vt) | alṣaq | ألصق |
| cortar (vt) | ʾaṭaʿ | قطع |
| falha (mau funcionamento) | ʿoṭl (m) | عطل |
| conserto (m) | taṣlīḥ (m) | تصليح |
| consertar, reparar (vt) | ṣallaḥ | صلّح |
| regular, ajustar (vt) | ḍabaṭ | ضبط |
| verificar (vt) | eχtabar | إختبر |
| verificação (f) | faḥṣ (m) | فحص |
| indicação (f), registo (m) | qerāʾa (f) | قراءة |
| seguro | matīn | متين |
| complicado | morakkab | مركّب |
| enferrujar (vi) | ṣadaʾ | صدئ |
| enferrujado | meṣaddy | مصدّي |
| ferrugem (f) | ṣadaʾ (m) | صدأ |

# Transportes

## 169. Avião

| | | |
|---|---|---|
| avião (m) | ṭayāra (f) | طيّارة |
| bilhete (m) de avião | tazkara ṭayarān (f) | تذكرة طيران |
| companhia (f) aérea | ʃerket ṭayarān (f) | شركة طيران |
| aeroporto (m) | maṭār (m) | مطار |
| supersónico | xāreq lel ṣote | خارق للصوت |
| comandante (m) do avião | kabten (m) | كابتن |
| tripulação (f) | ṭa'm (m) | طقم |
| piloto (m) | ṭayār (m) | طيّار |
| hospedeira (f) de bordo | moḍīfet ṭayarān (f) | مضيفة طيران |
| copiloto (m) | mallāḥ (m) | ملاّح |
| asas (f pl) | agneḥa (pl) | أجنحة |
| cauda (f) | deyl (m) | ذيل |
| cabine (f) de pilotagem | kabīna (f) | كابينة |
| motor (m) | motore (m) | موتور |
| trem (m) de aterragem | ʿagalāt el hobūṭ (pl) | عجلات الهبوط |
| turbina (f) | torbīna (f) | توربينة |
| hélice (f) | marwaḥa (f) | مروّحة |
| caixa-preta (f) | mosaggel el ṭayarān (m) | مسجّل الطيران |
| coluna (f) de controlo | moqawwed el ṭayāra (m) | مقوّد الطيّارة |
| combustível (m) | woqūd (m) | وقود |
| instruções (f pl) de segurança | beṭā'et el salāma (f) | بطاقة السلامة |
| máscara (f) de oxigénio | mask el oksyʒīn (m) | ماسك الاوكسيجين |
| uniforme (m) | zayī muwaḥḥad (m) | زيّ موحّد |
| colete (m) salva-vidas | sotret nagah (f) | سترة نجاة |
| paraquedas (m) | baraʃot (m) | باراشوت |
| descolagem (f) | eqlāʿ (m) | إقلاع |
| descolar (vi) | aqlaʿet | أقلعت |
| pista (f) de descolagem | modarrag el ṭa'erāṭ (m) | مدرّج الطائرات |
| visibilidade (f) | ro'ya (f) | رؤية |
| voo (m) | ṭayarān (m) | طيران |
| altura (f) | ertefāʿ (m) | إرتفاع |
| poço (m) de ar | geyb hawā'y (m) | جيب هوائي |
| assento (m) | meqʿad (m) | مقعد |
| auscultadores (m pl) | sammaʿāt ra'siya (pl) | سمّاعات رأسية |
| mesa (f) rebatível | ṣeniya qabela lel ṭayī (f) | صينية قابلة للطيّ |
| vigia (f) | ʃebbāk el ṭayāra (m) | شبّاك الطيّارة |
| passagem (f) | mamarr (m) | ممرّ |

## 170. Comboio

| | | |
|---|---|---|
| comboio (m) | qeṭār, 'aṭṭr (m) | قطار |
| comboio (m) suburbano | qeṭār rokkāb (m) | قطار ركّاب |
| comboio (m) rápido | qeṭār saree' (m) | قطار سريع |
| locomotiva (f) diesel | qāṭeret dīzel (f) | قاطرة ديزل |
| locomotiva (f) a vapor | qāṭera boχariya (f) | قاطرة بخاريّة |
| carruagem (f) | 'araba (f) | عربة |
| carruagem restaurante (f) | 'arabet el ṭa'ām (f) | عربة الطعام |
| carris (m pl) | qoḍbān (pl) | قضبان |
| caminho de ferro (m) | sekka ḥadīdiya (f) | سكّة حديديّة |
| travessa (f) | 'āreḍa sekket ḥadīd (f) | عارضة سكّة الحديد |
| plataforma (f) | raṣīf (m) | رصيف |
| linha (f) | χaṭṭ (m) | خطّ |
| semáforo (m) | semafore (m) | سيمافور |
| estação (f) | maḥaṭṭa (f) | محطّة |
| maquinista (m) | sawwā' (m) | سوّاق |
| bagageiro (m) | ʃayāl (m) | شيّال |
| hospedeiro, -a (da carruagem) | mas'ūl 'arabet el qeṭār (m) | مسؤول عربة القطار |
| passageiro (m) | rākeb (m) | راكب |
| revisor (m) | kamsary (m) | كمسري |
| corredor (m) | mamarr (m) | ممرّ |
| freio (m) de emergência | farāmel el ṭawāre' (pl) | فرامل الطوارئ |
| compartimento (m) | ɣorfa (f) | غرفة |
| cama (f) | serīr (m) | سرير |
| cama (f) de cima | serīr 'olwy (m) | سرير علوّي |
| cama (f) de baixo | serīr sofly (m) | سرير سفلي |
| roupa (f) de cama | aɣṭeyet el serīr (pl) | أغطيّة السرير |
| bilhete (m) | tazkara (f) | تذكرة |
| horário (m) | gadwal (m) | جدوَل |
| painel (m) de informação | lawḥet ma'lomāt (f) | لوحة معلومات |
| partir (vt) | ɣādar | غادر |
| partida (f) | moɣadra (f) | مغادرة |
| chegar (vi) | weṣel | وصل |
| chegada (f) | woṣūl (m) | وصول |
| chegar de comboio | weṣel bel qeṭār | وصل بالقطار |
| apanhar o comboio | rekeb el qeṭār | ركب القطار |
| sair do comboio | nezel men el qeṭār | نزل من القطار |
| acidente (m) ferroviário | ḥeṭām qeṭār (m) | حطام قطار |
| descarrilar (vi) | χarag 'an χaṭṭ sīru | خرج عن خطّ سيره |
| locomotiva (f) a vapor | qāṭera boχariya (f) | قاطرة بخاريّة |
| fogueiro (m) | 'atʃagy (m) | عطشجي |
| fornalha (f) | forn el moḥarrek (m) | فرن المحرّك |
| carvão (m) | faḥm (m) | فحم |

## 171. Barco

| | | |
|---|---|---|
| navio (m) | safīna (f) | سفينة |
| embarcação (f) | safīna (f) | سفينة |
| vapor (m) | baχera (f) | باخرة |
| navio (m) | baχera nahriya (f) | باخرة نهرية |
| transatlântico (m) | safīna seyaḥiya (f) | سفينة سياحيّة |
| cruzador (m) | ṭarrād safīna baḥariya (m) | طرّاد سفينة بحريّة |
| iate (m) | yaχt (m) | يخت |
| rebocador (m) | qāṭera baḥariya (f) | قاطرة بحريّة |
| barcaça (f) | ṣandal (m) | صندل |
| ferry (m) | 'abbāra (f) | عبّارة |
| veleiro (m) | safīna ʃera'iya (m) | سفينة شراعيّة |
| bergantim (m) | markeb ʃerā'y (m) | مركب شراعي |
| quebra-gelo (m) | moḥaṭṭemet galīd (f) | محطّمة جليد |
| submarino (m) | ɣawwāṣa (f) | غوّاصة |
| bote, barco (m) | markeb (m) | مركب |
| bote, dingue (m) | zawra' (m) | زورق |
| bote (m) salva-vidas | qāreb nagah (m) | قارب نجاة |
| lancha (f) | lunʃ (m) | لنش |
| capitão (m) | 'obṭān (m) | قبطان |
| marinheiro (m) | baḥḥār (m) | بحّار |
| marujo (m) | baḥḥār (m) | بحّار |
| tripulação (f) | ṭāqem (m) | طاقم |
| contramestre (m) | rabbān (m) | ربّان |
| grumete (m) | ṣaby el safīna (m) | صبي السفينة |
| cozinheiro (m) de bordo | ṭabbāχ (m) | طبّاخ |
| médico (m) de bordo | ṭabīb el safīna (m) | طبيب السفينة |
| convés (m) | saṭ-ḥ el safīna (m) | سطح السفينة |
| mastro (m) | sāreya (f) | سارية |
| vela (f) | ʃerā' (m) | شراع |
| porão (m) | 'anbar (m) | عنبر |
| proa (f) | mo'addema (m) | مقدّمة |
| popa (f) | mo'aχeret el safīna (f) | مؤخّرة السفينة |
| remo (m) | megdāf (m) | مجذاف |
| hélice (f) | marwaḥa (f) | مروّحة |
| camarote (m) | kabīna (f) | كابينة |
| sala (f) dos oficiais | ɣorfet el ṭa'ām wel rāḥa (f) | غرفة الطعام والراحة |
| sala (f) das máquinas | qesm el 'ālāt (m) | قسم الآلات |
| ponte (m) de comando | borg el qeyāda (m) | برج القيادة |
| sala (f) de comunicações | ɣorfet el lāselky (f) | غرفة اللاسلكي |
| onda (f) de rádio | mouga (f) | موجة |
| diário (m) de bordo | segel el safīna (m) | سجل السفينة |
| luneta (f) | monzār (m) | منظار |
| sino (m) | garas (m) | جرس |

| | | |
|---|---|---|
| bandeira (f) | ʿalam (m) | علم |
| cabo (m) | ḥabl (m) | حبل |
| nó (m) | ʿoʾda (f) | عقدة |
| corrimão (m) | drabzīn saṭ-ḥ el safīna (m) | درابزين سطح السفينة |
| prancha (f) de embarque | sellem (m) | سلّم |
| âncora (f) | marsāh (f) | مرساة |
| recolher a âncora | rafaʿ morsah | رفع مرساة |
| lançar a âncora | rasa | رسا |
| amarra (f) | selselet morsah (f) | سلسلة مرساة |
| porto (m) | mināʾ (m) | ميناء |
| cais, amarradouro (m) | marsa (m) | مرسى |
| atracar (vi) | rasa | رسا |
| desatracar (vi) | aqlaʿ | أقلع |
| viagem (f) | reḥla (f) | رحلة |
| cruzeiro (m) | reḥla baḥariya (f) | رحلة بحريّة |
| rumo (m), rota (f) | masār (m) | مسار |
| itinerário (m) | ṭarīʾ (m) | طريق |
| canal (m) navegável | magra melāḥy (m) | مجرى ملاحيّ |
| banco (m) de areia | meyāh ḍaḥla (f) | مياه ضحلة |
| encalhar (vt) | ganaḥ | جنح |
| tempestade (f) | ʿāṣefa (f) | عاصفة |
| sinal (m) | eʃara (f) | إشارة |
| afundar-se (vr) | ɣereʾ | غرق |
| Homem ao mar! | saʾaṭ rāgil min el sefīna! | سقط راجل من السفينة! |
| SOS | nedāʾ eɣāsa (m) | نداء إغاثة |
| boia (f) salva-vidas | ṭoʾe nagah (m) | طوق نجاة |

## 172. Aeroporto

| | | |
|---|---|---|
| aeroporto (m) | maṭār (m) | مطار |
| avião (m) | ṭayāra (f) | طيّارة |
| companhia (f) aérea | ʃerket ṭayarān (f) | شركة طيران |
| controlador (m) de tráfego aéreo | marākeb el ḥaraka el gawiya (m) | مراكب الحركة الجويّة |
| partida (f) | moɣadra (f) | مغادرة |
| chegada (f) | woṣūl (m) | وصول |
| chegar (~ de avião) | weṣel | وصل |
| hora (f) de partida | waʾt el moɣadra (m) | وقت المغادرة |
| hora (f) de chegada | waʾt el woṣūl (m) | وقت الوصول |
| estar atrasado | taʾakχar | تأخّر |
| atraso (m) de voo | taʾaχor el reḥla (m) | تأخّر الرحلة |
| painel (m) de informação | lawḥet el maʿlomāt (f) | لوحة المعلومات |
| informação (f) | esteʿlamāt (pl) | إستعلامات |
| anunciar (vt) | aʿlan | أعلن |

| | | |
|---|---|---|
| voo (m) | reḥlet ṭayarān (f) | رحلة طيران |
| alfândega (f) | gamārek (pl) | جمارك |
| funcionário (m) da alfândega | mowazzaf el gamārek (m) | موظّف الجمارك |
| declaração (f) alfandegária | taṣrīḥ gomroky (m) | تصريح جمركي |
| preencher (vt) | mala | ملا |
| preencher a declaração | mala el taṣrīḥ | ملأ التصريح |
| controlo (m) de passaportes | taftīʃ el gawazāt (m) | تفتيش الجوازات |
| bagagem (f) | el ʃonaṭ (pl) | الشنط |
| bagagem (f) de mão | ʃonaṭ el yad (pl) | شنط اليد |
| carrinho (m) | ʿarabet ʃonaṭ (f) | عربة شنط |
| aterragem (f) | hobūṭ (m) | هبوط |
| pista (f) de aterragem | mamarr el hobūṭ (m) | ممرّ الهبوط |
| aterrar (vi) | habaṭ | هبط |
| escada (f) de avião | sellem el ṭayāra (m) | سلّم الطيّارة |
| check-in (m) | tasgīl (m) | تسجيل |
| balcão (m) do check-in | makān tasgīl (m) | مكان تسجيل |
| fazer o check-in | saggel | سجّل |
| cartão (m) de embarque | beṭāqet el rokūb (f) | بطاقة الركوب |
| porta (f) de embarque | bawwābet el moɣadra (f) | بوّابة المغادرة |
| trânsito (m) | tranzīt (m) | ترانزيت |
| esperar (vi, vt) | estanna | إستنّى |
| sala (f) de espera | ṣālet el moɣadra (f) | صالة المغادرة |
| despedir-se de ... | waddaʿ | ودّع |
| despedir-se (vr) | waddaʿ | ودّع |

## 173. Bicicleta. Motocicleta

| | | |
|---|---|---|
| bicicleta (f) | beskeletta (f) | بيسكلتّة |
| scotter, lambreta (f) | fezba (f) | فزبة |
| mota (f) | motosekl (m) | موتوسيكل |
| ir de bicicleta | rāḥ bel beskeletta | راح بالبسكلتّة |
| guiador (m) | moqawwed (m) | مقوّد |
| pedal (m) | dawwāsa (f) | دوّاسة |
| travões (m pl) | farāmel (pl) | فرامل |
| selim (m) | korsy (m) | كرسي |
| bomba (f) de ar | ṭolommba (f) | طلمبة |
| porta-bagagens (m) | raff el amteʿa (m) | رفّ الأمتعة |
| lanterna (f) | el meṣbāḥ el amāmy (m) | المصباح الأمامي |
| capacete (m) | χawza (f) | خوذة |
| roda (f) | ʿagala (f) | عجلة |
| guarda-lamas (m) | refrāf (m) | رفراف |
| aro (m) | eṭār (m) | إطار |
| raio (m) | mekbaḥ el ʿagala (m) | مكبح العجلة |

# Carros

## 174. Tipos de carros

| | | |
|---|---|---|
| carro, automóvel (m) | sayāra (f) | سيّارة |
| carro (m) desportivo | sayāra reyāḍiya (f) | سيّارة رياضيّة |
| limusine (f) | limozīn (m) | ليموزين |
| todo o terreno (m) | sayāret ṭoro' wa'ra (f) | سيّارة طرق وعرة |
| descapotável (m) | kabryoleyh (m) | كابريوليه |
| minibus (m) | mikrobāṣ (m) | ميكروباص |
| ambulância (f) | es'āf (m) | إسعاف |
| limpa-neve (m) | garrāfet talg (f) | جرّافة ثلج |
| camião (m) | ʃāḥena (f) | شاحنة |
| camião-cisterna (m) | nāqelet betrūl (f) | ناقلة بترول |
| carrinha (f) | 'arabiyet na'l (f) | عربيّة نقل |
| camião-trator (m) | garrār (m) | جرّار |
| atrelado (m) | ma'ṭūra (f) | مقطورة |
| confortável | morīḥ | مريح |
| usado | mosta'mal | مستعمل |

## 175. Carros. Carroçaria

| | | |
|---|---|---|
| capô (m) | kabbūt (m) | كبّوت |
| guarda-lamas (m) | refrāf (m) | رفراف |
| tejadilho (m) | sa'f (m) | سقف |
| para-brisa (m) | ezāz amāmy (f) | إزاز أمامي |
| espelho (m) retrovisor | merāya daχeliya (f) | مراية داخليّة |
| lavador (m) | monazzef el ezāz el amāmy (m) | منظّف الإزاز الأمامي |
| limpa-para-brisas (m) | massāḥāt (pl) | مسّاحات |
| vidro (m) lateral | ʃebbāk gāneby (m) | شبّاك جانبي |
| elevador (m) do vidro | ezāz kahrabā'y (m) | إزاز كهربائي |
| antena (f) | hawā'y (m) | هوائي |
| teto solar (m) | fat-ḥet el sa'f (f) | فتحة السقف |
| para-choques (m pl) | ekṣedām (m) | اكصدام |
| bagageira (f) | ʃanṭet el 'arabiya (f) | شنطة العربيّة |
| bagageira (f) de tejadilho | raff sa'f el 'arabiya (m) | رفّ سقف العربيّة |
| porta (f) | bāb (m) | باب |
| maçaneta (f) | okret el bāb (f) | اوكرة الباب |
| fechadura (f) | 'efl el bāb (m) | قفل الباب |
| matrícula (f) | lawḥet raqam el sayāra (f) | لوحة رقم السيارة |

| | | |
|---|---|---|
| silenciador (m) | kātem lel ṣote (m) | كاتم للصوت |
| tanque (m) de gasolina | χazzān el banzīn (m) | خزّان البنزين |
| tubo (m) de escape | anbūb el ʻādem (m) | أنبوب العادم |
| acelerador (m) | ɣāz (m) | غاز |
| pedal (m) | dawwāsa (f) | دوّاسة |
| pedal (m) do acelerador | dawwāset el banzīn (f) | دوّاسة البنزين |
| travão (m) | farāmel (pl) | فرامل |
| pedal (m) do travão | dawwāset el farāmel (m) | دوّاسة الفرامل |
| travar (vt) | farmel | فرمل |
| travão (m) de mão | farāmel el enteẓār (pl) | فرامل الإنتظار |
| embraiagem (f) | klatʃ (m) | كلتش |
| pedal (m) da embraiagem | dawwāset el klatʃ (f) | دوّاسة الكلتش |
| disco (m) de embraiagem | ʼorṣ el klatʃ (m) | قرص الكلتش |
| amortecedor (m) | momtaṣṣ lel ṣadamāt (m) | ممتصّ للصدمات |
| roda (f) | ʻagala (f) | عجلة |
| pneu (m) sobresselente | ʻagala eḥteyāṭy (f) | عجلة إحتياطية |
| pneu (m) | eṭār (m) | إطار |
| tampão (m) de roda | ṭīs (m) | طيس |
| rodas (f pl) motrizes | ʻagalāt el qeyāda (pl) | عجلات القيادة |
| de tração dianteira | dafʻ amāmy (m) | دفع أمامي |
| de tração traseira | dafʻ χalfy (m) | دفع خلفي |
| de tração às 4 rodas | dafʻ kāmel (m) | دفع كامل |
| caixa (f) de mudanças | gearboks (m) | جير بوكس |
| automático | otomatīky | أوتوماتيكي |
| mecânico | mikanīky | ميكانيكي |
| alavanca (f) das mudanças | meqbaḍ nāqel lel ḥaraka (m) | مقبض ناقل الحركة |
| farol (m) | el meṣbāḥ el amāmy (m) | المصباح الأمامي |
| faróis, luzes | el maṣabīḥ el amamiya (pl) | المصابيح الأمامية |
| médios (m pl) | nūr moʼaʃer monχafeḍ (pl) | نور مؤشر منخفض |
| máximos (m pl) | nūr moʼasʃer ʻāly (m) | نور مؤشر عالي |
| luzes (f pl) de stop | nūr el farāmel (m) | نور الفرامل |
| mínimos (m pl) | lambet el enteẓār (f) | لمبة الإنتظار |
| luzes (f pl) de emergência | eʃārāt el taḥzīr (pl) | إشارات التحذير |
| faróis (m pl) antinevoeiro | kasʃāf el ḍabāb (m) | كشّاف الضباب |
| pisca-pisca (m) | eʃāret el enʻeṭāf (f) | إشارة الإنعطاف |
| luz (f) de marcha atrás | ḍūʼ el rogūʻ lel χalf (m) | ضوء الرجوع للخلف |

## 176. Carros. Habitáculo

| | | |
|---|---|---|
| interior (m) do carro | ṣalone el sayāra (m) | صالون السيارة |
| de couro, de pele | men el geld | من الجلد |
| de veludo | men el moχmal | من المخمل |
| estofos (m pl) | tangīd (m) | تنجيد |
| indicador (m) | gehāz (m) | جهاز |
| painel (m) de instrumentos | lawḥet ag-heza (f) | لوحة أجهزة |

| | | |
|---|---|---|
| velocímetro (m) | me'yās sor'a (m) | مقياس سرعة |
| ponteiro (m) | mo'asʃer (m) | مؤشّر |
| conta-quilómetros (m) | 'addād el mesafāt (m) | عدّاد المسافات |
| sensor (m) | 'addād (m) | عدّاد |
| nível (m) | mostawa (m) | مستوى |
| luz (f) avisadora | lammbet enzār (f) | لمبة إنذار |
| volante (m) | moqawwed (m) | مقوّد |
| buzina (f) | kalaks (m) | كلاكس |
| botão (m) | zerr (m) | زرّ |
| interruptor (m) | nāqel, meftāḥ (m) | ناقل, مفتاح |
| assento (m) | korsy (m) | كرسي |
| costas (f pl) do assento | masnad el ḍahr (m) | مسند الظهر |
| cabeceira (f) | masnad el ra's (m) | مسند الرأس |
| cinto (m) de segurança | ḥezām el amān (m) | حزام الأمان |
| apertar o cinto | rabaṭ el ḥezām | ربط الحزام |
| regulação (f) | ḍabṭ (m) | ضبط |
| airbag (m) | wesāda hawa'iya (f) | وسادة هوائية |
| ar (m) condicionado | takyīf (m) | تكييف |
| rádio (m) | radio (m) | راديو |
| leitor (m) de CD | moʃagɣel sidi (m) | مشغّل سي دي |
| ligar (vt) | fataḥ, ʃagɣal | فتح, شغّل |
| antena (f) | hawā'y (m) | هوائي |
| porta-luvas (m) | dorg (m) | درج |
| cinzeiro (m) | ṭa'ṭū'a (f) | طقطوقة |

## 177. Carros. Motor

| | | |
|---|---|---|
| motor (m) | moḥarrek (m) | محرّك |
| motor (m) | motore (m) | موتور |
| diesel | 'alal diesel | على الديزل |
| a gasolina | 'alal banzīn | على البنزين |
| cilindrada (f) | ḥagm el moḥarrek (m) | حجم المحرّك |
| potência (f) | 'owwa (f) | قوّة |
| cavalo-vapor (m) | ḥoṣān (m) | حصان |
| pistão (m) | mekbas (m) | مكبس |
| cilindro (m) | esṭewāna (f) | أسطوانة |
| válvula (f) | ṣamām (m) | صمام |
| injetor (m) | baχāχa (f) | بخّاخة |
| gerador (m) | mowalled (m) | مولّد |
| carburador (m) | karburetor (m) | كاربراتير |
| óleo (m) para motor | zeyt el moḥarrek (m) | زيت المحرّك |
| radiador (m) | radiator (m) | رادياتير |
| refrigerante (m) | mobarred (m) | مبرّد |
| ventilador (m) | marwaḥa (f) | مروحة |
| bateria (f) | baṭṭariya (f) | بطّاريّة |
| dispositivo (m) de arranque | meftāḥ el taʃɣīl (m) | مفتاح التشغيل |

| | | |
|---|---|---|
| ignição (f) | nezām taʃɣīl (m) | نظام تشغيل |
| vela (f) de ignição | ʃam'et el eḥterāq (f) | شمعة الإحتراق |
| borne (m) | ṭaraf tawṣīl (m) | طرف توصيل |
| borne (m) positivo | ṭaraf muwgeb (m) | طرف موجب |
| borne (m) negativo | ṭaraf sāleb (m) | طرف سالب |
| fusível (m) | fetīl (m) | فتيل |
| filtro (m) de ar | ṣaffāyet el hawā' (f) | صفّاية الهواء |
| filtro (m) de óleo | ṣaffāyet el zeyt (f) | صفّاية الزيت |
| filtro (m) de combustível | ṣaffāyet el banzīn (f) | صفّاية البنزين |

## 178. Carros. Batidas. Reparação

| | | |
|---|---|---|
| acidente (m) de carro | ḥadset sayāra (f) | حادثة سيارة |
| acidente (m) rodoviário | ḥādes morūry (m) | حادث مروري |
| ir contra ... | χabaṭ | خبط |
| sofrer um acidente | daʃdaʃ | دشدش |
| danos (m pl) | χesāra (f) | خسارة |
| intato | salīm | سليم |
| avariar (vi) | ta'aṭṭal | تعطّل |
| cabo (m) de reboque | ḥabl el saḥb | حبل السحب |
| furo (m) | soqb (m) | ثقب |
| estar furado | fasʃ | فشّ |
| encher (vt) | nafaχ | نفخ |
| pressão (f) | ḍaɣt (m) | ضغط |
| verificar (vt) | eχtabar | إختبر |
| reparação (f) | taṣlīḥ (m) | تصليح |
| oficina (f) de reparação de carros | warʃet taṣlīḥ 'arabīāt (f) | ورشة تصليح عربيات |
| peça (f) sobresselente | 'eṭ'et ɣeyār (f) | قطعة غيار |
| peça (f) | 'eṭ'a (f) | قطعة |
| parafuso (m) | mesmār 'alawoze (m) | مسمار قلاووظ |
| parafuso (m) | mesmār (m) | مسمار |
| porca (f) | ṣamūla (f) | صامولة |
| anilha (f) | warda (f) | وردة |
| rolamento (m) | maḥmal (m) | محمل |
| tubo (m) | anbūba (f) | أنبوبة |
| junta (f) | 'az'a (f) | عزقة |
| fio, cabo (m) | selk (m) | سلك |
| macaco (m) | 'afrīṭa (f) | عفريطة |
| chave (f) de boca | meftāḥ rabṭ (m) | مفتاح ربط |
| martelo (m) | ʃakūʃ (m) | شاكوش |
| bomba (f) | ṭolommba (f) | طلمّبة |
| chave (f) de fendas | mefakk (m) | مفكّ |
| extintor (m) | ṭaffayet ḥarī' (f) | طفّاية حريق |
| triângulo (m) de emergência | eʃāret taḥzīr (f) | إشارة تحذير |

| | | |
|---|---|---|
| parar (vi) (motor) | etʿaṭṭal | إتعطّل |
| paragem (f) | tawaqqof (m) | توقّف |
| estar quebrado | kān maksūr | كان مكسور |
| superaquecer-se (vr) | soχn aktar men el lāzem | سخن أكثر من اللازم |
| entupir-se (vr) | kān masdūd | كان مسدود |
| congelar-se (vr) | etgammed | إتجمّد |
| rebentar (vi) | enqaṭaʿ - ettʾaṭṭaʿ | إنقطع |
| pressão (f) | ḍaɣṭ (m) | ضغط |
| nível (m) | mostawa (m) | مستوى |
| frouxo | ḍaʿīf | ضعيف |
| mossa (f) | ṭaʿga (f) | طعجة |
| ruído (m) | daʾʾ (m) | دقّ |
| fissura (f) | ʃaʾʾ (m) | شقّ |
| arranhão (m) | χadʃ (m) | خدش |

## 179. Carros. Estrada

| | | |
|---|---|---|
| estrada (f) | ṭarīʾ (m) | طريق |
| autoestrada (f) | ṭarīʾ sareeʿ (m) | طريق سريع |
| rodovia (f) | otostrad (m) | اوتوستراد |
| direção (f) | ettegāh (m) | إتّجاه |
| distância (f) | masāfa (f) | مسافة |
| ponte (f) | kobry (m) | كبري |
| parque (m) de estacionamento | mawʾef el ʿarabeyāt (m) | موقف العربيات |
| praça (f) | medān (m) | ميدان |
| nó (m) rodoviário | taqāṭoʿ ṭoroʾ (m) | تقاطع طرق |
| túnel (m) | nafaʾ (m) | نفق |
| posto (m) de gasolina | maḥaṭṭet banzīn (f) | محطّة بنزين |
| parque (m) de estacionamento | mawʾef el ʿarabeyāt (m) | موقف العربيات |
| bomba (f) de gasolina | maḍaχet banzīn (f) | مضخّة بنزين |
| oficina (f) de reparação de carros | warʃet taṣlīḥ ʿarabīāt (f) | ورشة تصليح عربيات |
| abastecer (vt) | mala banzīn | ملى بنزين |
| combustível (m) | woqūd (m) | وقود |
| bidão (m) de gasolina | ʒerken (m) | جركن |
| asfalto (m) | asfalt (m) | اسفلت |
| marcação (f) de estradas | ʿalamāt el ṭarīʾ (pl) | علامات الطريق |
| lancil (m) | bardora (f) | بردورة |
| proteção (f) guard-rail | sūr (m) | سور |
| valeta (f) | terʿa (f) | ترعة |
| berma (f) da estrada | ḥaffet el ṭarīʾ (f) | حافّة الطريق |
| poste (m) de luz | ʿamūd nūr (m) | عمود نور |
| conduzir, guiar (vt) | sāʾ | ساق |
| virar (ex. ~ à direita) | ḥād | حاد |
| dar retorno | laff fe u-turn | لفّ في يو تيرن |
| marcha-atrás (f) | ḥaraka ela al warāʾ (f) | حركة إلى الوراء |
| buzinar (vi) | zammar | زمّر |

| | | |
|---|---|---|
| buzina (f) | kalaks (m) | كلاكس |
| atolar-se (vr) | ɣaraz | غرز |
| patinar (na lama) | dawwar | دوّر |
| desligar (vt) | awqaf | أوقف |
| velocidade (f) | sorʿa (f) | سرعة |
| exceder a velocidade | ʿadda el sorʿa | عدّى السرعة |
| multar (vt) | faraḍ ɣarāma | فرض غرامة |
| semáforo (m) | eʃārāt el morūr (pl) | إشارات المرور |
| carta (f) de condução | roxṣet el qeyāda (f) | رخصة قيادة |
| passagem (f) de nível | maʿbar (m) | معبر |
| cruzamento (m) | taqāṭoʿ (m) | تقاطع |
| passadeira (f) | maʿbar (m) | معبر |
| curva (f) | monʿaṭaf (m) | منعطف |
| zona (f) pedonal | manteʾa lel moʃāh (f) | منطقة للمشاة |

## 180. Sinais de trânsito

| | | |
|---|---|---|
| código (m) da estrada | qawāʿed el ṭarīʾ (pl) | قواعد الطريق |
| sinal (m) de trânsito | ʿalāma (f) | علامة |
| ultrapassagem (f) | tagāwuz (m) | تجاوز |
| curva (f) | monʿaṭaf (m) | منعطف |
| inversão (f) de marcha | malaff (m) | ملفّ |
| rotunda (f) | dawarān morūry (m) | دوّران مروري |
| sentido proibido | mamnūʿ el doxūl | ممنوع الدخول |
| trânsito proibido | mamnūʿ morūr el sayārāt | ممنوع مرور السيارات |
| proibição de ultrapassar | mamnūʿ el morūr | ممنوع المرور |
| estacionamento proibido | mamnūʿ el woʾūf | ممنوع الوقوف |
| paragem proibida | mamnūʿ el woʾūf | ممنوع الوقوف |
| curva (f) perigosa | monʿaṭaf xaṭar (m) | منعطف خطر |
| descida (f) perigosa | monḥadar ʃedīd (m) | منحدر شديد |
| trânsito de sentido único | ṭarīʾ etegāh wāḥed | طريق إتجاه واحد |
| passadeira (f) | maʿbar (m) | معبر |
| pavimento (m) escorregadio | ṭarīʾ zaleq (m) | طريق زلق |
| cedência de passagem | eʃāret el awlawiya | إشارة الأولوية |

# PESSOAS. EVENTOS

## Eventos

### 181. Férias. Evento

| | | |
|---|---|---|
| festa (f) | ʿīd (m) | عيد |
| festa (f) nacional | ʿīd waṭany (m) | عيد وطني |
| feriado (m) | agāza rasmiya (f) | أجازة رسميّة |
| festejar (vt) | eḥtafal be zekra | إحتفل بذكرى |
| evento (festa, etc.) | ḥadass (m) | حدث |
| evento (banquete, etc.) | monasba (f) | مناسبة |
| banquete (m) | walīma (f) | وليمة |
| receção (f) | ḥaflet esteʾbāl (f) | حفلة إستقبال |
| festim (m) | walīma (f) | وليمة |
| aniversário (m) | zekra sanawiya (f) | ذكرى سنوية |
| jubileu (m) | yobeyl (m) | يوبيل |
| celebrar (vt) | eḥtafal | إحتفل |
| Ano (m) Novo | raʾs el sanna (m) | رأس السنة |
| Feliz Ano Novo! | koll sana wenta ṭayeb! | !كلّ سنة وأنت طيّب |
| Pai (m) Natal | baba neweyl (m) | بابا نويل |
| Natal (m) | ʿīd el melād (m) | عيد الميلاد |
| Feliz Natal! | ʿīd melād saʿīd! | !عيد ميلاد سعيد |
| árvore (f) de Natal | ʃagaret el kresmas (f) | شجرة الكريسمس |
| fogo (m) de artifício | alʿāb nāriya (pl) | ألعاب ناريّة |
| boda (f) | faraḥ (m) | فرح |
| noivo (m) | ʿarīs (m) | عريس |
| noiva (f) | ʿarūsa (f) | عروسة |
| convidar (vt) | ʿazam | عزم |
| convite (m) | beṭāʾet daʿwa (f) | بطاقة دعوة |
| convidado (m) | ḍeyf (m) | ضيف |
| visitar (vt) | zār | زار |
| receber os hóspedes | estaʾbal ḍoyūf | إستقبل ضيوف |
| presente (m) | hediya (f) | هديّة |
| oferecer (vt) | edda | إدّى |
| receber presentes | estalam hadāya | إستلم هدايا |
| ramo (m) de flores | bokeyh (f) | بوكيه |
| felicitações (f pl) | tahneʾa (f) | تهنئة |
| felicitar (dar os parabéns) | hanna | هنّأ |
| cartão (m) de parabéns | beṭāʾet tahneʾa (f) | بطاقة تهنئة |

| | | |
|---|---|---|
| enviar um postal | ba'at beṭā'et tahne'a | بعت بطاقة تهنئة |
| receber um postal | estalam beṭā'a tahne'a | استلم بطاقة تهنئة |
| brinde (m) | naxab (m) | نخب |
| oferecer (vt) | ḍayaf | ضيّف |
| champanhe (m) | ʃambania (f) | شمبانيا |
| divertir-se (vr) | estamta' | إستمتع |
| diversão (f) | bahga (f) | بهجة |
| alegria (f) | sa'āda (f) | سعادة |
| dança (f) | ra'ṣa (f) | رقصة |
| dançar (vi) | ra'aṣ | رقص |
| valsa (f) | valles (m) | فالس |
| tango (m) | tango (m) | تانجو |

## 182. Funerais. Enterro

| | | |
|---|---|---|
| cemitério (m) | maqbara (f) | مقبرة |
| sepultura (f), túmulo (m) | 'abr (m) | قبر |
| cruz (f) | ṣalīb (m) | صليب |
| lápide (f) | ḥagar el ma''bara (m) | حجر المقبرة |
| cerca (f) | sūr (m) | سور |
| capela (f) | kenīsa saɣīra (f) | كنيسة صغيرة |
| morte (f) | mote (m) | موت |
| morrer (vi) | māt | مات |
| defunto (m) | el motawaffy (m) | المتوفّي |
| luto (m) | ḥedād (m) | حداد |
| enterrar, sepultar (vt) | dafan | دفن |
| agência (f) funerária | maktab mota'ahhed el dafn (m) | مكتب متعهّد الدفن |
| funeral (m) | ganāza (f) | جنازة |
| coroa (f) de flores | eklīl (m) | إكليل |
| caixão (m) | tabūt (m) | تابوت |
| carro (m) funerário | na'ʃ (m) | نعش |
| mortalha (f) | kafan (m) | كفن |
| procissão (f) funerária | ganāza (f) | جنازة |
| urna (f) funerária | garra gana'eziya (f) | جرّة جنائزية |
| crematório (m) | maḥra'et gosas el mawta (f) | محرقة جثث الموتى |
| obituário (m), necrologia (f) | segel el wafīāt (m) | سجل الوفيات |
| chorar (vi) | baka | بكى |
| soluçar (vi) | nawwaḥ | نوّح |

## 183. Guerra. Soldados

| | | |
|---|---|---|
| pelotão (m) | faṣīla (f) | فصيلة |
| companhia (f) | serriya (f) | سريّة |

| | | |
|---|---|---|
| regimento (m) | foge (m) | فوج |
| exército (m) | geyʃ (m) | جيش |
| divisão (f) | fer'a (f) | فرقة |
| destacamento (m) | weḥda (f) | وحدة |
| hoste (f) | geyʃ (m) | جيش |
| soldado (m) | gondy (m) | جنّدي |
| oficial (m) | ḍābeṭ (m) | ضابط |
| soldado (m) raso | gondy (m) | جنّدي |
| sargento (m) | raqīb tāny (m) | رقيب تاني |
| tenente (m) | molāzem tāny (m) | ملازم تاني |
| capitão (m) | naqīb (m) | نقيب |
| major (m) | rā'ed (m) | رائد |
| coronel (m) | 'aqīd (m) | عقيد |
| general (m) | ʒenerāl (m) | جنرال |
| marujo (m) | baḥḥār (m) | بحّار |
| capitão (m) | 'obṭān (m) | قبطان |
| contramestre (m) | rabbān (m) | ربّان |
| artilheiro (m) | gondy fe selāḥ el madfa'iya (m) | جنّدي في سلاح المدفعيّة |
| soldado (m) paraquedista | selāḥ el maẓallāt (m) | سلاح المظلّلات |
| piloto (m) | ṭayār (m) | طيّار |
| navegador (m) | mallāḥ (m) | ملاّح |
| mecânico (m) | mikanīky (m) | ميكانيكي |
| sapador (m) | mohandes 'askary (m) | مهندس عسكري |
| paraquedista (m) | gondy el baraʃot (m) | جنّدي الباراشوت |
| explorador (m) | kaʃāfet el esteṭlā' (f) | كشّافة الإستطلاع |
| franco-atirador (m) | qannāṣ (m) | قنّاص |
| patrulha (f) | dawriya (f) | دوريّة |
| patrulhar (vt) | 'ām be dawriya | قام بدوريّة |
| sentinela (f) | ḥāres (m) | حارس |
| guerreiro (m) | muḥāreb (m) | محارب |
| patriota (m) | waṭany (m) | وطني |
| herói (m) | baṭal (m) | بطل |
| heroína (f) | baṭala (f) | بطلة |
| traidor (m) | χāyen (m) | خاين |
| trair (vt) | χān | خان |
| desertor (m) | hāreb men el gondiya (m) | هارب من الجنديّة |
| desertar (vt) | farr men el geyʃ | فرّ من الجيش |
| mercenário (m) | ma'gūr (m) | مأجور |
| recruta (m) | gondy gedīd (m) | جنّدي جديد |
| voluntário (m) | motaṭawwe' (m) | متطوّع |
| morto (m) | 'atīl (m) | قتيل |
| ferido (m) | garīḥ (m) | جريح |
| prisioneiro (m) de guerra | asīr ḥarb (m) | أسير حرب |

## 184. Guerra. Ações militares. Parte 1

| | | |
|---|---|---|
| guerra (f) | ḥarb (f) | حرب |
| guerrear (vt) | ḥārab | حارب |
| guerra (f) civil | ḥarb ahliya (f) | حرب أهليّة |
| | | |
| perfidamente | ɣadran | غدراً |
| declaração (f) de guerra | e'lān ḥarb (m) | إعلان حرب |
| declarar (vt) guerra | a'lan | أعلن |
| agressão (f) | 'edwān (m) | عدوان |
| atacar (vt) | hagam | هجم |
| | | |
| invadir (vt) | eḥtall | إحتلّ |
| invasor (m) | moḥtell (m) | محتلّ |
| conquistador (m) | fāteḥ (m) | فاتح |
| | | |
| defesa (f) | defā' (m) | دفاع |
| defender (vt) | dāfa' | دافع |
| defender-se (vr) | dāfa' 'an ... | دافع عن ... |
| | | |
| inimigo (m) | 'adeww (m) | عدوّ |
| adversário (m) | χeṣm (m) | خصم |
| inimigo | 'adeww | عدوّ |
| | | |
| estratégia (f) | estrateʒiya (f) | إستراتيجيّة |
| tática (f) | taktīk (m) | تكتيك |
| | | |
| ordem (f) | amr (m) | أمر |
| comando (m) | amr (m) | أمر |
| ordenar (vt) | amar | أمر |
| missão (f) | mohemma (f) | مهمّة |
| secreto | serry | سرّي |
| | | |
| batalha (f) | ma'raka (f) | معركة |
| combate (m) | 'etāl (m) | قتال |
| | | |
| ataque (m) | hogūm (m) | هجوم |
| assalto (m) | enqeḍāḍ (m) | إنقضاض |
| assaltar (vt) | enqaḍḍ | إنقضّ |
| assédio, sítio (m) | ḥeṣār (m) | حصار |
| | | |
| ofensiva (f) | hogūm (m) | هجوم |
| passar à ofensiva | hagam | هجم |
| | | |
| retirada (f) | enseḥāb (m) | إنسحاب |
| retirar-se (vr) | ensaḥab | إنسحب |
| | | |
| cerco (m) | eḥāṭa (f) | إحاطة |
| cercar (vt) | aḥāṭ | أحاط |
| | | |
| bombardeio (m) | 'aṣf (m) | قصف |
| lançar uma bomba | asqaṭ qonbola | أسقط قنبلة |
| bombardear (vt) | 'aṣaf | قصف |
| explosão (f) | enfegār (m) | إنفجار |
| tiro (m) | ṭal'a (f) | طلقة |

| | | |
|---|---|---|
| disparar um tiro | aṭlaq el nār | أطلق النار |
| tiroteio (m) | eṭlāq nār (m) | إطلاق نار |
| apontar para ... | ṣawwab ʿala ... | صوّب على ... |
| apontar (vt) | ṣawwab | صوّب |
| acertar (vt) | aṣāb el hadaf | أصاب الهدف |
| afundar (um navio) | aɣraʾ | أغرق |
| brecha (f) | soqb (m) | ثقب |
| afundar-se (vr) | ɣereʾ | غرق |
| frente (m) | gabha (f) | جبهة |
| evacuação (f) | eχlāʾ (m) | إخلاء |
| evacuar (vt) | aχla | أخلى |
| trincheira (f) | χondoq (m) | خندق |
| arame (m) farpado | aslāk ʃāʾeka (pl) | أسلاك شائكة |
| obstáculo (m) anticarro | ḥāgez (m) | حاجز |
| torre (f) de vigia | borg moraʾba (m) | برج مراقبة |
| hospital (m) | mostaʃfa ʿaskary (m) | مستشفى عسكري |
| ferir (vt) | garaḥ | جرح |
| ferida (f) | garḥ (m) | جرح |
| ferido (m) | garīḥ (m) | جريح |
| ficar ferido | oṣīb bel garḥ | أصيب بالجرح |
| grave (ferida ~) | χaṭīr | خطير |

## 185. Guerra. Ações militares. Parte 2

| | | |
|---|---|---|
| cativeiro (m) | asr (m) | أسر |
| capturar (vt) | asar | أسر |
| estar em cativeiro | etʾasar | أتأسر |
| ser aprisionado | weʾeʿ fel asr | وقع في الأسر |
| campo (m) de concentração | moʿaskar eʿteqāl (m) | معسكر إعتقال |
| prisioneiro (m) de guerra | asīr ḥarb (m) | أسير حرب |
| escapar (vi) | hereb | هرب |
| trair (vt) | χān | خان |
| traidor (m) | χāyen (m) | خاين |
| traição (f) | χeyāna (f) | خيانة |
| fuzilar, executar (vt) | aʿdam ramyan bel roṣāṣ | أعدم رمياً بالرصاص |
| fuzilamento (m) | eʿdām ramyan bel roṣāṣ (m) | إعدام رمياً بالرصاص |
| equipamento (m) | el ʿetād el ʿaskary (m) | العتاد العسكري |
| platina (f) | kattāfa (f) | كتافة |
| máscara (f) antigás | qenāʿ el ɣāz (m) | قناع الغاز |
| rádio (m) | gehāz lāselky (m) | جهاز لاسلكي |
| cifra (f), código (m) | ʃafra (f) | شفرة |
| conspiração (f) | serriya (f) | سريّة |
| senha (f) | kelmet el morūr (f) | كلمة مرور |
| mina (f) | loɣz arāḍy (m) | لغم أرضي |

| | | |
|---|---|---|
| minar (vt) | lagɣam | لغّم |
| campo (m) minado | ḥaql alɣām (m) | حقل ألغام |
| alarme (m) aéreo | enzār gawwy (m) | إنذار جوّي |
| alarme (m) | enzār (m) | إنذار |
| sinal (m) | eʃara (f) | إشارة |
| sinalizador (m) | eʃāra moḍīʾa (f) | إشارة مضيئة |
| estado-maior (m) | maqarr (m) | مقرّ |
| reconhecimento (m) | kaʃāfet el esteṭlāʿ (f) | كشّافة الإستطلاع |
| situação (f) | ḥāla (f), waḍʿ (m) | حالة, وضع |
| relatório (m) | taʾrīr (m) | تقرير |
| emboscada (f) | kamīn (m) | كمين |
| reforço (m) | emdadāt ʿaskariya (pl) | إمدادات عسكريّة |
| alvo (m) | hadaf (m) | هدف |
| campo (m) de tiro | arḍ eχtebār (m) | أرض إختبار |
| manobras (f pl) | monawrāt ʿaskariya (pl) | مناورات عسكريّة |
| pânico (m) | zoʿr (m) | ذعر |
| devastação (f) | damār (m) | دمار |
| ruínas (f pl) | ḥeṭām (pl) | حطام |
| destruir (vt) | dammar | دمّر |
| sobreviver (vi) | negy | نجي |
| desarmar (vt) | garrad men el selāḥ | جرّد من السلاح |
| manusear (vt) | estaʿmel | إستعمل |
| Firmes! | entebāh! | إنتباه! |
| Descansar! | estareḥ! | إسترح! |
| façanha (f) | maʾsara (f) | مأثرة |
| juramento (m) | qasam (m) | قسم |
| jurar (vi) | aqsam | أقسم |
| condecoração (f) | wesām (m) | وسام |
| condecorar (vt) | manaḥ | منح |
| medalha (f) | medalya (f) | ميدالية |
| ordem (f) | wesām ʿaskary (m) | وسام عسكري |
| vitória (f) | enteṣār - foze (m) | إنتصار, فوز |
| derrota (f) | hazīma (f) | هزيمة |
| armistício (m) | hodna (f) | هدنة |
| bandeira (f) | rāyet el maʿraka (f) | راية المعركة |
| glória (f) | magd (m) | مجد |
| desfile (m) militar | mawkeb (m) | موكب |
| marchar (vi) | sār | سار |

## 186. Armas

| | | |
|---|---|---|
| arma (f) | asleḥa (pl) | أسلحة |
| arma (f) de fogo | asleḥa nāriya (pl) | أسلحة ناريّة |
| arma (f) branca | asleḥa bayḍāʾ (pl) | أسلحة بيضاء |

| | | |
|---|---|---|
| arma (f) química | asleḥa kemawiya (pl) | أسلحة كيماويّة |
| nuclear | nawawy | نوويّ |
| arma (f) nuclear | asleḥa nawawiya (pl) | أسلحة نوويّة |
| bomba (f) | qonbela (f) | قنبلة |
| bomba (f) atómica | qonbela nawawiya (f) | قنبلة نوويّة |
| pistola (f) | mosaddas (m) | مسدّس |
| caçadeira (f) | bondoqiya (f) | بندقيّة |
| pistola-metralhadora (f) | mosaddas rasʃāʃ (m) | مسدّس رشّاش |
| metralhadora (f) | rasʃāʃ (m) | رشّاش |
| boca (f) | fawha (f) | فوهة |
| cano (m) | anbūba (f) | أنبوبة |
| calibre (m) | ʿeyār (m) | عيار |
| gatilho (m) | zanād (m) | زناد |
| mira (f) | moṣawweb (m) | مصوّب |
| carregador (m) | maχzan (m) | مخزن |
| coronha (f) | ʿaqab el bondoʾiya (m) | عقب البندقيّة |
| granada (f) de mão | qonbela yadawiya (f) | قنبلة يدويّة |
| explosivo (m) | mawād motafaggera (pl) | مواد متفجّرة |
| bala (f) | roṣāṣa (f) | رصاصة |
| cartucho (m) | χarṭūʃa (f) | خرطوشة |
| carga (f) | ḥaʃwa (f) | حشوة |
| munições (f pl) | zaχīra (f) | ذخيرة |
| bombardeiro (m) | qazefet qanābel (f) | قاذفة قنابل |
| avião (m) de caça | ṭayāra muqātela (f) | طيّارة مقاتلة |
| helicóptero (m) | heliokobter (m) | هليكوبتر |
| canhão (m) antiaéreo | madfaʿ moḍād lel ṭaʾerāṭ (m) | مدفع مضاد للطائرات |
| tanque (m) | dabbāba (f) | دبّابة |
| canhão (de um tanque) | madfaʿ el dabbāba (m) | مدفع الدبّابة |
| artilharia (f) | madfaʿiya (f) | مدفعيّة |
| canhão (m) | madfaʿ (m) | مدفع |
| fazer a pontaria | ṣawwab | صوّب |
| obus (m) | qazīfa (f) | قذيفة |
| granada (f) de morteiro | qonbela hawn (f) | قنبلة هاون |
| morteiro (m) | hawn (m) | هاون |
| estilhaço (m) | ʃazya (f) | شظية |
| submarino (m) | ɣawwāṣa (f) | غوّاصة |
| torpedo (m) | ṭorbīd (m) | طوربيد |
| míssil (m) | ṣarūχ (m) | صاروخ |
| carregar (uma arma) | ʿammar | عمّر |
| atirar, disparar (vi) | ḍarab bel nār | ضرب بالنار |
| apontar para … | ṣawwab ʿala … | صوّب على … |
| baioneta (f) | ḥerba (f) | حربة |
| espada (f) | seyf zu ḥaddeyn (m) | سيف ذو حدّين |
| sabre (m) | seyf monḥany (m) | سيف منحني |

| | | |
|---|---|---|
| lança (f) | remḥ (m) | رمح |
| arco (m) | qose (m) | قوس |
| flecha (f) | sahm (m) | سهم |
| mosquete (m) | musket (m) | مسكيت |
| besta (f) | qose mosta'raḍ (m) | قوس مستعرض |

## 187. Povos da antiguidade

| | | |
|---|---|---|
| primitivo | bedā'y | بدائي |
| pré-histórico | ma qabl el tarīχ | ما قبل التاريخ |
| antigo | 'adīm | قديم |
| Idade (f) da Pedra | el 'aṣr el ḥagary (m) | العصر الحجري |
| Idade (f) do Bronze | el 'aṣr el bronzy (m) | العصر البرونزي |
| período (m) glacial | el 'aṣr el galīdy (m) | العصر الجليدي |
| tribo (f) | qabīla (f) | قبيلة |
| canibal (m) | 'ākel loḥūm el baʃar (m) | آكل لحوم البشر |
| caçador (m) | ṣayād (m) | صيّاد |
| caçar (vi) | eṣṭād | إصطاد |
| mamute (m) | mamūθ (m) | ماموث |
| caverna (f) | kahf (m) | كهف |
| fogo (m) | nār (f) | نار |
| fogueira (f) | nār moχayem (m) | نار مخيّم |
| pintura (f) rupestre | rasm fel kahf (m) | رسم في الكهف |
| ferramenta (f) | adah (f) | أداة |
| lança (f) | remḥ (m) | رمح |
| machado (m) de pedra | fa's ḥagary (m) | فأس حجري |
| guerrear (vt) | ḥārab | حارب |
| domesticar (vt) | esta'nas | استئنس |
| ídolo (m) | ṣanam (m) | صنم |
| adorar, venerar (vt) | 'abad | عبد |
| superstição (f) | χorāfa (f) | خرافة |
| ritual (m) | mansak (m) | منسك |
| evolução (f) | taṭṭawwor (m) | تطوّر |
| desenvolvimento (m) | nomoww (m) | نموّ |
| desaparecimento (m) | enqerāḍ (m) | إنقراض |
| adaptar-se (vr) | takayaf (ma') | تكيّف (مع) |
| arqueologia (f) | 'elm el 'āsār (m) | علم الآثار |
| arqueólogo (m) | 'ālem āsār (m) | عالم آثار |
| arqueológico | asary | أثري |
| local (m) das escavações | mawqe' ḥafr (m) | موقع حفر |
| escavações (f pl) | tanqīb (m) | تنقيب |
| achado (m) | ekteʃāf (m) | إكتشاف |
| fragmento (m) | 'eṭ'a (f) | قطعة |

## 188. Idade média

| | | |
|---|---|---|
| povo (m) | ʃaʿb (m) | شعب |
| povos (m pl) | ʃoʿūb (pl) | شعوب |
| tribo (f) | qabīla (f) | قبيلة |
| tribos (f pl) | qabāʾel (pl) | قبائل |
| bárbaros (m pl) | el barabra (pl) | البرابرة |
| gauleses (m pl) | el ɣaliyūn (pl) | الغاليّون |
| godos (m pl) | el qūṭiyūn (pl) | القوطيون |
| eslavos (m pl) | el selāf (pl) | السلاف |
| víquingues (m pl) | el viking (pl) | الفايكينج |
| romanos (m pl) | el romān (pl) | الرومان |
| romano | romāny | روماني |
| bizantinos (m pl) | bizanṭiyūn (pl) | بيزنطيون |
| Bizâncio | bīzanṭa (f) | بيزنطة |
| bizantino | bīzanṭy | بيزنطي |
| imperador (m) | embraṭore (m) | إمبراطور |
| líder (m) | zaʿīm (m) | زعيم |
| poderoso | gabbār | جبّار |
| rei (m) | malek (m) | ملك |
| governante (m) | ḥākem (m) | حاكم |
| cavaleiro (m) | fāres (m) | فارس |
| senhor feudal (m) | eqṭāʿy (m) | إقطاعي |
| feudal | eqṭāʿy | إقطاعي |
| vassalo (m) | ḥākem tābeʿ (m) | حاكم تابع |
| duque (m) | dūʾ (m) | دوق |
| conde (m) | earl (m) | ايرل |
| barão (m) | barūn (m) | بارون |
| bispo (m) | asqof (m) | أسقف |
| armadura (f) | derʿ (m) | درع |
| escudo (m) | derʿ (m) | درع |
| espada (f) | seyf (m) | سيف |
| viseira (f) | ḥaffa amamiya lel χoza (f) | حافة أماميّة للخوذة |
| cota (f) de malha | derʿ el zard (m) | درع الزرد |
| cruzada (f) | ḥamla ṣalībiya (f) | حملة صليبيّة |
| cruzado (m) | ṣalīby (m) | صليبي |
| território (m) | arḍ (f) | أرض |
| atacar (vt) | hagam | هجم |
| conquistar (vt) | fataḥ | فتح |
| ocupar, invadir (vt) | eḥtall | إحتلّ |
| assédio, sítio (m) | ḥeṣār (m) | حصار |
| sitiado | moḥāṣar | محاصر |
| assediar, sitiar (vt) | ḥāṣar | حاصر |
| inquisição (f) | maḥākem el taftīʃ (pl) | محاكم التفتيش |
| inquisidor (m) | mofatteʃ (m) | مفتّش |

| | | |
|---|---|---|
| tortura (f) | taʿzīb (m) | تعذيب |
| cruel | waḥʃy | وحشي |
| herege (m) | moharṭeq (m) | مهرطق |
| heresia (f) | harṭaʾa (f) | هرطقة |
| navegação (f) marítima | el safar bel baḥr (m) | السفر بالبحر |
| pirata (m) | ʾorṣān (m) | قرصان |
| pirataria (f) | ʾarṣana (f) | قرصنة |
| abordagem (f) | mohagmet safīna (f) | مهاجمة سفينة |
| presa (f), butim (m) | ɣanīma (f) | غنيمة |
| tesouros (m pl) | konūz (pl) | كنوز |
| descobrimento (m) | ekteʃāf (m) | إكتشاف |
| descobrir (novas terras) | ektaʃaf | إكتشف |
| expedição (f) | beʿsa (f) | بعثة |
| mosqueteiro (m) | fāres (m) | فارس |
| cardeal (m) | kardinal (m) | كاردينال |
| heráldica (f) | ʃeʿārāt el nabāla (pl) | شعارات النبالة |
| heráldico | χāṣṣ be ʃeʿarāt el nebāla | خاصّ بشعارات النبالة |

## 189. Líder. Chefe. Autoridades

| | | |
|---|---|---|
| rei (m) | malek (m) | ملك |
| rainha (f) | maleka (f) | ملكة |
| real | malaky | ملكي |
| reino (m) | mamlaka (f) | مملكة |
| príncipe (m) | amīr (m) | أمير |
| princesa (f) | amīra (f) | أميرة |
| presidente (m) | raʾīs (m) | رئيس |
| vice-presidente (m) | nāʾeb el raʾīs (m) | نائب الرئيس |
| senador (m) | ʿoḍw magles el ʃoyūχ (m) | عضو مجلس الشيوخ |
| monarca (m) | ʿāhel (m) | عاهل |
| governante (m) | ḥākem (m) | حاكم |
| ditador (m) | dektatore (m) | ديكتاتور |
| tirano (m) | ṭāɣeya (f) | طاغية |
| magnata (m) | raʾsmāly kebīr (m) | رأسمالي كبير |
| diretor (m) | modīr (m) | مدير |
| chefe (m) | raʾīs (m) | رئيس |
| dirigente (m) | modīr (m) | مدير |
| patrão (m) | raʾīs (m) | رئيس |
| dono (m) | ṣāḥeb (m) | صاحب |
| líder, chefe (m) | zaʿīm (m) | زعيم |
| chefe (~ de delegação) | raʾīs (m) | رئيس |
| autoridades (f pl) | solṭāt (pl) | سلطات |
| superiores (m pl) | roʾasāʾ (pl) | رؤساء |
| governador (m) | muḥāfeẓ (m) | محافظ |
| cônsul (m) | qonṣol (m) | قنصل |

| | | |
|---|---|---|
| diplomata (m) | deblomāsy (m) | دبلوماسي |
| Presidente (m) da Câmara | ra'īs el baladiya (m) | رئيس البلديّة |
| xerife (m) | ʃerīf (m) | شريف |
| imperador (m) | embraṭore (m) | إمبراطور |
| czar (m) | qayṣar (m) | قيصر |
| faraó (m) | fer'one (m) | فرعون |
| cã (m) | χān (m) | خان |

## 190. Estrada. Caminho. Direções

| | | |
|---|---|---|
| estrada (f) | ṭarī' (m) | طريق |
| caminho (m) | ṭarī' (m) | طريق |
| rodovia (f) | otostrad (m) | اوتوستراد |
| autoestrada (f) | ṭarī' saree' (m) | طريق سريع |
| estrada (f) nacional | ṭarī' waṭany (m) | طريق وطني |
| estrada (f) principal | ṭarī' ra'īsy (m) | طريق رئيسي |
| caminho (m) de terra batida | ṭarī' torāby (m) | طريق ترابي |
| trilha (f) | mamarr (m) | ممرّ |
| vereda (f) | mamarr (m) | ممرّ |
| Onde? | feyn? | فين؟ |
| Para onde? | feyn? | فين؟ |
| De onde? | meneyn? | منين؟ |
| direção (f) | ettegāh (m) | إتّجاه |
| indicar (orientar) | ʃāwer | شاور |
| para esquerda | lel ʃemāl | للشمال |
| para direita | lel yemīn | لليمين |
| em frente | 'ala ṭūl | على طول |
| para trás | wara' | وراء |
| curva (f) | mon'aṭaf (m) | منعطف |
| virar (ex. ~ à direita) | ḥād | حاد |
| dar retorno | laff fe u-turn | لفّ في يو تيرن |
| estar visível | ẓahar | ظهر |
| aparecer (vi) | ẓahar | ظهر |
| paragem (pausa) | estrāḥa ṭawīla (f) | إستراحة طويلة |
| descansar (vi) | rayaḥ | ريّح |
| descanso (m) | rāḥa (f) | راحة |
| perder-se (vr) | tāh | تاه |
| conduzir (caminho) | adda ela ... | أدّى إلى... |
| chegar a ... | weṣel ela ... | وصل إلى... |
| trecho (m) | emtedād (m) | إمتداد |
| asfalto (m) | asfalt (m) | اسفلت |
| lancil (m) | bardora (f) | بردورة |

| | | |
|---|---|---|
| valeta (f) | ter'a (f) | ترعة |
| tampa (f) de esgoto | fat-ḥa (f) | فتحة |
| berma (f) da estrada | ḥaffet el ṭarī' (f) | حافّة الطريق |
| buraco (m) | ḥofra (f) | حفرة |
| ir (a pé) | meʃy | مشى |
| ultrapassar (vt) | egtāz | إجتاز |
| passo (m) | χaṭwa (f) | خطوة |
| a pé | maʃyī | مشي |
| bloquear (vt) | sadd | سدّ |
| cancela (f) | ḥāgez ṭarī' (m) | حاجز طريق |
| beco (m) sem saída | ṭarī' masdūd (m) | طريق مسدود |

## 191. Viloação da lei. Criminosos. Parte 1

| | | |
|---|---|---|
| bandido (m) | qāṭe' ṭarī' (m) | قاطع طريق |
| crime (m) | garīma (f) | جريمة |
| criminoso (m) | mogrem (m) | مجرم |
| ladrão (m) | sāre' (m) | سارق |
| roubar (vt) | sara' | سرق |
| furto, roubo (m) | ser'a (f) | سرقة |
| raptar (ex. ~ uma criança) | χaṭaf | خطف |
| rapto (m) | χaṭf (m) | خطف |
| raptor (m) | χāṭef (m) | خاطف |
| resgate (m) | fedya (f) | فدية |
| pedir resgate | ṭalab fedya | طلب فدية |
| roubar (vt) | nahab | نهب |
| assalto, roubo (m) | nahb (m) | نهب |
| assaltante (m) | nahhāb (m) | نهّاب |
| extorquir (vt) | balṭag | بلطج |
| extorsionário (m) | balṭagy (m) | بلطجي |
| extorsão (f) | balṭaga (f) | بلطجة |
| matar, assassinar (vt) | 'atal | قتل |
| homicídio (m) | 'atl (m) | قتل |
| homicida, assassino (m) | qātel (m) | قاتل |
| tiro (m) | ṭal'et nār (f) | طلقة نار |
| dar um tiro | aṭlaq el nār | أطلق النار |
| matar a tiro | 'atal bel roṣāṣ | قتل بالرصاص |
| atirar, disparar (vi) | ḍarab bel nār | ضرب بالنار |
| tiroteio (m) | ḍarb nār (m) | ضرب نار |
| incidente (m) | ḥādes (m) | حادث |
| briga (~ de rua) | χenā'a (f) | خناقة |
| Socorro! | sā'idni | ساعدني! |
| vítima (f) | ḍaḥiya (f) | ضحيّة |

| | | |
|---|---|---|
| danificar (vt) | χarrab | خرّب |
| dano (m) | χesāra (f) | خسارة |
| cadáver (m) | gossa (f) | جثّة |
| grave | χaṭīra | خطيرة |
| atacar (vt) | hagam | هجم |
| bater (espancar) | ḍarab | ضرب |
| espancar (vt) | ḍarab | ضرب |
| tirar, roubar (dinheiro) | salab | سلب |
| esfaquear (vt) | ṭa'an ḥatta el mote | طعن حتّى الموت |
| mutilar (vt) | ʃawwah | شوّه |
| ferir (vt) | garaḥ | جرح |
| chantagem (f) | ebtezāz (m) | إبتزاز |
| chantagear (vt) | ebtazz | إبتزّ |
| chantagista (m) | mobtazz (m) | مبتزّ |
| extorsão (em troca de proteção) | balṭaga (f) | بلطجة |
| extorsionário (m) | mobtazz (m) | مبتزّ |
| gângster (m) | ragol 'eṣāba (m) | رجل عصابة |
| máfia (f) | mafia (f) | مافيا |
| carteirista (m) | nasʃāl (m) | نشّال |
| assaltante, ladrão (m) | leṣṣ beyūt (m) | لص بيوت |
| contrabando (m) | tahrīb (m) | تهريب |
| contrabandista (m) | moharreb (m) | مهرّب |
| falsificação (f) | tazwīr (m) | تزوير |
| falsificar (vt) | zawwar | زوّر |
| falsificado | mozawwara | مزوّرة |

## 192. Viloação da lei. Criminosos. Parte 2

| | | |
|---|---|---|
| violação (f) | eɣteṣāb (m) | إغتصاب |
| violar (vt) | eɣtaṣab | إغتصب |
| violador (m) | moɣtaṣeb (m) | مغتصب |
| maníaco (m) | mahwūs (m) | مهووس |
| prostituta (f) | mommos (f) | مومّس |
| prostituição (f) | da'āra (f) | دعارة |
| chulo (m) | qawwād (m) | قوّاد |
| toxicodependente (m) | modmen moχaddarāt (m) | مدمن مخدّرات |
| traficante (m) | tāger moχaddarāt (m) | تاجر مخدّرات |
| explodir (vt) | faggar | فجّر |
| explosão (f) | enfegār (m) | إنفجار |
| incendiar (vt) | aʃ'al el nār | أشعل النار |
| incendiário (m) | moʃ'el ḥarīq 'an 'amd (m) | مشعل حريق عن عمد |
| terrorismo (m) | erhāb (m) | إرهاب |
| terrorista (m) | erhāby (m) | إرهابي |
| refém (m) | rahīna (m) | رهينة |

| | | |
|---|---|---|
| enganar (vt) | eḥtāl | إحتال |
| engano (m) | eḥteyāl (m) | إحتيال |
| vigarista (m) | moḥtāl (m) | محتال |
| subornar (vt) | raʃa | رشا |
| suborno (atividade) | erteʃā' (m) | إرتشاء |
| suborno (dinheiro) | raʃwa (f) | رشوة |
| veneno (m) | semm (m) | سمّ |
| envenenar (vt) | sammem | سمّم |
| envenenar-se (vr) | sammem nafsoh | سمّم نفسه |
| suicídio (m) | enteḥār (m) | إنتحار |
| suicida (m) | montaḥer (m) | منتحر |
| ameaçar (vt) | hadded | هدّد |
| ameaça (f) | tahdīd (m) | تهديد |
| atentar contra a vida de ... | ḥāwel eɣteyāl | حاول إغتيال |
| atentado (m) | moḥawlet eɣteyāl (f) | محاولة إغتيال |
| roubar (o carro) | sara' | سرق |
| desviar (o avião) | eχtaṭaf | إختطف |
| vingança (f) | enteqām (m) | إنتقام |
| vingar (vt) | entaqam | إنتقم |
| torturar (vt) | 'azzeb | عذّب |
| tortura (f) | ta'zīb (m) | تعذيب |
| atormentar (vt) | 'azzeb | عذّب |
| pirata (m) | 'orṣān (m) | قرصان |
| desordeiro (m) | wabaʃ (m) | وبش |
| armado | mosallaḥ | مسلّح |
| violência (f) | 'onf (m) | عنف |
| ilegal | meʃ qanūniy | مش قانونيّ |
| espionagem (f) | tagassas (m) | تجسّس |
| espionar (vi) | tagassas | تجسّس |

## 193. Polícia. Lei. Parte 1

| | | |
|---|---|---|
| justiça (f) | qaḍā' (m) | قضاء |
| tribunal (m) | maḥkama (f) | محكمة |
| juiz (m) | qāḍy (m) | قاضي |
| jurados (m pl) | moḥallafīn (pl) | محلّفين |
| tribunal (m) do júri | qaḍā' el muḥallafīn (m) | قضاء المحلّفين |
| julgar (vt) | ḥakam | حكم |
| advogado (m) | muḥāmy (m) | محامي |
| réu (m) | modda'y 'aleyh (m) | مدّعي عليه |
| banco (m) dos réus | 'afaṣ el ettehām (m) | قفص الإتّهام |
| acusação (f) | ettehām (m) | إتّهام |
| acusado (m) | mottaham (m) | متّهم |

| | | |
|---|---|---|
| sentença (f) | ḥokm (m) | حكم |
| sentenciar (vt) | ḥakam | حكم |
| culpado (m) | gāny (m) | جاني |
| punir (vt) | ʿāqab | عاقب |
| punição (f) | ʿeqāb (m) | عقاب |
| multa (f) | ɣarāma (f) | غرامة |
| prisão (f) perpétua | segn mada el ḥayah (m) | سجن مدى الحياة |
| pena (f) de morte | ʿoqūbet ʾeʿdām (f) | عقوبة إعدام |
| cadeira (f) elétrica | el korsy el kaharabāʾy (m) | الكرسي الكهربائي |
| forca (f) | maʃnaʾa (f) | مشنقة |
| executar (vt) | aʿdam | أعدم |
| execução (f) | eʿdām (m) | إعدام |
| prisão (f) | segn (m) | سجن |
| cela (f) de prisão | zenzāna (f) | زنزانة |
| escolta (f) | ḥerāsa (f) | حراسة |
| guarda (m) prisional | ḥāres segn (m) | حارس سجن |
| preso (m) | sagīn (m) | سجين |
| algemas (f pl) | kalabʃāt (pl) | كلابشات |
| algemar (vt) | kalbeʃ | كلبش |
| fuga, evasão (f) | horūb men el segn (m) | هروب من السجن |
| fugir (vi) | hereb | هرب |
| desaparecer (vi) | eχtafa | إختفى |
| soltar, libertar (vt) | aχla sabīl | أخلى سبيل |
| amnistia (f) | ʿafw ʿām (m) | عفو عام |
| polícia (instituição) | ʃorṭa (f) | شرطة |
| polícia (m) | ʃorṭy (m) | شرطي |
| esquadra (f) de polícia | qesm ʃorṭa (m) | قسم شرطة |
| cassetete (m) | ʿaṣāya maṭṭāṭiya (f) | عصاية مطّاطية |
| megafone (m) | būʾ (m) | بوق |
| carro (m) de patrulha | ʿarabiyet dawrīāt (f) | عربيّة دوريات |
| sirene (f) | sarīna (f) | سرينة |
| ligar a sirene | wallaʿ el sarīna | ولّع السرينة |
| toque (m) da sirene | ṣote sarīna (m) | صوت سرينة |
| cena (f) do crime | masraḥ el garīma (m) | مسرح الجريمة |
| testemunha (f) | ʃāhed (m) | شاهد |
| liberdade (f) | ḥorriya (f) | حرّية |
| cúmplice (m) | ʃerīk fel garīma (m) | شريك في الجريمة |
| escapar (vi) | hereb | هرب |
| traço (não deixar ~s) | asar (m) | أثر |

## 194. Polícia. Lei. Parte 2

| | | |
|---|---|---|
| procura (f) | baḥs (m) | بحث |
| procurar (vt) | dawwar ʿala | دوّر على |

| | | |
|---|---|---|
| suspeita (f) | ʃobha (f) | شبهة |
| suspeito | maʃbūh | مشبوه |
| parar (vt) | awqaf | أوقّف |
| deter (vt) | eʿtaqal | إعتقل |
| | | |
| caso (criminal) | ʾaḍiya (f) | قضيّة |
| investigação (f) | taḥʾīʾ (m) | تحقيق |
| detetive (m) | moḥaqqeq (m) | محقّق |
| investigador (m) | mofatteʃ (m) | مفتّش |
| versão (f) | rewāya (f) | رواية |
| | | |
| motivo (m) | dāfeʿ (m) | دافع |
| interrogatório (m) | estegwāb (m) | إستجواب |
| interrogar (vt) | estagweb | إستجوب |
| questionar (vt) | estanṭaʾ | إستنطق |
| verificação (f) | faḥṣ (m) | فحص |
| | | |
| batida (f) policial | gamʿ (m) | جمع |
| busca (f) | taftīʃ (m) | تفتيش |
| perseguição (f) | moṭarda (f) | مطاردة |
| perseguir (vt) | ṭārad | طارد |
| seguir (vt) | tatabbaʿ | تتبّع |
| | | |
| prisão (f) | eʿteqāl (m) | إعتقال |
| prender (vt) | eʿtaqal | اعتقل |
| pegar, capturar (vt) | ʾabaḍ ʿala | قبض على |
| captura (f) | ʾabḍ (m) | قبض |
| | | |
| documento (m) | wasīqa (f) | وثيقة |
| prova (f) | dalīl (m) | دليل |
| provar (vt) | asbat | أثبت |
| pegada (f) | baṣma (f) | بصمة |
| impressões (f pl) digitais | baṣamāt el aṣābeʿ (pl) | بصمات الأصابع |
| prova (f) | ʾeṭʿa men el adella (f) | قطعة من الأدلّة |
| | | |
| álibi (m) | ḥegget ɣeyāb (f) | حجّة غياب |
| inocente | barīʾ | بريء |
| injustiça (f) | ẓolm (m) | ظلم |
| injusto | meʃ ʿādel | مش عادل |
| | | |
| criminal | mogrem | مجرم |
| confiscar (vt) | ṣādar | صادر |
| droga (f) | moxaddarāt (pl) | مخدّرات |
| arma (f) | selāḥ (m) | سلاح |
| desarmar (vt) | garrad men el selāḥ | جرّد من السلاح |
| ordenar (vt) | amar | أمر |
| desaparecer (vi) | extafa | إختفى |
| | | |
| lei (f) | qanūn (m) | قانون |
| legal | qanūny | قانوني |
| ilegal | meʃ qanūny | مش قانوني |
| | | |
| responsabilidade (f) | masʾoliya (f) | مسؤوليّة |
| responsável | masʾūl (m) | مسؤول |

# NATUREZA

## A Terra. Parte 1

### 195. Espaço sideral

| | | |
|---|---|---|
| cosmos (m) | faḍā' (m) | فضاء |
| cósmico | faḍā'y | فضائي |
| espaço (m) cósmico | el faḍā' el χāregy (m) | الفضاء الخارجي |
| mundo (m) | 'ālam (m) | عالم |
| universo (m) | el kōn (m) | الكون |
| galáxia (f) | el magarra (f) | المجرّة |
| estrela (f) | negm (m) | نجم |
| constelação (f) | borg (m) | برج |
| planeta (m) | kawwkab (m) | كوكب |
| satélite (m) | 'amar ṣenā'y (m) | قمر صناعي |
| meteorito (m) | nayzek (m) | نيّزك |
| cometa (m) | mozannab (m) | مذنّب |
| asteroide (m) | kowaykeb (m) | كويكب |
| órbita (f) | madār (m) | مدار |
| girar (vi) | dār | دار |
| atmosfera (f) | el ɣelāf el gawwy (m) | الغلاف الجوّي |
| Sol (m) | el ʃams (f) | الشمس |
| Sistema (m) Solar | el magmū'a el ʃamsiya (f) | المجموعة الشمسيّة |
| eclipse (m) solar | kosūf el ʃams (m) | كسوف الشمس |
| Terra (f) | el arḍ (f) | الأرض |
| Lua (f) | el 'amar (m) | القمر |
| Marte (m) | el marrīχ (m) | المرّيخ |
| Vénus (f) | el zahra (f) | الزهرة |
| Júpiter (m) | el moʃtary (m) | المشتري |
| Saturno (m) | zoḥḥol (m) | زحل |
| Mercúrio (m) | 'aṭāred (m) | عطارد |
| Urano (m) | uranus (m) | اورانوس |
| Neptuno (m) | nibtūn (m) | نبتون |
| Plutão (m) | bluto (m) | بلوتو |
| Via Láctea (f) | darb el tebbāna (m) | درب التبّانة |
| Ursa Maior (f) | el dobb el akbar (m) | الدب الأكبر |
| Estrela Polar (f) | negm el 'oṭb (m) | نجم القطب |
| marciano (m) | sāken el marrīχ (m) | ساكن المرّيخ |
| extraterrestre (m) | faḍā'y (m) | فضائي |

| | | |
|---|---|---|
| alienígena (m) | kā'en faḍā'y (m) | كائن فضائي |
| disco (m) voador | ṭaba' ṭā'er (m) | طبق طائر |
| nave (f) espacial | markaba faḍa'iya (f) | مركبة فضائية |
| estação (f) orbital | maḥaṭṭet faḍā' (f) | محطّة فضاء |
| lançamento (m) | enṭelāq (m) | إنطلاق |
| motor (m) | motore (m) | موتور |
| bocal (m) | manfaθ (m) | منفث |
| combustível (m) | woqūd (m) | وقود |
| cabine (f) | kabīna (f) | كابينة |
| antena (f) | hawā'y (m) | هوائي |
| vigia (f) | kowwa mostadīra (f) | كوّة مستديرة |
| bateria (f) solar | lawḥa ʃamsiya (f) | لوحة شمسيّة |
| traje (m) espacial | badlet el faḍā' (f) | بدّلة الفضاء |
| imponderabilidade (f) | enʿedām wazn (m) | إنعدام الوزن |
| oxigénio (m) | oksiʒīn (m) | أوكسجين |
| acoplagem (f) | rasw (m) | رسو |
| fazer uma acoplagem | rasa | رسى |
| observatório (m) | marṣad (m) | مرصد |
| telescópio (m) | teleskop (m) | تلسكوب |
| observar (vt) | rāqab | راقب |
| explorar (vt) | estakʃef | إستكشف |

## 196. A Terra

| | | |
|---|---|---|
| Terra (f) | el arḍ (f) | الأرض |
| globo terrestre (Terra) | el kora el arḍiya (f) | الكرة الأرضيّة |
| planeta (m) | kawwkab (m) | كوّكب |
| atmosfera (f) | el ɣelāf el gawwy (m) | الغلاف الجوّي |
| geografia (f) | goɣrafia (f) | جغرافيا |
| natureza (f) | ṭabeeʿa (f) | طبيعة |
| globo (mapa esférico) | namūzag lel kora el arḍiya (m) | نموذج للكرة الأرضيّة |
| mapa (m) | χarīṭa (f) | خريطة |
| atlas (m) | aṭlas (m) | أطلس |
| Europa (f) | orobba (f) | أوروبّا |
| Ásia (f) | asya (f) | آسيا |
| África (f) | afreqia (f) | أفريقيا |
| Austrália (f) | ostorālya (f) | أستراليا |
| América (f) | amrīka (f) | أمريكا |
| América (f) do Norte | amrīka el ʃamaliya (f) | أمريكا الشماليّة |
| América (f) do Sul | amrīka el ganūbiya (f) | أمريكا الجنوبيّة |
| Antártida (f) | el qoṭb el ganūby (m) | القطب الجنوبي |
| Ártico (m) | el qoṭb el ʃamāly (m) | القطب الشمالي |

## 197. Pontos cardeais

| | | |
|---|---|---|
| norte (m) | ʃemāl (m) | شمال |
| para norte | lel ʃamāl | للشمال |
| no norte | fel ʃamāl | في الشمال |
| do norte | ʃamāly | شمالي |
| sul (m) | ganūb (m) | جنوب |
| para sul | lel ganūb | للجنوب |
| no sul | fel ganūb | في الجنوب |
| do sul | ganūby | جنوبي |
| oeste, ocidente (m) | ɣarb (m) | غرب |
| para oeste | lel ɣarb | للغرب |
| no oeste | fel ɣarb | في الغرب |
| ocidental | ɣarby | غربي |
| leste, oriente (m) | ʃarʾ (m) | شرق |
| para leste | lel ʃarʾ | للشرق |
| no leste | fel ʃarʾ | في الشرق |
| oriental | ʃarʾy | شرقي |

## 198. Mar. Oceano

| | | |
|---|---|---|
| mar (m) | baḥr (m) | بحر |
| oceano (m) | moḥīṭ (m) | محيط |
| golfo (m) | χalīg (m) | خليج |
| estreito (m) | maḍīq (m) | مضيق |
| terra (f) firme | barr (m) | برّ |
| continente (m) | qārra (f) | قارّة |
| ilha (f) | gezīra (f) | جزيرة |
| península (f) | ʃebh gezeyra (f) | شبه جزيرة |
| arquipélago (m) | magmūʿet gozor (f) | مجموعة جزر |
| baía (f) | χalīg (m) | خليج |
| porto (m) | mināʾ (m) | ميناء |
| lagoa (f) | lagūn (m) | لاجون |
| cabo (m) | raʾs (m) | رأس |
| atol (m) | gezīra morganiya estwaʾiya (f) | جزيرة مرجانيّة إستوائيّة |
| recife (m) | ʃoʿāb (pl) | شعاب |
| coral (m) | morgān (m) | مرجان |
| recife (m) de coral | ʃoʿāb morganiya (pl) | شعاب مرجانية |
| profundo | ʿamīq | عميق |
| profundidade (f) | ʿomq (m) | عمق |
| abismo (m) | el ʿomq el saḥīq (m) | العمق السحيق |
| fossa (f) oceânica | χondoq (m) | خندق |
| corrente (f) | tayār (m) | تيّار |
| banhar (vt) | ḥāṭ | حاط |
| litoral (m) | sāḥel (m) | ساحل |

| | | |
|---|---|---|
| costa (f) | sāḥel (m) | ساحل |
| maré (f) alta | tayār (m) | تيّار |
| refluxo (m), maré (f) baixa | gozor (m) | جزر |
| restinga (f) | meyāh ḍaḥla (f) | مياه ضحلة |
| fundo (m) | qā' (m) | قاع |
| onda (f) | mouga (f) | موجة |
| crista (f) da onda | qemma (f) | قمّة |
| espuma (f) | zabad el baḥr (m) | زبد البحر |
| tempestade (f) | 'āṣefa (f) | عاصفة |
| furacão (m) | e'ṣār (m) | إعصار |
| tsunami (m) | tsunāmy (m) | تسونامي |
| calmaria (f) | hodū' (m) | هدوء |
| calmo | hady | هادئ |
| polo (m) | 'oṭb (m) | قطب |
| polar | 'oṭby | قطبي |
| latitude (f) | 'arḍ (m) | عرض |
| longitude (f) | χaṭṭ ṭūl (m) | خطّ طول |
| paralela (f) | motawāz (m) | متواز |
| equador (m) | χaṭṭ el estewā' (m) | خطّ الإستواء |
| céu (m) | samā' (f) | سماء |
| horizonte (m) | ofoq (m) | أفق |
| ar (m) | hawā' (m) | هواء |
| farol (m) | manāra (f) | منارة |
| mergulhar (vi) | ɣāṣ | غاص |
| afundar-se (vr) | ɣere' | غرق |
| tesouros (m pl) | konūz (pl) | كنوز |

## 199. Nomes de Mares e Oceanos

| | | |
|---|---|---|
| Oceano (m) Atlântico | el moḥeyṭ el aṭlanṭy (m) | المحيط الأطلنطي |
| Oceano (m) Índico | el moḥeyṭ el hendy (m) | المحيط الهندي |
| Oceano (m) Pacífico | el moḥeyṭ el hādy (m) | المحيط الهادي |
| Oceano (m) Ártico | el moḥeyṭ el motagammed el ʃamāly (m) | المحيط المتجمّد الشمالي |
| Mar (m) Negro | el baḥr el aswad (m) | البحر الأسود |
| Mar (m) Vermelho | el baḥr el aḥmar (m) | البحر الأحمر |
| Mar (m) Amarelo | el baḥr el aṣfar (m) | البحر الأصفر |
| Mar (m) Branco | el baḥr el abyaḍ (m) | البحر الأبيض |
| Mar (m) Cáspio | baḥr qazwīn (m) | بحر قزوين |
| Mar (m) Morto | el baḥr el mayet (m) | البحر الميّت |
| Mar (m) Mediterrâneo | el baḥr el abyaḍ el motawasseṭ (m) | البحر الأبيض المتوسّط |
| Mar (m) Egeu | baḥr eygah (m) | بحر إيجة |
| Mar (m) Adriático | el baḥr el adreyatīky (m) | البحر الأدرياتيكي |
| Mar (m) Arábico | baḥr el 'arab (m) | بحر العرب |

| | | |
|---|---|---|
| Mar (m) do Japão | baḥr el yabān (m) | بحر اليابان |
| Mar (m) de Bering | baḥr bering (m) | بحر بيرينغ |
| Mar (m) da China Meridional | baḥr el ṣeyn el ganūby (m) | بحر الصين الجنوبي |
| Mar (m) de Coral | baḥr el morgān (m) | بحر المرجان |
| Mar (m) de Tasman | baḥr tazman (m) | بحر تسمان |
| Mar (m) do Caribe | el baḥr el karību (m) | البحر الكاريبي |
| Mar (m) de Barents | baḥr barents (m) | بحر بارنتس |
| Mar (m) de Kara | baḥr kara (m) | بحر كارا |
| Mar (m) do Norte | baḥr el ʃamāl (m) | بحر الشمال |
| Mar (m) Báltico | baḥr el balṭīq (m) | بحر البلطيق |
| Mar (m) da Noruega | baḥr el nerwīg (m) | بحر النرويج |

## 200. Montanhas

| | | |
|---|---|---|
| montanha (f) | gabal (m) | جبل |
| cordilheira (f) | selselet gebāl (f) | سلسلة جبال |
| serra (f) | notū' el gabal (m) | نتوء الجبل |
| cume (m) | qemma (f) | قمّة |
| pico (m) | qemma (f) | قمّة |
| sopé (m) | asfal (m) | أسفل |
| declive (m) | monḥadar (m) | منحدر |
| vulcão (m) | borkān (m) | بركان |
| vulcão (m) ativo | borkān naʃeṭ (m) | بركان نشط |
| vulcão (m) extinto | borkān χāmed (m) | بركان خامد |
| erupção (f) | sawarān (m) | ثوّران |
| cratera (f) | fawhet el borkān (f) | فوهة البركان |
| magma (m) | magma (f) | ماجما |
| lava (f) | ḥomam borkāniya (pl) | حمم بركانية |
| fundido (lava ~a) | monṣahera | منصهرة |
| desfiladeiro (m) | wādy ḍaye' (m) | وادي ضيّق |
| garganta (f) | mamarr ḍaye' (m) | ممرّ ضيّق |
| fenda (f) | ʃa'' (m) | شقّ |
| precipício (m) | hāwya (f) | هاوية |
| passo, colo (m) | mamarr gabaly (m) | ممرّ جبلي |
| planalto (m) | haḍaba (f) | هضبة |
| falésia (f) | garf (m) | جرف |
| colina (f) | tall (m) | تلّ |
| glaciar (m) | nahr galīdy (m) | نهر جليدي |
| queda (f) d'água | ʃallāl (m) | شلّال |
| géiser (m) | nab' maya ḥāra (m) | نبع ميّة حارة |
| lago (m) | boḥeyra (f) | بحيرة |
| planície (f) | sahl (m) | سهل |
| paisagem (f) | manzar ṭabee'y (m) | منظر طبيعي |
| eco (m) | ṣada (m) | صدى |

| | | |
|---|---|---|
| alpinista (m) | motasalleq el gebāl (m) | متسلّق الجبال |
| escalador (m) | motasalleq ṣoχūr (m) | متسلّق صخور |
| conquistar (vt) | taɣallab ʿala | تغلّب على |
| subida, escalada (f) | tasalloq (m) | تسلّق |

## 201. Nomes de montanhas

| | | |
|---|---|---|
| Alpes (m pl) | gebāl el alb (pl) | جبال الألب |
| monte Branco (m) | mōn blōn (m) | مون بلون |
| Pirineus (m pl) | gebāl el barānes (pl) | جبال البرانس |
| Cárpatos (m pl) | gebāl el karbāt (pl) | جبال الكاربات |
| montes (m pl) Urais | gebāl el urāl (pl) | جبال الأورال |
| Cáucaso (m) | gebāl el qoqāz (pl) | جبال القوقاز |
| Elbrus (m) | gabal elbrus (m) | جبل إلبروس |
| Altai (m) | gebāl altāy (pl) | جبال ألتاي |
| Tian Shan (m) | gebāl tian ʃan (pl) | جبال تيان شان |
| Pamir (m) | gebāl bamir (pl) | جبال بامير |
| Himalaias (m pl) | himalāya (pl) | هيمالايا |
| monte (m) Everest | gabal everest (m) | جبل افرست |
| Cordilheira (f) dos Andes | gebāl el andīz (pl) | جبال الأنديز |
| Kilimanjaro (m) | gabal kilimanʒaro (m) | جبل كليمنجارو |

## 202. Rios

| | | |
|---|---|---|
| rio (m) | nahr (m) | نهر |
| fonte, nascente (f) | ʿeyn (m) | عين |
| leito (m) do rio | magra el nahr (m) | مجرى النهر |
| bacia (f) | ḥoḍe (m) | حوض |
| desaguar no … | ṣabb fe … | صبّ في... |
| afluente (m) | rāfed (m) | رافد |
| margem (do rio) | ḍaffa (f) | ضفّة |
| corrente (f) | tayār (m) | تيّار |
| rio abaixo | maʿ ettigāh magra el nahr | مع إتّجاه مجرى النهر |
| rio acima | ḍed el tayār | ضد التيار |
| inundação (f) | ɣamr (m) | غمر |
| cheia (f) | fayaḍān (m) | فيضان |
| transbordar (vi) | fāḍ | فاض |
| inundar (vt) | ɣamar | غمر |
| banco (m) de areia | meyāh ḍaḥla (f) | مياه ضحلة |
| rápidos (m pl) | monḥadar el nahr (m) | منحدر النهر |
| barragem (f) | sadd (m) | سدّ |
| canal (m) | qanah (f) | قناة |
| reservatório (m) de água | χazzān māʾy (m) | خزّان مائي |
| eclusa (f) | bawwāba qanṭara (f) | بوّابة قنطرة |

| | | |
|---|---|---|
| corpo (m) de água | berka (f) | بركة |
| pântano (m) | mostanqaʿ (m) | مستنقع |
| tremedal (m) | mostanqaʿ (m) | مستنقع |
| remoinho (m) | dawwāma (f) | دوّامة |
| arroio, regato (m) | gadwal (m) | جدوَل |
| potável | el ʃorb | الشرب |
| doce (água) | ʿazb | عذب |
| gelo (m) | galīd (m) | جليد |
| congelar-se (vr) | etgammed | إتجمّد |

## 203. Nomes de rios

| | | |
|---|---|---|
| rio Sena (m) | el seyn (m) | السين |
| rio Loire (m) | el lua:r (m) | اللوار |
| rio Tamisa (m) | el teymz (m) | التيمز |
| rio Reno (m) | el rayn (m) | الراين |
| rio Danúbio (m) | el danūb (m) | الدانوب |
| rio Volga (m) | el volga (m) | الفولغا |
| rio Don (m) | el done (m) | الدون |
| rio Lena (m) | lena (m) | لينا |
| rio Amarelo (m) | el nahr el aṣfar (m) | النهر الأصفر |
| rio Yangtzé (m) | el yangesty (m) | اليانغستي |
| rio Mekong (m) | el mekong (m) | الميكونغ |
| rio Ganges (m) | el ɣang (m) | الغانج |
| rio Nilo (m) | el nīl (m) | النيل |
| rio Congo (m) | el kongo (m) | الكونغو |
| rio Cubango (m) | okavango (m) | أوكافانجو |
| rio Zambeze (m) | el zambizi (m) | الزمبيزي |
| rio Limpopo (m) | limbobo (m) | ليمبوبو |
| rio Mississípi (m) | el mississibbi (m) | الميسيسيبي |

## 204. Floresta

| | | |
|---|---|---|
| floresta (f), bosque (m) | ɣāba (f) | غابة |
| florestal | ɣāba | غابة |
| mata (f) cerrada | ɣāba kasīfa (f) | غابة كثيفة |
| arvoredo (m) | bostān (m) | بستان |
| clareira (f) | ezālet el ɣābāt (f) | إزالة الغابات |
| matagal (m) | agama (f) | أجمة |
| mato (m) | arāḍy el ʃogayrāt (pl) | أراضي الشجيرات |
| vereda (f) | mamarr (m) | ممرّ |
| ravina (f) | wādy ḍayeʾ (m) | وادي ضيّق |
| árvore (f) | ʃagara (f) | شجرة |

| | | |
|---|---|---|
| folha (f) | wara'a (f) | ورقة |
| folhagem (f) | wara' (m) | ورق |
| queda (f) das folhas | tasā'oṭ el awrā' (m) | تساقط الأوراق |
| cair (vi) | saqaṭ | سقط |
| topo (m) | ra's (m) | رأس |
| ramo (m) | ɣoṣn (m) | غصن |
| galho (m) | ɣoṣn ra'īsy (m) | غصن رئيسي |
| botão, rebento (m) | bor'om (m) | برعم |
| agulha (f) | ʃawka (f) | شوكة |
| pinha (f) | kūz el ṣnowbar (m) | كوز الصنوبر |
| buraco (m) de árvore | gofe (m) | جوف |
| ninho (m) | 'eʃ (m) | عشّ |
| toca (f) | goḥr (m) | جحر |
| tronco (m) | gez' (m) | جذع |
| raiz (f) | gezr (m) | جذر |
| casca (f) de árvore | leḥā' (m) | لحاء |
| musgo (m) | ṭaḥlab (m) | طحلب |
| arrancar pela raiz | eqtala' | إقتلع |
| cortar (vt) | 'aṭṭa' | قطّع |
| desflorestar (vt) | azāl el ɣabāt | أزال الغابات |
| toco, cepo (m) | gez' el ʃagara (m) | جذع الشجرة |
| fogueira (f) | nār moχayem (m) | نار مخيّم |
| incêndio (m) florestal | ḥarī' ɣāba (m) | حريق غابة |
| apagar (vt) | ṭaffa | طفّى |
| guarda-florestal (m) | ḥāres el ɣāba (m) | حارس الغابة |
| proteção (f) | ḥemāya (f) | حماية |
| proteger (a natureza) | ḥama | حمى |
| caçador (m) furtivo | sāre' el ṣeyd (m) | سارق الصيد |
| armadilha (f) | maṣyada (f) | مصيّدة |
| colher (cogumelos, bagas) | gamma' | جمّع |
| perder-se (vr) | tāh | تاه |

## 205. Recursos naturais

| | | |
|---|---|---|
| recursos (m pl) naturais | sarawāt ṭabi'iya (pl) | ثروات طبيعيّة |
| minerais (m pl) | ma'āden (pl) | معادن |
| depósitos (m pl) | rawāseb (pl) | رواسب |
| jazida (f) | ḥaql (m) | حقل |
| extrair (vt) | estaχrag | إستخرج |
| extração (f) | esteχrāg (m) | إستخراج |
| minério (m) | χām (m) | خام |
| mina (f) | mangam (m) | منجم |
| poço (m) de mina | mangam (m) | منجم |
| mineiro (m) | 'āmel mangam (m) | عامل منجم |
| gás (m) | ɣāz (m) | غاز |

| | | |
|---|---|---|
| gasoduto (m) | xatt anabīb ɣāz (m) | خطّ أنابيب غاز |
| petróleo (m) | naft (m) | نفط |
| oleoduto (m) | anabīb el naft (pl) | أنابيب النفط |
| poço (m) de petróleo | bīr el naft (m) | بير النفط |
| torre (f) petrolífera | ḥaffāra (f) | حفّارة |
| petroleiro (m) | nāqelet betrūl (f) | ناقلة بترول |
| | | |
| areia (f) | raml (m) | رمل |
| calcário (m) | ḥagar el kals (m) | حجر الكلس |
| cascalho (m) | ḥaṣa (m) | حصى |
| turfa (f) | xaθ faḥm nabāty (m) | خث فحم نباتي |
| argila (f) | ṭīn (m) | طين |
| carvão (m) | faḥm (m) | فحم |
| | | |
| ferro (m) | ḥadīd (m) | حديد |
| ouro (m) | dahab (m) | ذهب |
| prata (f) | faḍḍa (f) | فضّة |
| níquel (m) | nikel (m) | نيكل |
| cobre (m) | neḥās (m) | نحاس |
| | | |
| zinco (m) | zink (m) | زنك |
| manganês (m) | manganīz (m) | منجنيز |
| mercúrio (m) | ze'baq (m) | زئبق |
| chumbo (m) | roṣāṣ (m) | رصاص |
| | | |
| mineral (m) | ma'dan (m) | معدن |
| cristal (m) | kristāl (m) | كريستال |
| mármore (m) | roxām (m) | رخام |
| urânio (m) | yuranuim (m) | يورانيوم |

# A Terra. Parte 2

## 206. Tempo

| | | |
|---|---|---|
| tempo (m) | ṭa's (m) | طقس |
| previsão (f) do tempo | naʃra gawiya (f) | نشرة جويّة |
| temperatura (f) | ḥarāra (f) | حرارة |
| termómetro (m) | termometr (m) | ترمومتر |
| barómetro (m) | barometr (m) | بارومتر |
| húmido | roṭob | رطب |
| humidade (f) | roṭūba (f) | رطوبة |
| calor (m) | ḥarāra (f) | حرارة |
| cálido | ḥarr | حارّ |
| está muito calor | el gaww ḥarr | الجّو حرّ |
| está calor | el gaww dafa | الجوّ دفا |
| quente | dāfe' | دافئ |
| está frio | el gaww bāred | الجوّ بارد |
| frio | bāred | بارد |
| sol (m) | ʃams (f) | شمس |
| brilhar (vi) | nawwar | نوّر |
| de sol, ensolarado | moʃmes | مشمس |
| nascer (vi) | ʃara' | شرق |
| pôr-se (vr) | ɣarab | غرب |
| nuvem (f) | saḥāba (f) | سحابة |
| nublado | meɣayem | مغيّم |
| nuvem (f) preta | saḥābet maṭar (f) | سحابة مطر |
| escuro, cinzento | meɣayem | مغيّم |
| chuva (f) | maṭar (m) | مطر |
| está a chover | el donia betmaṭṭar | الدنيا بتمطّر |
| chuvoso | momṭer | ممطر |
| chuviscar (vi) | maṭṭaret razāz | مطّرت رذاذ |
| chuva (f) torrencial | maṭar monhamer (f) | مطر منهمر |
| chuvada (f) | maṭar ɣazīr (m) | مطر غزير |
| forte (chuva) | ʃedīd | شديد |
| poça (f) | berka (f) | بركة |
| molhar-se (vr) | ettbal | إتّبل |
| nevoeiro (m) | ʃabbūra (f) | شبّورة |
| de nevoeiro | fih ʃabbūra | فيه شبّورة |
| neve (f) | talg (m) | ثلج |
| está a nevar | fih talg | فيه ثلج |

## 207. Tempo extremo. Catástrofes naturais

| | | |
|---|---|---|
| trovoada (f) | 'āṣefa ra'diya (f) | عاصفة رعدية |
| relâmpago (m) | bar' (m) | برق |
| relampejar (vi) | baraq | برق |
| trovão (m) | ra'd (m) | رعد |
| trovejar (vi) | dawa | دوّى |
| está a trovejar | el samā' dawat ra'd (f) | السماء دوّت رعد |
| granizo (m) | maṭar bard (m) | مطر برد |
| está a cair granizo | maṭṭaret bard | مطّرت برد |
| inundar (vt) | ɣamar | غمر |
| inundação (f) | fayaḍān (m) | فيضان |
| terremoto (m) | zelzāl (m) | زلزال |
| abalo, tremor (m) | hazza arḍiya (f) | هزّة أرضية |
| epicentro (m) | markaz el zelzāl (m) | مركز الزلزال |
| erupção (f) | sawarān (m) | ثوّران |
| lava (f) | ḥomam borkāniya (pl) | حمم بركانية |
| turbilhão, tornado (m) | e'ṣār (m) | إعصار |
| tufão (m) | tyfūn (m) | طوفان |
| furacão (m) | e'ṣār (m) | إعصار |
| tempestade (f) | 'āṣefa (f) | عاصفة |
| tsunami (m) | tsunāmy (m) | تسونامي |
| ciclone (m) | e'ṣār (m) | إعصار |
| mau tempo (m) | ṭa's saye' (m) | طقس سيء |
| incêndio (m) | ḥarī' (m) | حريق |
| catástrofe (f) | karsa (f) | كارثة |
| meteorito (m) | nayzek (m) | نيّزك |
| avalanche (f) | enheyār talgy (m) | إنهيار ثلجي |
| deslizamento (m) de neve | enheyār talgy (m) | إنهيار ثلجي |
| nevasca (f) | 'āṣefa talgiya (f) | عاصفة ثلجيّة |
| tempestade (f) de neve | 'āṣefa talgiya (f) | عاصفة ثلجيّة |

## 208. Ruídos. Sons

| | | |
|---|---|---|
| silêncio (m) | ṣamt (m) | صمت |
| som (m) | ṣote (m) | صوت |
| ruído, barulho (m) | dawʃa (f) | دوشة |
| fazer barulho | 'amal dawʃa | عمل دوشة |
| ruidoso, barulhento | moz'eg | مزعج |
| alto (adv) | beṣote 'āly | بصوت عالي |
| alto (adj) | 'āly | عالي |
| constante (ruído, etc.) | mostamerr | مستمّر |
| grito (m) | ṣarxa (f) | صرخة |

| | | |
|---|---|---|
| gritar (vi) | ṣarraχ | صرّخ |
| sussurro (m) | hamsa (f) | همسة |
| sussurrar (vt) | hamas | همس |
| | | |
| latido (m) | nebāḥ (m) | نباح |
| latir (vi) | nabaḥ | نبح |
| | | |
| gemido (m) | anīn (m) | أنين |
| gemer (vi) | ann | أنّ |
| tosse (f) | koḥḥa (f) | كحّة |
| tossir (vi) | kaḥḥ | كحّ |
| | | |
| assobio (m) | taṣfīr (m) | تصفير |
| assobiar (vi) | ṣaffar | صفّر |
| batida (f) | ṭar', da'' (m) | طرق, دقّ |
| bater (vi) | da'' | دقّ |
| | | |
| estalar (vi) | far'a' | فرقع |
| estalido (m) | far'a'a (f) | فرقعة |
| | | |
| sirene (f) | sarīna (f) | سرينة |
| apito (m) | ṣafīr (m) | صفير |
| apitar (vi) | ṣaffar | صفّر |
| buzina (f) | tazmīr (m) | تزمير |
| buzinar (vi) | zammar | زمّر |

## 209. Inverno

| | | |
|---|---|---|
| inverno (m) | ʃetā' (m) | شتاء |
| de inverno | ʃetwy | شتوّي |
| no inverno | fel ʃetā' | في الشتاء |
| | | |
| neve (f) | talg (m) | ثلج |
| está a nevar | fih talg | فيه ثلج |
| queda (f) de neve | tasā'oṭ el tolūg (m) | تساقط الثلوج |
| amontoado (m) de neve | rokma talgiya (f) | ركمة ثلجية |
| | | |
| floco (m) de neve | nadfet talg (f) | ندفة ثلج |
| bola (f) de neve | koret talg (f) | كرة ثلج |
| boneco (m) de neve | rāgel men el talg (m) | راجل من الثلج |
| sincelo (m) | 'eṭ'et galīd (f) | قطعة جليد |
| | | |
| dezembro (m) | desember (m) | ديسمبر |
| janeiro (m) | yanāyer (m) | يناير |
| fevereiro (m) | febrāyer (m) | فبراير |
| | | |
| gelo (m) | ṣaqee' (m) | صقيع |
| gelado, glacial | ṣā'e' | صاقع |
| | | |
| abaixo de zero | taḥt el ṣefr | تحت الصفر |
| geada (f) | ṣaqee' (m) | صقيع |
| geada (f) branca | ṣaqee' motagammed (m) | صقيع متجمّد |
| frio (m) | bard (m) | برد |
| está frio | el gaww bāred | الجوّ بارد |

| | | |
|---|---|---|
| casaco (m) de peles | balṭo farww (m) | بالطو فروّ |
| mitenes (f pl) | gwanty men ɣeyr aṣābeʿ (m) | جوانتي من غير أصابع |
| | | |
| adoecer (vi) | mereḍ | مرض |
| constipação (f) | zokām (m) | زكام |
| constipar-se (vr) | gālo bard | جاله برد |
| | | |
| gelo (m) | galīd (m) | جليد |
| gelo (m) na estrada | ɣaṭāʾ galīdy ʿlal arḍ (m) | غطاء جليدي على الأرض |
| congelar-se (vr) | etgammed | إتجمّد |
| bloco (m) de gelo | roqāqet galīd (f) | رقاقة جليد |
| | | |
| esqui (m) | zallagāt (pl) | زلّاجات |
| esquiador (m) | motazaḥleq ʿalal galīd (m) | متزحلق على الجليد |
| esquiar (vi) | tazallag | تزلّج |
| patinar (vi) | tazallag | تزلّج |

# Fauna

## 210. Mamíferos. Predadores

| | | |
|---|---|---|
| predador (m) | moftares (m) | مفترس |
| tigre (m) | nemr (m) | نمر |
| leão (m) | asad (m) | أسد |
| lobo (m) | ze'b (m) | ذئب |
| raposa (f) | ta'lab (m) | ثعلب |
| jaguar (m) | nemr amrīky (m) | نمر أمريكي |
| leopardo (m) | fahd (m) | فهد |
| chita (f) | fahd ṣayād (m) | فهد صيّاد |
| pantera (f) | nemr aswad (m) | نمر أسوّد |
| puma (m) | asad el gebāl (m) | أسد الجبال |
| leopardo-das-neves (m) | nemr el tolūg (m) | نمر الثلوج |
| lince (m) | waʃaq (m) | وشق |
| coiote (m) | qayūṭ (m) | قيوط |
| chacal (m) | ebn 'āwy (m) | ابن آوى |
| hiena (f) | ḍeb' (m) | ضبع |

## 211. Animais selvagens

| | | |
|---|---|---|
| animal (m) | ḥayawān (m) | حيوان |
| besta (f) | waḥʃ (m) | وحش |
| esquilo (m) | sengāb (m) | سنجاب |
| ouriço (m) | qonfoz (m) | قنفذ |
| lebre (f) | arnab barry (m) | أرنب برّي |
| coelho (m) | arnab (m) | أرنب |
| texugo (m) | ɣarīr (m) | غرير |
| guaxinim (m) | rakūn (m) | راكون |
| hamster (m) | hamster (m) | هامستر |
| marmota (f) | marmoṭ (m) | مرموط |
| toupeira (f) | χold (m) | خلد |
| rato (m) | fār (m) | فأر |
| ratazana (f) | gerz (m) | جرذ |
| morcego (m) | χoffāʃ (m) | خفّاش |
| arminho (m) | qāqem (m) | قاقم |
| zibelina (f) | sammūr (m) | سمّور |
| marta (f) | fara'īāt (m) | فرائيات |
| doninha (f) | ebn 'ers (m) | ابن عرس |
| vison (m) | mink (m) | منك |

| | | |
|---|---|---|
| castor (m) | qondos (m) | قندس |
| lontra (f) | taʿlab maya (m) | ثعلب الميّة |
| cavalo (m) | ḥoṣān (m) | حصان |
| alce (m) | eyl el mūz (m) | أيّل الموظ |
| veado (m) | ayl (m) | أيل |
| camelo (m) | gamal (m) | جمل |
| bisão (m) | bison (m) | بيسون |
| auroque (m) | byson orobby (m) | بيسون أوروبي |
| búfalo (m) | gamūs (m) | جاموس |
| zebra (f) | ḥomār waḥʃy (m) | حمار وحشي |
| antílope (m) | ẓaby (m) | ظبي |
| corça (f) | yaḥmūr orobby (m) | يحمورأوروبيّ |
| gamo (m) | eyl asmar orobby (m) | أيّل أسمر أوروبي |
| camurça (f) | ʃamwah (f) | شامواه |
| javali (m) | χenzīr barry (m) | خنزير برّي |
| baleia (f) | ḥūt (m) | حوت |
| foca (f) | foqma (f) | فقمة |
| morsa (f) | el kabʿ (m) | الكبع |
| urso-marinho (m) | foqmet el farāʾ (f) | فقمة الفراء |
| golfinho (m) | dolfīn (m) | دولفين |
| urso (m) | dobb (m) | دبّ |
| urso (m) branco | dobb ʾoṭṭby (m) | دبّ قطبي |
| panda (m) | banda (m) | باندا |
| macaco (em geral) | ʾerd (m) | قرد |
| chimpanzé (m) | ʃimbanzy (m) | شيمبانزي |
| orangotango (m) | orangutan (m) | أورنغوتان |
| gorila (m) | ɣorella (f) | غوريلا |
| macaco (m) | ʾerd el makāk (m) | قرد المكاك |
| gibão (m) | gibbon (m) | جيبون |
| elefante (m) | fīl (m) | فيل |
| rinoceronte (m) | χartīt (m) | خرتيت |
| girafa (f) | zarāfa (f) | زرافة |
| hipopótamo (m) | faras el nahr (m) | فرس النهر |
| canguru (m) | kangarū (m) | كانجّارو |
| coala (m) | el koala (m) | الكوالا |
| mangusto (m) | nems (m) | نمس |
| chinchila (m) | ʃenʃīla (f) | شنشيلة |
| doninha-fedorenta (f) | ẓerbān (m) | ظربان |
| porco-espinho (m) | nīṣ (m) | نيص |

## 212. Animais domésticos

| | | |
|---|---|---|
| gata (f) | ʾoṭṭa (f) | قطّة |
| gato (m) macho | ʾoṭṭ (m) | قطّ |
| cão (m) | kalb (m) | كلب |

| | | |
|---|---|---|
| cavalo (m) | ḥoṣān (m) | حصان |
| garanhão (m) | xeyl faḥl (m) | خيل فحل |
| égua (f) | faras (f) | فرس |
| vaca (f) | ba'ara (f) | بقرة |
| touro (m) | sore (m) | ثور |
| boi (m) | sore (m) | ثور |
| ovelha (f) | xarūf (f) | خروف |
| carneiro (m) | kebʃ (m) | كبش |
| cabra (f) | me'za (f) | معزة |
| bode (m) | mā'ez zakar (m) | ماعز ذكر |
| burro (m) | ḥomār (m) | حمار |
| mula (f) | baɣl (m) | بغل |
| porco (m) | xenzīr (m) | خنزير |
| leitão (m) | xannūṣ (m) | خنّوص |
| coelho (m) | arnab (m) | أرنب |
| galinha (f) | farxa (f) | فرخة |
| galo (m) | dīk (m) | ديك |
| pata (f) | baṭṭa (f) | بطّة |
| pato (macho) | dakar el baṭṭ (m) | ذكر البط |
| ganso (m) | wezza (f) | وزّة |
| peru (m) | dīk rūmy (m) | ديك رومي |
| perua (f) | dīk rūmy (m) | ديك رومي |
| animais (m pl) domésticos | ḥayawānāt dawāgen (pl) | حيوانات دواجن |
| domesticado | alīf | أليف |
| domesticar (vt) | rawweḍ | روّض |
| criar (vt) | rabba | ربّى |
| quinta (f) | mazra'a (f) | مزرعة |
| aves (f pl) domésticas | dawāgen (pl) | دواجن |
| gado (m) | māʃeya (f) | ماشية |
| rebanho (m), manada (f) | qaṭee' (m) | قطيع |
| estábulo (m) | esṭabl xeyl (m) | إسطبل خيل |
| pocilga (f) | ḥazīret xanazīr (f) | حظيرة الخنازير |
| estábulo (m) | zerībet el ba'ar (f) | زريبة البقر |
| coelheira (f) | qan el arāneb (m) | قن الأرانب |
| galinheiro (m) | qan el ferāx (m) | قن الفراخ |

## 213. Cães. Raças de cães

| | | |
|---|---|---|
| cão (m) | kalb (m) | كلب |
| cão pastor (m) | kalb rā'y (m) | كلب رعي |
| pastor-alemão (m) | kalb rā'y almāny (m) | كلب راعي ألمانيّ |
| caniche (m) | būdle (m) | بودل |
| teckel (m) | daʃhund (m) | داشهند |
| buldogue (m) | bulldog (m) | بولدوج |

| | | |
|---|---|---|
| boxer (m) | bokser (m) | بوكسر |
| mastim (m) | mastiff (m) | ماستيف |
| rottweiler (m) | rottfeyler (m) | روت فايلر |
| dobermann (m) | doberman (m) | دوبرمان |
| basset (m) | basset (m) | باسيت |
| pastor inglês (m) | bobtayl (m) | بوبتيل |
| dálmata (m) | delmāṭy (m) | دلماطي |
| cocker spaniel (m) | kokker spaniel (m) | كوكر سبانييل |
| terra-nova (m) | nyu faundland (m) | نيوفاوندلاند |
| são-bernardo (m) | sant bernard (m) | سانت بيرنارد |
| husky (m) | hasky (m) | هاسكي |
| Chow-chow (m) | tʃaw tʃaw (m) | تشاوتشاو |
| spitz alemão (m) | esbitz (m) | إسبتز |
| carlindogue (m) | bug (m) | بج |

## 214. Sons produzidos pelos animais

| | | |
|---|---|---|
| latido (m) | nebāḥ (m) | نباح |
| latir (vi) | nabaḥ | نبح |
| miar (vi) | mawmaw | موموّ |
| ronronar (vi) | χarχar | خرخر |
| mugir (vaca) | χār | خار |
| bramir (touro) | χār | خار |
| rosnar (vi) | damdam | دمدم |
| uivo (m) | ʿawāʾ (m) | عواء |
| uivar (vi) | ʿawa | عوى |
| ganir (vi) | ann | أنّ |
| balir (vi) | maʾmaʾ | مأمأ |
| grunhir (porco) | qabaʿ | قبع |
| guinchar (vi) | qabaʿ | قبع |
| coaxar (sapo) | naʾʾ | نقّ |
| zumbir (inseto) | ṭann | طنّ |
| estridular, ziziar (vi) | ʿarʿar | عرعر |

## 215. Animais jovens

| | | |
|---|---|---|
| cria (f), filhote (m) | ḥayawān ṣaɣīr (m) | حيوان صغير |
| gatinho (m) | ʾoṭṭa saɣīra (f) | قطّة صغيرة |
| ratinho (m) | fār ṣaɣīr (m) | فار صغير |
| cãozinho (m) | garww (m) | جرو |
| filhote (m) de lebre | χarnaʾ (m) | خرنق |
| coelhinho (m) | arnab saɣīr (m) | أرنب صغير |
| lobinho (m) | garmūza (m) | جرموزا |
| raposinho (m) | hagras (m) | هجرس |

| | | |
|---|---|---|
| ursinho (m) | daysam (m) | ديّسم |
| leãozinho (m) | ʃebl el asad (m) | شبل الأسد |
| filhote (m) de tigre | farz (m) | فرز |
| filhote (m) de elefante | dayfal (m) | دغفل |
| leitão (m) | χannūṣ (m) | خنّوص |
| bezerro (m) | ʿegl (m) | عجل |
| cabrito (m) | gady (m) | جدي |
| cordeiro (m) | ḥaml (m) | حمل |
| cria (f) de veado | el raʃa (m) | الرشا |
| cria (f) de camelo | ṣaɣīr el gamal (m) | صغير الجمل |
| filhote (m) de serpente | ḥerbeʃ (m) | حربش |
| cria (f) de rã | ḍeffḍaʿ saɣīr (m) | ضفدع صغير |
| cria (f) de ave | farχ (m) | فرخ |
| pinto (m) | katkūt (m) | كتكوت |
| patinho (m) | baṭṭa ṣaɣīra (f) | بطّة صغيرة |

## 216. Pássaros

| | | |
|---|---|---|
| pássaro (m), ave (f) | ṭāʾer (m) | طائر |
| pombo (m) | ḥamāma (f) | حمامة |
| pardal (m) | ʿaṣfūr dawri (m) | عصفور دوري |
| chapim-real (m) | qarqaf (m) | قرقف |
| pega-rabuda (f) | ʿaʾʿaʾ (m) | عقعق |
| corvo (m) | ɣorāb aswad (m) | غراب أسود |
| gralha (f) cinzenta | ɣorāb (m) | غراب |
| gralha-de-nuca-cinzenta (f) | zāɣ zarʿy (m) | زاغ زرعي |
| gralha-calva (f) | ɣorāb el qeyẓ (m) | غراب القيظ |
| pato (m) | baṭṭa (f) | بطّة |
| ganso (m) | wezza (f) | وزّة |
| faisão (m) | tadarrog (m) | تدرج |
| águia (f) | ʿeqāb (m) | عقاب |
| açor (m) | el bāz (m) | الباز |
| falcão (m) | ṣaʾr (m) | صقر |
| abutre (m) | nesr (m) | نسر |
| condor (m) | kondor (m) | كندور |
| cisne (m) | el temm (m) | التمّ |
| grou (m) | karkiya (m) | كركية |
| cegonha (f) | loqloq (m) | لقلق |
| papagaio (m) | babaɣāʾ (m) | ببغاء |
| beija-flor (m) | ṭannān (m) | طنّان |
| pavão (m) | ṭawūs (m) | طاووس |
| avestruz (m) | naʿāma (f) | نعامة |
| garça (f) | belʃone (m) | بلشون |
| flamingo (m) | flamingo (m) | فلامينجو |
| pelicano (m) | bagʿa (f) | بجعة |

| | | |
|---|---|---|
| rouxinol (m) | ʿandalīb (m) | عندليب |
| andorinha (f) | el sonūnū (m) | السنونو |
| tordo-zornal (m) | somnet el ḥoqūl (m) | سمنة الحقول |
| tordo-músico (m) | somna moɣarreda (m) | سمنة مغرّدة |
| melro-preto (m) | ʃaḥrūr aswad (m) | شحرور أسود |
| andorinhão (m) | semmāma (m) | سمّامة |
| cotovia (f) | qabra (f) | قبرة |
| codorna (f) | semmān (m) | سمّان |
| pica-pau (m) | naʾār el χaʃab (m) | نقار الخشب |
| cuco (m) | weqwāq (m) | وقواق |
| coruja (f) | būma (f) | بومة |
| corujão, bufo (m) | būm orāsy (m) | بوم أوراسي |
| tetraz-grande (m) | dīk el χalang (m) | ديك الخلنج |
| tetraz-lira (m) | ṭyhūg aswad (m) | طيهوج أسوّد |
| perdiz-cinzenta (f) | el ḥagal (m) | الحجل |
| estorninho (m) | zerzūr (m) | زرزور |
| canário (m) | kanāry (m) | كناري |
| galinha-do-mato (f) | ṭyhūg el bondoʾ (m) | طيهوج البندق |
| tentilhão (m) | ʃarʃūr (m) | شرشور |
| dom-fafe (m) | deɣnāʃ (m) | دغناش |
| gaivota (f) | nawras (m) | نورس |
| albatroz (m) | el qoṭros (m) | القطرس |
| pinguim (m) | beṭrīq (m) | بطريق |

## 217. Pássaros. Canto e sons

| | | |
|---|---|---|
| cantar (vi) | ɣanna | غنّى |
| gritar (vi) | nāda | نادى |
| cantar (o galo) | ṣāḥ | صاح |
| cocorocó (m) | kokokūko | كوكوكوكو |
| cacarejar (vi) | kāky | كاكي |
| crocitar (vi) | naʿaq | نعق |
| grasnar (vi) | baṭbaṭ | بطبط |
| piar (vi) | ṣawṣaw | صوّصو |
| chilrear, gorjear (vi) | zaʾzaʾ | زقزق |

## 218. Peixes. Animais marinhos

| | | |
|---|---|---|
| brema (f) | abramīs (m) | أبراميس |
| carpa (f) | ʃabbūṭ (m) | شبّوط |
| perca (f) | farχ (m) | فرخ |
| siluro (m) | ʾarmūṭ (m) | قرموط |
| lúcio (m) | karāky (m) | كراكي |
| salmão (m) | salamon (m) | سلمون |
| esturjão (m) | ḥaʃʃ (m) | حفش |

| | | |
|---|---|---|
| arenque (m) | renga (f) | رنجة |
| salmão (m) | salamon aṭlasy (m) | سلمون أطلسي |
| cavala, sarda (f) | makerel (m) | ماكريل |
| solha (f) | samak mefalṭah (f) | سمك مفلطح |
| lúcio perca (m) | samak sandar (m) | سمك سندر |
| bacalhau (m) | el qadd (m) | القد |
| atum (m) | tuna (f) | تونة |
| truta (f) | salamon mera''aṭ (m) | سلمون مرقّط |
| enguia (f) | ḥankalīs (m) | حنكليس |
| raia elétrica (f) | ra'ād (m) | رعاد |
| moreia (f) | moraya (f) | موراية |
| piranha (f) | bīrana (f) | بيرانا |
| tubarão (m) | 'erʃ (m) | قرش |
| golfinho (m) | dolfīn (m) | دولفين |
| baleia (f) | ḥūt (m) | حوت |
| caranguejo (m) | kaboria (m) | كابوريا |
| medusa, alforreca (f) | 'andīl el baḥr (m) | قنديل البحر |
| polvo (m) | axṭabūṭ (m) | أخطبوط |
| estrela-do-mar (f) | negmet el baḥr (f) | نجمة البحر |
| ouriço-do-mar (m) | qonfoz el baḥr (m) | قنفذ البحر |
| cavalo-marinho (m) | ḥoṣān el baḥr (m) | حصان البحر |
| ostra (f) | maḥār (m) | محار |
| camarão (m) | gammbary (m) | جمّبري |
| lavagante (m) | estakoza (f) | استكوزا |
| lagosta (f) | estakoza (m) | استاكوزا |

## 219. Amfíbios. Répteis

| | | |
|---|---|---|
| serpente, cobra (f) | te'bān (m) | ثعبان |
| venenoso | sām | سام |
| víbora (f) | af'a (f) | أفعى |
| cobra-capelo, naja (f) | kobra (m) | كوبرا |
| pitão (m) | te'bān byton (m) | ثعبان بايثون |
| jiboia (f) | bawā' el 'aṣera (f) | بواء العاصرة |
| cobra-de-água (f) | te'bān el 'oʃb (m) | ثعبان العشب |
| cascavel (f) | af'a megalgela (f) | أفعى مجلجلة |
| anaconda (f) | anakonda (f) | أناكوندا |
| lagarto (m) | seḥliya (f) | سحليّة |
| iguana (f) | eɣwana (f) | إغوانة |
| varano (m) | warl (m) | ورل |
| salamandra (f) | salamander (m) | سلمندر |
| camaleão (m) | ḥerbāya (f) | حرباية |
| escorpião (m) | 'a'rab (m) | عقرب |
| tartaruga (f) | solḥefah (f) | سلحفاة |
| rã (f) | ḍeffḍa' (m) | ضفدع |

| | | |
|---|---|---|
| sapo (m) | ḍeffḍaʿ el ṭeyn (m) | ضفدع الطين |
| crocodilo (m) | temsāḥ (m) | تمساح |

## 220. Insetos

| | | |
|---|---|---|
| inseto (m) | ḥaʃara (f) | حشرة |
| borboleta (f) | farāʃa (f) | فراشة |
| formiga (f) | namla (f) | نملة |
| mosca (f) | debbāna (f) | دبّانة |
| mosquito (m) | namūsa (f) | ناموسة |
| escaravelho (m) | χonfesa (f) | خنفسة |
| vespa (f) | dabbūr (m) | دبّور |
| abelha (f) | naḥla (f) | نحلة |
| mamangava (f) | naḥla ṭannāna (f) | نحلة طنّانة |
| moscardo (m) | naʿra (f) | نعرة |
| aranha (f) | ʿankabūt (m) | عنكبوت |
| teia (f) de aranha | nasīg ʿankabūt (m) | نسيج عنكبوت |
| libélula (f) | yaʿsūb (m) | يعسوب |
| gafanhoto-do-campo (m) | garād (m) | جراد |
| traça (f) | ʿetta (f) | عتّة |
| barata (f) | ṣarṣūr (m) | صرصور |
| carraça (f) | qarāda (f) | قرادة |
| pulga (f) | barɣūt (m) | برغوث |
| borrachudo (m) | baʿūḍa (f) | بعوضة |
| gafanhoto (m) | garād (m) | جراد |
| caracol (m) | ḥalazōn (m) | حلزون |
| grilo (m) | ṣarṣūr el ḥaql (m) | صرصور الحقل |
| pirilampo (m) | yarāʿa (f) | يراعة |
| joaninha (f) | χonfesa menaʾṭṭa (f) | خنفسة منقّطة |
| besouro (m) | χonfesa motlefa lel nabāt (f) | خنفسة متلّفة للنبات |
| sanguessuga (f) | ʿalaqa (f) | علقة |
| lagarta (f) | yasrūʿ (m) | يسروع |
| minhoca (f) | dūda (f) | دودة |
| larva (f) | yaraqa (f) | يرقة |

## 221. Animais. Partes do corpo

| | | |
|---|---|---|
| bico (m) | monqār (m) | منقار |
| asas (f pl) | agneḥa (pl) | أجنحة |
| pata (f) | regl (f) | رجل |
| plumagem (f) | rīʃ (m) | ريش |
| pena, pluma (f) | rīʃa (f) | ريشة |
| crista (f) | ʿorf el dīk (m) | عرف الديك |
| brânquias, guelras (f pl) | χāyaʃīm (pl) | خياشيم |
| ovas (f pl) | beyḍ el samak (pl) | بيض السمك |

| | | |
|---|---|---|
| larva (f) | yaraqa (f) | يرقة |
| barbatana (f) | za'nafa (f) | زعنفة |
| escama (f) | ḥarāfeʃ (pl) | حرافش |
| | | |
| canino (m) | nāb (m) | ناب |
| pata (f) | yad (f) | يد |
| focinho (m) | χaṭm (m) | خطم |
| boca (f) | bo' (m) | بوء |
| cauda (f), rabo (m) | deyl (m) | ذيل |
| bigodes (m pl) | ʃawāreb (pl) | شوارب |
| | | |
| casco (m) | ḥāfer (m) | حافر |
| corno (m) | 'arn (m) | قرن |
| | | |
| carapaça (f) | der' (m) | درع |
| concha (f) | maḥāra (f) | محارة |
| casca (f) de ovo | 'eʃret beyḍa (f) | قشرة بيضة |
| | | |
| pelo (m) | ʃa'r (m) | شعر |
| pele (f), couro (m) | geld (m) | جلد |

## 222. Ações dos animais

| | | |
|---|---|---|
| voar (vi) | ṭār | طار |
| dar voltas | ḥallaq | حلّق |
| | | |
| voar (para longe) | ṭār | طار |
| bater as asas | rafraf | رفرف |
| | | |
| bicar (vi) | na'ar | نقر |
| incubar (vt) | 'a'ad 'alal beyḍ | قعد على البيض |
| | | |
| sair do ovo | fa'as | فقس |
| fazer o ninho | bana 'esʃa | بنى عشّة |
| | | |
| rastejar (vi) | zaḥaf | زحف |
| picar (vt) | lasa' | لسع |
| morder (vt) | 'aḍḍ | عضّ |
| | | |
| cheirar (vt) | taʃammam | تشمّم |
| latir (vi) | nabaḥ | نبح |
| silvar (vi) | has-hes | هسهس |
| | | |
| assustar (vt) | χawwef | خوّف |
| atacar (vt) | hagam | هجم |
| | | |
| roer (vt) | 'araḍ | قرض |
| arranhar (vt) | χarbeʃ | خربش |
| esconder-se (vr) | estaχabba | إستخبّى |
| | | |
| brincar (vi) | le'eb | لعب |
| caçar (vi) | eṣṭād | إصطاد |
| hibernar (vi) | kān di sobār el ʃetā' | كان في سبات الشتاء |
| extinguir-se (vr) | enqaraḍ | إنقرض |

## 223. Animais. Habitats

| | | |
|---|---|---|
| hábitat | mawṭen (m) | موْطن |
| migração (f) | hegra (f) | هجرة |
| montanha (f) | gabal (m) | جبل |
| recife (m) | ʃo'āb (pl) | شعاب |
| falésia (f) | garf (m) | جرف |
| floresta (f) | ɣāba (f) | غابة |
| selva (f) | adɣāl (pl) | أدغال |
| savana (f) | savanna (f) | سافانّا |
| tundra (f) | tundra (f) | تندرا |
| estepe (f) | barāry (pl) | براري |
| deserto (m) | ṣaḥra' (f) | صحراء |
| oásis (m) | wāḥa (f) | واحة |
| mar (m) | baḥr (m) | بحر |
| lago (m) | boḥeyra (f) | بحيرة |
| oceano (m) | moḥīṭ (m) | محيط |
| pântano (m) | mostanqa' (m) | مستنقع |
| de água doce | maya 'azba | ميّة عذبة |
| lagoa (f) | berka (f) | بركة |
| rio (m) | nahr (m) | نهر |
| toca (f) do urso | wekr (m) | وكر |
| ninho (m) | 'eʃ (m) | عشّ |
| buraco (m) de árvore | gofe (m) | جوف |
| toca (f) | goḥr (m) | جحر |
| formigueiro (m) | 'eʃ naml (m) | عش نمل |

## 224. Cuidados com os animais

| | | |
|---|---|---|
| jardim (m) zoológico | ḥadīqet el ḥayawān (f) | حديقة حيوان |
| reserva (f) natural | maḥmiya ṭabe'iya (f) | محمية طبيعية |
| viveiro (m) | morabby (m) | مربّي |
| jaula (f) de ar livre | 'afaṣ fel hawā' el ṭal' (m) | قفص في الهواء الطلق |
| jaula, gaiola (f) | 'afaṣ (m) | قفص |
| casinha (f) de cão | beyt el kalb (m) | بيت الكلب |
| pombal (m) | borg el ḥamām (m) | برج الحمام |
| aquário (m) | ḥoḍe samak (m) | حوض سمك |
| delfinário (m) | ḥoḍe dolfīn (m) | حوض دولفين |
| criar (vt) | rabba | ربّي |
| ninhada (f) | zorriya (f) | ذريّة |
| domesticar (vt) | rawweḍ | روّض |
| adestrar (vt) | darrab | درّب |
| ração (f) | 'alaf (m) | علف |
| alimentar (vt) | akkel | أكّل |

| | | |
|---|---|---|
| loja (f) de animais | maḥal ḥayawanāt (m) | محل حيوانات |
| açaime (m) | kamāma (f) | كمامة |
| coleira (f) | ṭo'e (m) | طوق |
| nome (m) | esm (m) | اسم |
| pedigree (m) | selselet el nasaɔ (f) | سلسلة النسب |

## 225. Animais. Diversos

| | | |
|---|---|---|
| alcateia (f) | qaṭee' (m) | قطيع |
| bando (pássaros) | serb (m) | سرب |
| cardume (peixes) | serb (m) | سرب |
| manada (cavalos) | qaṭee' (m) | قطيع |
| macho (m) | dakar (m) | ذكر |
| fêmea (f) | onsa (f) | أنثى |
| faminto | ge'ān | جعان |
| selvagem | barry | برّي |
| perigoso | χaṭīr | خطير |

## 226. Cavalos

| | | |
|---|---|---|
| cavalo (m) | ḥoṣān (m) | حصان |
| raça (f) | solāla (f) | سلالة |
| potro (m) | mahr (m) | مهر |
| égua (f) | faras (f) | فرس |
| mustangue (m) | mustān (m) | موستان |
| pónei (m) | ḥoṣān qazam (m) | حصان قزم |
| cavalo (m) de tiro | ḥoṣān el na'l (m) | حصان النقل |
| crina (f) | 'orf (m) | عرف |
| cauda (f) | deyl (m) | ذيل |
| casco (m) | ḥāfer (m) | حافر |
| ferradura (f) | na'l (m) | نعل |
| ferrar (vt) | na''al | نعّل |
| ferreiro (m) | ḥaddād (m) | حدّاد |
| sela (f) | serg (m) | سرج |
| estribo (m) | rekāb (m) | ركاب |
| brida (f) | legām (m) | لجام |
| rédeas (f pl) | 'anān (m) | عنان |
| chicote (m) | korbāg (m) | كرباج |
| cavaleiro (m) | fāres (m) | فارس |
| colocar sela | asrag | أسرج |
| montar no cavalo | rekeb ḥoṣān | ركب حصان |
| galope (m) | ramāḥa (f) | رماحة |
| galopar (vi) | gery bel ḥoṣān | جري بالحصان |

| | | |
|---|---|---|
| trote (m) | harwala (f) | هروّلة |
| a trote | harwel | هروّل |
| ir a trote | harwel | هروّل |
| | | |
| cavalo (m) de corrida | ḥoṣān sebāʾ (m) | حصان سباق |
| corridas (f pl) | sebāʾ el χeyl (m) | سباق الخيل |
| | | |
| estábulo (m) | esṭabl χeyl (m) | إسطبل خيل |
| alimentar (vt) | akkel | أكّل |
| feno (m) | ʾasʃ (m) | قشّ |
| dar água | saʾa | سقى |
| limpar (vt) | naḍḍaf | نظّف |
| | | |
| carroça (f) | ʿarabet χayl (f) | عربة خيل |
| pastar (vi) | ertaʿa | إرتعى |
| relinchar (vi) | ṣahal | صهل |
| dar um coice | rafas | رفس |

# Flora

## 227. Árvores

| | | |
|---|---|---|
| árvore (f) | ʃagara (f) | شجرة |
| decídua | nafḍiya | نفضيّة |
| conífera | ṣonoberiya | صنوبرية |
| perene | dā'emet el χoḍra | دائمة الخضرة |
| macieira (f) | ʃagaret toffāḥ (f) | شجرة تفّاح |
| pereira (f) | ʃagaret komettra (f) | شجرة كمثّرى |
| cerejeira, ginjeira (f) | ʃagaret karaz (f) | شجرة كرز |
| ameixeira (f) | ʃagaret bar'ū' (f) | شجرة برقوق |
| bétula (f) | batola (f) | بتولا |
| carvalho (m) | ballūṭ (f) | بلّوط |
| tília (f) | zayzafūn (f) | زيزفون |
| choupo-tremedor (m) | ḥūr rāgef | حور راجف |
| bordo (m) | qayqab (f) | قيقب |
| espruce-europeu (m) | rateng (f) | راتينج |
| pinheiro (m) | ṣonober (f) | صنوبر |
| alerce, lariço (m) | arziya (f) | أرزية |
| abeto (m) | tanūb (f) | تنوب |
| cedro (m) | el orz (f) | الأرز |
| choupo, álamo (m) | ḥūr (f) | حور |
| tramazeira (f) | ɣobayrā' (f) | غبيراء |
| salgueiro (m) | ṣefsāf (f) | صفصاف |
| amieiro (m) | gār el mā' (m) | جار الماء |
| faia (f) | el zān (f) | الزان |
| ulmeiro (m) | derdar (f) | دردار |
| freixo (m) | marān (f) | مران |
| castanheiro (m) | kastanā' (f) | كستناء |
| magnólia (f) | maɣnolia (f) | ماغنوليا |
| palmeira (f) | naχla (f) | نخلة |
| cipreste (m) | el soro (f) | السرو |
| mangue (m) | mangrūf (f) | مانجروف |
| embondeiro, baobá (m) | baobab (f) | باوباب |
| eucalipto (m) | eukalyptus (f) | أوكالبتوس |
| sequoia (f) | sequoia (f) | سيكويا |

## 228. Arbustos

| | | |
|---|---|---|
| arbusto (m) | ʃogeyra (f) | شجيرة |
| arbusto (m), moita (f) | ʃogayrāt (pl) | شجيرات |

| | | |
|---|---|---|
| videira (f) | karma (f) | كرمة |
| vinhedo (m) | karam (m) | كرم |
| framboeseira (f) | zarʿet tūt el ʿalīʾ el aḥmar (f) | زرعة توت العليق الأحمر |
| groselheira-vermelha (f) | keʃmeʃ aḥmar (m) | كشمش أحمر |
| groselheira (f) espinhosa | ʿenab el saʿlab (m) | عنب الثعلب |
| acácia (f) | aqaqia (f) | أقاقيا |
| bérberis (f) | berbarīs (m) | برباريس |
| jasmim (m) | yasmīn (m) | ياسمين |
| junípero (m) | ʿarʿar (m) | عرعر |
| roseira (f) | ʃogeyret ward (f) | شجيرة ورد |
| roseira (f) brava | ward el seyāg (pl) | ورد السياج |

## 229. Cogumelos

| | | |
|---|---|---|
| cogumelo (m) | feṭr (f) | فطر |
| cogumelo (m) comestível | feṭr ṣāleḥ lel akl (m) | فطر صالح للأكل |
| cogumelo (m) venenoso | feṭr sām (m) | فطر سام |
| chapéu (m) | ṭarbūʃ el feṭr (m) | طربوش الفطر |
| pé, caule (m) | sāq el feṭr (m) | ساق الفطر |
| boleto (m) | feṭr boleṭe maʾkūl (m) | فطر بوليط مأكول |
| boleto (m) alaranjado | feṭr aḥmar (m) | فطر أحمر |
| míscaro (m) das bétulas | feṭr boleṭe (m) | فطر بوليط |
| cantarela (f) | feṭr el ʃanterel (m) | فطر الشانتريل |
| rússula (f) | feṭr russula (m) | فطر روسولا |
| morchella (f) | feṭr el ɣoʃna (m) | فطر الغوشنة |
| agário-das-moscas (m) | feṭr amanīt el ṭāʾer (m) | فطر أمانيت الطائر |
| cicuta (f) verde | feṭr amanīt falusyāny el sām (m) | فطر أمانيت فالوسياني السام |

## 230. Frutos. Bagas

| | | |
|---|---|---|
| fruta (f) | tamra (f) | تمرة |
| frutas (f pl) | tamr (m) | تمر |
| maçã (f) | toffāḥa (f) | تفّاحة |
| pera (f) | komettra (f) | كمّثرى |
| ameixa (f) | barʾūʾ (m) | برقوق |
| morango (m) | farawla (f) | فراولة |
| ginja, cereja (f) | karaz (m) | كرز |
| uva (f) | ʿenab (m) | عنب |
| framboesa (f) | tūt el ʿalīʾ el aḥmar (m) | توت العليق الأحمر |
| groselha (f) preta | keʃmeʃ aswad (m) | كشمش أسود |
| groselha (f) vermelha | keʃmeʃ aḥmar (m) | كشمش أحمر |
| groselha (f) espinhosa | ʿenab el saʿlab (m) | عنب الثعلب |
| oxicoco (m) | ʿenabiya ḥāda el χebāʾ (m) | عنبية حادة الخباء |
| laranja (f) | bortoqāl (m) | برتقال |

| | | |
|---|---|---|
| tangerina (f) | yosfy (m) | يوسفي |
| ananás (m) | ananās (m) | أناناس |
| banana (f) | moze (m) | موز |
| tâmara (f) | tamr (m) | تمر |
| limão (m) | lymūn (m) | ليمون |
| damasco (m) | meʃmeʃ (f) | مشمش |
| pêssego (m) | χawχa (f) | خوخة |
| kiwi (m) | kiwi (m) | كيوي |
| toranja (f) | grabe frūt (m) | جريب فروت |
| baga (f) | tūt (m) | توت |
| bagas (f pl) | tūt (pl) | توت |
| arando (m) vermelho | ʿenab el sore (m) | عنب الثور |
| morango-silvestre (m) | farawla barriya (f) | فراولة برّيّة |
| mirtilo (m) | ʿenab al aḥrāg (m) | عنب الأحراج |

## 231. Flores. Plantas

| | | |
|---|---|---|
| flor (f) | zahra (f) | زهرة |
| ramo (m) de flores | bokeyh (f) | بوكيه |
| rosa (f) | warda (f) | وردة |
| tulipa (f) | tolīb (f) | توليب |
| cravo (m) | 'oronfol (m) | قرنفل |
| gladíolo (m) | el dalbūs (f) | الدّلَبُوث |
| centáurea (f) | qanṭeryūn ʿanbary (m) | قنطريون عنبري |
| campânula (f) | garīs mostadīr el awrā' (m) | جريس مستدير الأوراق |
| dente-de-leão (m) | handabā' (f) | هندباء |
| camomila (f) | kamomile (f) | كاموميل |
| aloé (m) | el alowa (m) | الألوّة |
| cato (m) | ṣabbār (m) | صبّار |
| fícus (m) | faykas (m) | فيّكس |
| lírio (m) | zanbaq (f) | زنبق |
| gerânio (m) | ɣarnūqy (f) | غرنوقي |
| jacinto (m) | el lavender (f) | اللافندر |
| mimosa (f) | mimoza (f) | ميموزا |
| narciso (m) | nerges (f) | نرجس |
| capuchinha (f) | abo χangar (f) | أبو خنجر |
| orquídea (f) | orkid (f) | أوركيد |
| peónia (f) | fawnia (f) | فاوانيا |
| violeta (f) | el banafseg (f) | البنفسج |
| amor-perfeito (m) | bansy (f) | بانسي |
| não-me-esqueças (m) | 'āzān el fa'r (pl) | آذان الفأر |
| margarida (f) | aqwaḥān (f) | أقحوان |
| papoula (f) | el χoʃχāʃ (f) | الخشخاش |
| cânhamo (m) | qanb (m) | قنب |

| | | |
|---|---|---|
| hortelã (f) | ne'nā' (m) | نعناع |
| lírio-do-vale (m) | zanbaq el wādy (f) | زنبق الوادي |
| campânula-branca (f) | zahrat el laban (f) | زهرة اللبن |
| urtiga (f) | 'arrāṣ (m) | قرّاص |
| azeda (f) | ḥammāḍ bostāny (m) | حمّاض بستاني |
| nenúfar (m) | niloferiya (f) | نيلوفرية |
| feto (m), samambaia (f) | sarχas (m) | سرخس |
| líquen (m) | aʃna (f) | أشنة |
| estufa (f) | ṣoba (f) | صوبة |
| relvado (m) | 'oʃb aχḍar (m) | عشب أخضر |
| canteiro (m) de flores | geneynet zohūr (f) | جنينة زهور |
| planta (f) | nabāt (m) | نبات |
| erva (f) | 'oʃb (m) | عشب |
| folha (f) de erva | 'oʃba (f) | عشبة |
| folha (f) | wara'a (f) | ورقة |
| pétala (f) | wara'et el zahra (f) | ورقة الزهرة |
| talo (m) | sāq (f) | ساق |
| tubérculo (m) | darna (f) | درنة |
| broto, rebento (m) | nabta saɣīra (f) | نبتة صغيرة |
| espinho (m) | ʃawka (f) | شوكة |
| florescer (vi) | fattaḥet | فتّحت |
| murchar (vi) | debel | ذبل |
| cheiro (m) | rīḥa (f) | ريحة |
| cortar (flores) | 'aṭa' | قطع |
| colher (uma flor) | 'aṭaf | قطف |

## 232. Cereais, grãos

| | | |
|---|---|---|
| grão (m) | ḥobūb (pl) | حبوب |
| cereais (plantas) | maḥaṣīl el ḥubūb (pl) | محاصيل الحبوب |
| espiga (f) | sonbola (f) | سنبلة |
| trigo (m) | 'amḥ (m) | قمح |
| centeio (m) | ʃelm mazrū' (m) | شيلم مزروع |
| aveia (f) | ʃofān (m) | شوفان |
| milho-miúdo (m) | el deχn (m) | الدُخن |
| cevada (f) | ʃe'īr (m) | شعير |
| milho (m) | dora (f) | ذرة |
| arroz (m) | rozz (m) | رزّ |
| trigo-sarraceno (m) | ḥanṭa soda' (f) | حنطة سوداء |
| ervilha (f) | besella (f) | بسلّة |
| feijão (m) | faṣolya (f) | فاصوليا |
| soja (f) | fūl el ṣoya (m) | فول الصويا |
| lentilha (f) | 'ads (m) | عدس |
| fava (f) | fūl (m) | فول |

## 233. Vegetais. Verduras

| | | |
|---|---|---|
| legumes (m pl) | xoḍār (pl) | خضار |
| verduras (f pl) | xoḍrawāt waraqiya (pl) | خضروات ورقية |
| tomate (m) | ṭamāṭem (f) | طماطم |
| pepino (m) | xeyār (m) | خيار |
| cenoura (f) | gazar (m) | جزر |
| batata (f) | baṭāṭes (f) | بطاطس |
| cebola (f) | baṣal (m) | بصل |
| alho (m) | tūm (m) | ثوم |
| couve (f) | koronb (m) | كرنب |
| couve-flor (f) | 'arnabīṭ (m) | قرنبيط |
| couve-de-bruxelas (f) | koronb broksel (m) | كرنب بروكسل |
| brócolos (m pl) | brūkuli (m) | بروكلي |
| beterraba (f) | bangar (m) | بنجر |
| beringela (f) | bātengān (m) | باذنجان |
| curgete (f) | kōsa (f) | كوسة |
| abóbora (f) | qarʿ ʿasaly (m) | قرع عسلي |
| nabo (m) | left (m) | لفت |
| salsa (f) | ba'dūnes (m) | بقدونس |
| funcho, endro (m) | ʃabat (m) | شبت |
| alface (f) | xass (m) | خسّ |
| aipo (m) | karfas (m) | كرفس |
| espargo (m) | helione (m) | هليون |
| espinafre (m) | sabānex (m) | سبانخ |
| ervilha (f) | besella (f) | بسلّة |
| fava (f) | fūl (m) | فول |
| milho (m) | dora (f) | ذرة |
| feijão (m) | faṣolya (f) | فاصوليا |
| pimentão (m) | felfel (m) | فلفل |
| rabanete (m) | fegl (m) | فجل |
| alcachofra (f) | xarʃūf (m) | خرشوف |

# GEOGRAFIA REGIONAL

## Países. Nacionalidades

### 234. Europa Ocidental

| | | |
|---|---|---|
| Europa (f) | orobba (f) | أوروبّا |
| União (f) Europeia | el etteḥād el orobby (m) | الإتّحاد الأوروبّي |
| europeu (m) | orobby (m) | أوروبّي |
| europeu | orobby | أوروبّي |
| Áustria (f) | el nemsa (f) | النمسا |
| austríaco (m) | nemsāwy (m) | نمساوي |
| austríaca (f) | nemsāwiya (f) | نمساويّة |
| austríaco | nemsāwy | نمساوي |
| Grã-Bretanha (f) | briṭaniya el ʿozma (f) | بريطانيا العظمى |
| Inglaterra (f) | engeltera (f) | إنجلّترا |
| inglês (m) | briṭāny (m) | بريطاني |
| inglesa (f) | briṭaniya (f) | بريطانيّة |
| inglês | englīzy | إنجليزي |
| Bélgica (f) | balʒīka (f) | بلجيكا |
| belga (m) | balʒīky (m) | بلجيكي |
| belga (f) | balʒīkiya (f) | بلجيكيّة |
| belga | balʒīky | بلجيكي |
| Alemanha (f) | almānya (f) | ألمانيا |
| alemão (m) | almāny (m) | ألماني |
| alemã (f) | almaniya (f) | ألمانيّة |
| alemão | almāniya | ألمانية |
| Países (m pl) Baixos | holanda (f) | هولندا |
| Holanda (f) | holanda (f) | هولندا |
| holandês (m) | holandy (m) | هولندي |
| holandesa (f) | holandiya (f) | هولنديّة |
| holandês | holandy | هولندي |
| Grécia (f) | el yunān (f) | اليونان |
| grego (m) | yunāny (m) | يوناني |
| grega (f) | yunaniya (f) | يونانيّة |
| grego | yunāny | يوناني |
| Dinamarca (f) | el denmark (f) | الدنمارك |
| dinamarquês (m) | denmarky (m) | دنماركي |
| dinamarquesa (f) | denmarkiya (f) | دانماركيّة |
| dinamarquês | denemarky | دانماركي |
| Irlanda (f) | irelanda (f) | أيرلندا |
| irlandês (m) | irelandy (m) | أيرلندي |

| | | |
|---|---|---|
| irlandesa (f) | irelandiya (f) | أيرلنديّة |
| irlandês | irelandy | أيرلندي |
| Islândia (f) | 'āyslanda (f) | آيسلندا |
| islandês (m) | 'āyslandy (m) | آيسلندي |
| islandesa (f) | 'āyslandiya (f) | آيسلنديّة |
| islandês | 'āyslandy | آيسلندي |
| Espanha (f) | asbānya (f) | إسبانيا |
| espanhol (m) | asbāny (m) | إسباني |
| espanhola (f) | asbaniya (f) | إسبانيّة |
| espanhol | asbāny | إسباني |
| Itália (f) | eṭālia (f) | إيطاليا |
| italiano (m) | eṭāly (m) | إيطالي |
| italiana (f) | eṭaliya (f) | إيطاليّة |
| italiano | eṭāly | إيطالي |
| Chipre (m) | 'obroṣ (f) | قبرص |
| cipriota (m) | 'obroṣy (m) | قبرصي |
| cipriota (f) | 'obroṣiya (f) | قبرصيّة |
| cipriota | 'obroṣy | قبرصي |
| Malta (f) | malṭa (f) | مالطا |
| maltês (m) | malṭy (m) | مالطي |
| maltesa (f) | malṭiya (f) | مالطيّة |
| maltês | malṭy | مالطي |
| Noruega (f) | el nerwīg (f) | النرويج |
| norueguês (m) | nerwīgy (m) | نرويجي |
| norueguesa (f) | nerwīgiya (f) | نرويجيّة |
| norueguês | nerwīgy | نرويجي |
| Portugal (m) | el bortoɣāl (f) | البرتغال |
| português (m) | bortoɣāly (m) | برتغالي |
| portuguesa (f) | bortoɣaliya (f) | برتغاليّة |
| português | bortoɣāly | برتغالي |
| Finlândia (f) | finlanda (f) | فنلّندا |
| finlandês (m) | finlandy (m) | فنلّندي |
| finlandesa (f) | finlandiya (f) | فنلّنديّة |
| finlandês | finlandy | فنلّندي |
| França (f) | faransa (f) | فرنسا |
| francês (m) | faransāwy (m) | فرنساوي |
| francesa (f) | faransawiya (f) | فرنساويّة |
| francês | faransāwy | فرنساوي |
| Suécia (f) | el sweyd (f) | السويد |
| sueco (m) | sweydy (m) | سويدي |
| sueca (f) | sweydiya (f) | سويديّة |
| sueco | sweydy | سويدي |
| Suíça (f) | swesra (f) | سويسرا |
| suíço (m) | swesry (m) | سويسري |
| suíça (f) | swesriya (f) | سويسريّة |

| | | |
|---|---|---|
| suíço | swesry | سويسري |
| Escócia (f) | oskotlanda (f) | اسكتّلندا |
| escocês (m) | oskotlandy (m) | اسكتّلندي |
| escocesa (f) | oskotlandiya (f) | اسكتّلنديّة |
| escocês | oskotlandy | اسكتلندي |
| | | |
| Vaticano (m) | el vatikān (m) | الفاتيكان |
| Liechtenstein (m) | liʃtenʃtayn (m) | ليشتنشتاين |
| Luxemburgo (m) | luksemburg (f) | لوكسمبورج |
| Mónaco (m) | monako (f) | موناكو |

## 235. Europa Central e de Leste

| | | |
|---|---|---|
| Albânia (f) | albānia (f) | ألبانيا |
| albanês (m) | albāny (m) | ألباني |
| albanesa (f) | albaniya (f) | ألبانيّة |
| albanês | albāny | ألباني |
| | | |
| Bulgária (f) | bolɣāria (f) | بلغاريا |
| búlgaro (m) | bolɣāry (m) | بلغاري |
| búlgara (f) | bolɣariya (f) | بلغاريّة |
| búlgaro | bolɣāry | بلغاري |
| | | |
| Hungria (f) | el magar (f) | المجر |
| húngaro (m) | magary (m) | مجري |
| húngara (f) | magariya (f) | مجريّة |
| húngaro | magary | مجري |
| | | |
| Letónia (f) | latvia (f) | لاتفيا |
| letão (m) | latvy (m) | لاتفي |
| letã (f) | latviya (f) | لاتفية |
| letão | latvy | لاتفي |
| | | |
| Lituânia (f) | litwānia (f) | ليتوانيا |
| lituano (m) | litwāny (m) | لتواني |
| lituana (f) | litwaniya (f) | لتوانية |
| lituano | litwāny | لتواني |
| | | |
| Polónia (f) | bolanda (f) | بولّندا |
| polaco (m) | bolandy (m) | بولندي |
| polaca (f) | bolandiya (f) | بولّنديّة |
| polaco | bolanndy | بولّندي |
| | | |
| Roménia (f) | romānia (f) | رومانيا |
| romeno (m) | romāny (m) | روماني |
| romena (f) | romaniya (f) | رومانيّة |
| romeno | romāny | روماني |
| | | |
| Sérvia (f) | ṣerbia (f) | صربيا |
| sérvio (m) | ṣerby (m) | صربي |
| sérvia (f) | ṣerbiya (f) | صربيّة |
| sérvio | ṣarby | صربي |
| Eslováquia (f) | slovākia (f) | سلوفاكيا |
| eslovaco (m) | slovāky (m) | سلوفاكي |

| | | |
|---|---|---|
| eslovaca (f) | slovakiya (f) | سلوفاكيّة |
| eslovaco | slovāky | سلوفاكي |
| Croácia (f) | kroātya (f) | كرواتيا |
| croata (m) | kroāty (m) | كرواتي |
| croata (f) | kroatiya (f) | كرواتيّة |
| croata | kroāty | كرواتي |
| República (f) Checa | gomhoriya el tʃīk (f) | جمهورية التشيك |
| checo (m) | tʃīky (m) | تشيكي |
| checa (f) | tʃīkiya (f) | تشيكيّة |
| checo | tʃīky | تشيكي |
| Estónia (f) | estūnia (f) | إستونيا |
| estónio (m) | estūny (m) | إستوني |
| estónia (f) | estuniya (f) | إستونيّة |
| estónio | estūny | إستوني |
| Bósnia e Herzegovina (f) | el bosna wel harsek (f) | البوسنة والهرسك |
| Macedónia (f) | maqdūnia (f) | مقدونيا |
| Eslovénia (f) | slovenia (f) | سلوفينيا |
| Montenegro (m) | el gabal el aswad (m) | الجبل الأسوّد |

## 236. Países da ex-URSS

| | | |
|---|---|---|
| Azerbaijão (m) | azrabiʒān (m) | أذربيجان |
| azeri (m) | azrabiʒāny (m) | أذربيجاني |
| azeri (f) | azrabiʒaniya (f) | أذربيجانيّة |
| azeri, azerbaijano | azrabiʒāny | أذربيجاني |
| Arménia (f) | armīnia (f) | أرمينيا |
| arménio (m) | armīny (m) | أرميني |
| arménia (f) | arminiya (f) | أرمينيّة |
| arménio | armīny | أرميني |
| Bielorrússia (f) | belarūsia (f) | بيلاروسيا |
| bielorrusso (m) | belarūsy (m) | بيلاروسي |
| bielorrussa (f) | belarūsiya (f) | بيلاروسيّة |
| bielorrusso | belarūsy | بيلاروسي |
| Geórgia (f) | ʒorʒia (f) | جورجيا |
| georgiano (m) | ʒorʒy (m) | جورجي |
| georgiana (f) | ʒorʒiya (f) | جورجيّة |
| georgiano | ʒorʒy | جورجي |
| Cazaquistão (m) | kazaɣistān (f) | كازاخستّان |
| cazaque (m) | kazaɣistāny (m) | كازاخستّاني |
| cazaque (f) | kazaɣistaniya (f) | كازاخستّانيّة |
| cazaque | kazaɣistāny | كازاخستّاني |
| Quirguistão (m) | qirɣizestān (f) | قيرغيزستان |
| quirguiz (m) | qirɣizestāny (m) | قيرغيزستاني |
| quirguiz (f) | qirɣizestaniya (f) | قيرغيزستانيّة |
| quirguiz | qirɣizestāny | قيرغيزستاني |

| | | |
|---|---|---|
| Moldávia (f) | moldāvia (f) | مولدافيا |
| moldavo (m) | moldāvy (m) | مولدافي |
| moldava (f) | moldaviya (f) | مولدافية |
| moldavo | moldāvy | مولدافي |
| Rússia (f) | rūsya (f) | روسيا |
| russo (m) | rūsy (m) | روسي |
| russa (f) | rusiya (f) | روسية |
| russo | rūsy | روسي |
| Tajiquistão (m) | ṭaʒīkistan (f) | طاجيكستان |
| tajique (m) | ṭaʒīky (m) | طاجيكي |
| tajique (f) | ṭaʒikiya (f) | طاجيكية |
| tajique | ṭaʒīky | طاجيكي |
| Turquemenistão (m) | turkmānistān (f) | تركمانستان |
| turcomeno (m) | turkmāny (m) | تركماني |
| turcomena (f) | turkmaniya (f) | تركمانية |
| turcomeno | turkmāny | تركماني |
| Uzbequistão (f) | uzbakistān (f) | أوزبكستان |
| uzbeque (m) | uzbaky (m) | أوزبكي |
| uzbeque (f) | uzbakiya (f) | أوزبكية |
| uzbeque | uzbaky | أوزبكي |
| Ucrânia (f) | okrānia (f) | أوكرانيا |
| ucraniano (m) | okrāny (m) | أوكراني |
| ucraniana (f) | okraniya (f) | أوكرانية |
| ucraniano | okrāny | أوكراني |

## 237. Asia

| | | |
|---|---|---|
| Ásia (f) | asya (f) | آسيا |
| asiático | 'āsyawy | آسيوي |
| Vietname (m) | vietnām (f) | فيتنام |
| vietnamita (m) | vietnāmy (m) | فيتنامي |
| vietnamita (f) | vietnāmiya (f) | فيتنامية |
| vietnamita | vietnāmy | فيتنامي |
| Índia (f) | el hend (f) | الهند |
| indiano (m) | hendy (m) | هندي |
| indiana (f) | hendiya (f) | هندية |
| indiano | hendy | هندي |
| Israel (m) | isra'īl (f) | إسرائيل |
| israelita (m) | isra'īly (m) | إسرائيلي |
| israelita (f) | isra'iliya (f) | إسرائيلية |
| israelita | israīly | إسرائيلي |
| judeu (m) | yahūdy (m) | يهودي |
| judia (f) | yahudiya (f) | يهودية |
| judeu | yahūdy | يهودي |
| China (f) | el ṣīn (f) | الصين |

| | | |
|---|---|---|
| chinês (m) | ṣīny (m) | صيني |
| chinesa (f) | ṣīniya (f) | صينيّة |
| chinês | ṣīny | صيني |
| coreano (m) | kūry (m) | كوري |
| coreana (f) | kuriya (f) | كوريّة |
| coreano | kūry | كوري |
| Líbano (m) | lebnān (f) | لبنان |
| libanês (m) | lebnāny (m) | لبناني |
| libanesa (f) | lebnāniya (f) | لبنانيّة |
| libanês | lebnāny | لبناني |
| Mongólia (f) | manɣūlia (f) | منغوليا |
| mongol (m) | manɣūly (m) | منغولي |
| mongol (f) | manɣuliya (f) | منغوليّة |
| mongol | manɣūly | منغولي |
| Malásia (f) | malīzya (f) | ماليزيا |
| malaio (m) | malīzy (m) | ماليزي |
| malaia (f) | maliziya (f) | ماليزيّة |
| malaio | malīzy | ماليزي |
| Paquistão (m) | bakistān (f) | باكستان |
| paquistanês (m) | bakistāny (m) | باكستاني |
| paquistanesa (f) | bakistaniya (f) | باكستانيّة |
| paquistanês | bakistāny | باكستاني |
| Arábia (f) Saudita | el soʿodiya (f) | السعوديّة |
| árabe (m) | ʿaraby (m) | عربي |
| árabe (f) | ʿarabiya (f) | عربيّة |
| árabe | ʿaraby | عربي |
| Tailândia (f) | tayland (f) | تايلاند |
| tailandês (m) | taylandy (m) | تايلانّدي |
| tailandesa (f) | taylandiya (f) | تايلانّديّة |
| tailandês | taylandy | تايلانّدي |
| Taiwan (m) | taywān (f) | تايوان |
| taiwanês (m) | taywāny (m) | تايواني |
| taiwanesa (f) | taywaniya (f) | تايوانيّة |
| taiwanês | taywāny | تايواني |
| Turquia (f) | turkia (f) | تركيا |
| turco (m) | turky (m) | تركي |
| turca (f) | turkiya (f) | تركيّة |
| turco | turky | تركي |
| Japão (m) | el yabān (f) | اليابان |
| japonês (m) | yabāny (m) | ياباني |
| japonesa (f) | yabaniya (f) | يابانيّة |
| japonês | yabāny | ياباني |
| Afeganistão (m) | afɣanistan (f) | أفغانستان |
| Bangladesh (m) | bangladeʃ (f) | بنجلاديش |
| Indonésia (f) | indonisya (f) | إندونيسيا |

| | | |
|---|---|---|
| Jordânia (f) | el ordon (m) | الأردن |
| Iraque (m) | el ʿerāq (m) | العراق |
| Irão (m) | iran (f) | إيران |
| Camboja (f) | kambodya (f) | كمبوديا |
| Kuwait (m) | el kuweyt (f) | الكويت |
| Laos (m) | laos (f) | لاوس |
| Myanmar (m), Birmânia (f) | myanmar (f) | ميانمار |
| Nepal (m) | nebāl (f) | نيبال |
| Emirados Árabes Unidos | el emārāt el ʿarabiya el mottaḥeda (pl) | الإمارات العربية المتّحدة |
| Síria (f) | soria (f) | سوريا |
| Palestina (f) | felesṭīn (f) | فلسطين |
| Coreia do Sul (f) | korea el ganūbiya (f) | كوريا الجنوبيّة |
| Coreia do Norte (f) | korea el ʃamāliya (f) | كوريا الشماليّة |

## 238. América do Norte

| | | |
|---|---|---|
| Estados Unidos da América | el welayāt el mottaḥda el amrīkiya (pl) | الولايات المتّحدة الأمريكيّة |
| americano (m) | amrīky (m) | أمريكي |
| americana (f) | amrīkiya (f) | أمريكيّة |
| americano | amrīky | أمريكي |
| Canadá (m) | kanada (f) | كندا |
| canadiano (m) | kanady (m) | كندي |
| canadiana (f) | kanadiya (f) | كنديّة |
| canadiano | kanady | كندي |
| México (m) | el maksīk (f) | المكسيك |
| mexicano (m) | maksīky (m) | مكسيكي |
| mexicana (f) | maksīkiya (f) | مكسيكيّة |
| mexicano | maksīky | مكسيكي |

## 239. América Central do Sul

| | | |
|---|---|---|
| Argentina (f) | arʒantīn (f) | الأرجنتين |
| argentino (m) | arʒantīny (m) | أرجنتيني |
| argentina (f) | arʒantiniya (f) | أرجنتينيّة |
| argentino | arʒantīny | أرجنتيني |
| Brasil (m) | el barazīl (f) | البرازيل |
| brasileiro (m) | barazīly (m) | برازيلي |
| brasileira (f) | baraziliya (f) | برازيليّة |
| brasileiro | barazīly | برازيلي |
| Colômbia (f) | kolombia (f) | كولومبيا |
| colombiano (m) | kolomby (m) | كولومبي |
| colombiana (f) | kolombiya (f) | كولومبيّة |
| colombiano | kolomby | كولومبي |
| Cuba (f) | kūba (f) | كوبا |

| | | |
|---|---|---|
| cubano (m) | kūby (m) | كوبي |
| cubana (f) | kūbiya (f) | كوبية |
| cubano | kūby | كوبي |
| | | |
| Chile (m) | tʃīly (f) | تشيلي |
| chileno (m) | tʃīly (m) | تشيلي |
| chilena (f) | tʃīliya (f) | تشيلية |
| chileno | tʃīly | تشيلي |
| | | |
| Bolívia (f) | bolivia (f) | بوليفيا |
| Venezuela (f) | venzweyla (f) | فنزويلا |
| Paraguai (m) | baraguay (f) | باراجواي |
| Peru (m) | beru (f) | بيرو |
| Suriname (m) | surinam (f) | سورينام |
| Uruguai (m) | uruguay (f) | أوروجواي |
| Equador (m) | el equador (f) | الإكوادور |
| | | |
| Bahamas (f pl) | gozor el bahāmas (pl) | جزر البهاماس |
| Haiti (m) | haīti (f) | هايتي |
| República (f) Dominicana | gomhoriya el dominikan (f) | جمهوريّة الدومينيكان |
| Panamá (m) | banama (f) | بنما |
| Jamaica (f) | ʒamayka (f) | جامايكا |

## 240. Africa

| | | |
|---|---|---|
| Egito (m) | maṣr (f) | مصر |
| egípcio (m) | maṣry (m) | مصري |
| egípcia (f) | maṣriya (f) | مصريّة |
| egípcio | maṣry | مصري |
| | | |
| Marrocos | el maɣreb (m) | المغرب |
| marroquino (m) | maɣreby (m) | مغربي |
| marroquina (f) | maɣrebiya (f) | مغربية |
| marroquino | maɣreby | مغربي |
| | | |
| Tunísia (f) | tunis (f) | تونس |
| tunisino (m) | tunsy (m) | تونسي |
| tunisina (f) | tunesiya (f) | تونسية |
| tunisino | tunsy | تونسي |
| | | |
| Gana (f) | ɣana (f) | غانا |
| Zanzibar (m) | zanʒibār (f) | زنجبار |
| Quénia (f) | kenya (f) | كينيا |
| Líbia (f) | libya (f) | ليبيا |
| Madagáscar (m) | madaɣaʃkar (f) | مدغشقر |
| | | |
| Namíbia (f) | namibia (f) | ناميبيا |
| Senegal (m) | el senɣāl (f) | السنغال |
| Tanzânia (f) | tanznia (f) | تنزانيا |
| África do Sul (f) | afreqia el ganūbiya (f) | أفريقيا الجنوبيّة |
| | | |
| africano (m) | afrīqy (m) | أفريقي |
| africana (f) | afriqiya (f) | أفريقية |
| africano | afrīqy | أفريقي |

## 241. Austrália. Oceania

| | | |
|---|---|---|
| Austrália (f) | ostorālya (f) | أستراليا |
| australiano (m) | ostorāly (m) | أسترالي |
| australiana (f) | ostoraleya (f) | أستراليّة |
| australiano | ostorāly | أسترالي |
| Nova Zelândia (f) | nyu zelanda (f) | نيوزيلندا |
| neozelandês (m) | nyu zelandy (m) | نيوزيلندي |
| neozelandesa (f) | nyu zelandiya (f) | نيوزيلنديّة |
| neozelandês | nyu zelandy | نيوزيلندي |
| Tasmânia (f) | tasmania (f) | تاسمانيا |
| Polinésia Francesa (f) | bolenezia el faransiya (f) | بولينزيا الفرنسيّة |

## 242. Cidades

| | | |
|---|---|---|
| Amesterdão | amesterdam (f) | امستردام |
| Ancara | ankara (f) | أنقرة |
| Atenas | atīna (f) | أثينا |
| Bagdade | baɣdād (f) | بغداد |
| Banguecoque | bangkok (f) | بانكوك |
| Barcelona | barʃelona (f) | برشلونة |
| Beirute | beyrut (f) | بيروت |
| Berlim | berlin (f) | برلين |
| Bombaim | bombay (f) | بومباى |
| Bona | bonn (f) | بون |
| Bordéus | bordu (f) | بوردو |
| Bratislava | bratislava (f) | براتيسلافا |
| Bruxelas | broksel (f) | بروكسل |
| Bucareste | buχarest (f) | بوخارست |
| Budapeste | budabest (f) | بودابست |
| Cairo | el qahera (f) | القاهرة |
| Calcutá | kalkutta (f) | كلكتا |
| Chicago | ʃikāgo (f) | شيكاجو |
| Cidade do México | madīnet meksiko (f) | مدينة مكسيكو |
| Copenhaga | kobenhāgen (f) | كوبنهاجن |
| Dar es Salaam | dar el salām (f) | دار السلام |
| Deli | delhi (f) | دلهي |
| Dubai | dubaī (f) | دبي |
| Dublin, Dublim | dablin (f) | دبلن |
| Düsseldorf | dusseldorf (f) | دوسلدورف |
| Estocolmo | stokχolm (f) | ستوكهولم |
| Florença | florensa (f) | فلورنسا |
| Frankfurt | frankfurt (f) | فرانكفورت |
| Genebra | ʒenive (f) | جنيف |
| Haia | lahāy (f) | لاهاى |
| Hamburgo | hamburg (m) | هامبورج |

| | | |
|---|---|---|
| Hanói | hanoy (f) | هانوى |
| Havana | havana (f) | هافانا |
| Helsínquia | helsinki (f) | هلسنكي |
| Hiroshima | hiroʃīma (f) | هيروشيما |
| Hong Kong | hong kong (f) | هونج كونج |
| Istambul | iṣtanbul (f) | إسطنبول |
| Jerusalém | el qods (f) | القدس |
| Kiev | kyiv (f) | كييف |
| Kuala Lumpur | kuala lumpur (f) | كوالالمبور |
| Lisboa | laʃbūna (f) | لشبونة |
| Londres | london (f) | لندن |
| Los Angeles | los anʒeles (f) | لوس أنجلوس |
| Lion | lyon (f) | ليون |
| Madrid | madrīd (f) | مدريد |
| Marselha | marsilia (f) | مرسيليا |
| Miami | mayami (f) | ميامي |
| Montreal | montreal (f) | مونتريال |
| Moscovo | moskū (f) | موسكو |
| Munique | muniχ (f) | ميونخ |
| Nairóbi | nayrobi (f) | نيروبي |
| Nápoles | naboli (f) | نابولي |
| Nice | nīs (f) | نيس |
| Nova York | nyu york (f) | نيويورك |
| Oslo | oslo (f) | أوسلو |
| Ottawa | ottawa (f) | أوتاوا |
| Paris | baris (f) | باريس |
| Pequim | bekīn (f) | بيكين |
| Praga | braɣ (f) | براغ |
| Rio de Janeiro | rio de ʒaneyro (f) | ريو دي جانيرو |
| Roma | roma (f) | روما |
| São Petersburgo | sant betersburɣ (f) | سانت بطرسبرغ |
| Seul | seūl (f) | سيول |
| Singapura | sinɣafūra (f) | سنغافورة |
| Sydney | sydney (f) | سيدني |
| Taipé | taybey (f) | تايبيه |
| Tóquio | ṭokyo (f) | طوكيو |
| Toronto | toronto (f) | تورونتو |
| Varsóvia | warsaw (f) | وارسو |
| Veneza | venesya (f) | فينيسيا |
| Viena | vienna (f) | فيينا |
| Washington | waʃinṭon (f) | واشنطن |
| Xangai | ʃanghay (f) | شنجهاي |

## 243. Política. Governo. Parte 1

| | | |
|---|---|---|
| política (f) | seyāsa (f) | سياسة |
| político | seyāsy | سياسي |

| | | |
|---|---|---|
| político (m) | seyāsy (m) | سياسي |
| estado (m) | dawla (f) | دولة |
| cidadão (m) | mowāṭen (m) | مواطن |
| cidadania (f) | mewaṭna (f) | مواطنة |
| brasão (m) de armas | ʃeʿār waṭany (m) | شعار وطني |
| hino (m) nacional | naʃīd waṭany (m) | نشيد وطني |
| governo (m) | ḥokūma (f) | حكومة |
| Chefe (m) de Estado | raʾs el dawla (m) | رأس الدولة |
| parlamento (m) | barlamān (m) | برلمان |
| partido (m) | ḥezb (m) | حزب |
| capitalismo (m) | raʾsmaliya (f) | رأسماليّة |
| capitalista | raʾsmāly | رأسمالي |
| socialismo (m) | eʃterakiya (f) | إشتراكيّة |
| socialista | eʃterāky | إشتراكي |
| comunismo (m) | ʃeyūʿiya (f) | شيوعيّة |
| comunista | ʃeyūʿy | شيوعي |
| comunista (m) | ʃeyūʿy (m) | شيوعي |
| democracia (f) | dīmoqraṭiya (f) | ديموقراطيّة |
| democrata (m) | demoqrāṭy (m) | ديموقراطي |
| democrático | demoqrāṭy | ديموقراطي |
| Partido (m) Democrático | el ḥezb el demokrāṭy (m) | الحزب الديموقراطي |
| liberal (m) | librāly (m) | ليبيرالي |
| liberal | librāly | ليبيرالي |
| conservador (m) | moḥāfeẓ (m) | محافظ |
| conservador | moḥāfeẓ | محافظ |
| república (f) | gomhoriya (f) | جمهورية |
| republicano (m) | gomhūry (m) | جمهوري |
| Partido (m) Republicano | el ḥezb el gomhūry (m) | الحزب الجمهوري |
| eleições (f pl) | entaχabāt (pl) | إنتخابات |
| eleger (vt) | entaχab | إنتخب |
| eleitor (m) | nāχeb (m) | ناخب |
| campanha (f) eleitoral | ḥamla enteχabiya (f) | حملة إنتخابيّة |
| votação (f) | taṣwīt (m) | تصويت |
| votar (vi) | ṣawwat | صوّت |
| direito (m) de voto | ḥaʾ el enteχāb (m) | حق الإنتخاب |
| candidato (m) | morasʃaḥ (m) | مرشّح |
| candidatar-se (vi) | rasʃaḥ nafsoh | رشّح نفسه |
| campanha (f) | ḥamla (f) | حملة |
| da oposição | moʿāreḍ | معارض |
| oposição (f) | moʿarḍa (f) | معارضة |
| visita (f) | zeyāra (f) | زيارة |
| visita (f) oficial | zeyāra rasmiya (f) | زيارة رسميّة |
| internacional | dawly | دوّلي |

| | | |
|---|---|---|
| negociações (f pl) | mofawḍāt (pl) | مفاوضات |
| negociar (vi) | tafāwaḍ | تفاوض |

## 244. Política. Governo. Parte 2

| | | |
|---|---|---|
| sociedade (f) | mogtamaʿ (m) | مجتمع |
| constituição (f) | dostūr (m) | دستور |
| poder (ir para o ~) | solṭa (f) | سلطة |
| corrupção (f) | fasād (m) | فساد |
| lei (f) | qanūn (m) | قانون |
| legal | qanūny | قانوني |
| justiça (f) | ʿadāla (f) | عدالة |
| justo | ʿādel | عادل |
| comité (m) | lagna (f) | لجنة |
| projeto-lei (m) | maʃrūʿ qanūn (m) | مشروع قانون |
| orçamento (m) | mowazna (f) | موازنة |
| política (f) | seyāsa (f) | سياسة |
| reforma (f) | eṣlāḥ (m) | إصلاح |
| radical | oṣūly | أصولي |
| força (f) | ʾowwa (f) | قوّة |
| poderoso | ʾawy | قوي |
| partidário (m) | moʾayed (m) | مؤيد |
| influência (f) | taʾsīr (m) | تأثير |
| regime (m) | nezām ḥokm (m) | نظام حكم |
| conflito (m) | χelāf (m) | خلاف |
| conspiração (f) | moʾamra (f) | مؤامرة |
| provocação (f) | estefzāz (m) | إستفزاز |
| derrubar (vt) | asqaṭ | أسقط |
| derrube (m), queda (f) | esqāṭ (m) | إسقاط |
| revolução (f) | sawra (f) | ثوّرة |
| golpe (m) de Estado | enqelāb (m) | إنقلاب |
| golpe (m) militar | enqelāb ʿaskary (m) | إنقلاب عسكري |
| crise (f) | azma (f) | أزمة |
| recessão (f) económica | rokūd eqteṣādy (m) | ركود إقتصادي |
| manifestante (m) | motaẓāher (m) | متظاهر |
| manifestação (f) | mozahra (f) | مظاهرة |
| lei (f) marcial | ḥokm ʿorfy (m) | حكم عرفي |
| base (f) militar | qaʿeda ʿaskariya (f) | قاعدة عسكريّة |
| estabilidade (f) | esteqrār (m) | إستقرار |
| estável | mostaqerr | مستقرّ |
| exploração (f) | esteɣlāl (m) | إستغلال |
| explorar (vt) | estaɣall | إستغلّ |
| racismo (m) | ʿonṣoriya (f) | عنصريّة |
| racista (m) | ʿonṣory (m) | عنصري |

| | | |
|---|---|---|
| fascismo (m) | faʃiya (f) | فاشيّة |
| fascista (m) | fāʃy (m) | فاشي |

## 245. Países. Diversos

| | | |
|---|---|---|
| estrangeiro (m) | agnaby (m) | أجنبي |
| estrangeiro | agnaby | أجنبي |
| no estrangeiro | fel χāreg | في الخارج |
| emigrante (m) | mohāger (m) | مهاجر |
| emigração (f) | hegra (f) | هجرة |
| emigrar (vi) | hāgar | هاجر |
| Ocidente (m) | el ɣarb (m) | الغرب |
| Oriente (m) | el ʃar' (m) | الشرق |
| Extremo Oriente (m) | el ʃar' el aqṣa (m) | الشرق الأقصى |
| civilização (f) | ḥaḍāra (f) | حضارة |
| humanidade (f) | el baʃariya (f) | البشريّة |
| mundo (m) | el ʻālam (m) | العالم |
| paz (f) | salām (m) | سلام |
| mundial | ʻālamy | عالمي |
| pátria (f) | waṭan (m) | وطن |
| povo (m) | ʃaʻb (m) | شعب |
| população (f) | sokkān (pl) | سكّان |
| gente (f) | nās (pl) | ناس |
| nação (f) | omma (f) | أمّة |
| geração (f) | gīl (m) | جيل |
| território (m) | arḍ (f) | أرض |
| região (f) | mante'a (f) | منطقة |
| estado (m) | welāya (f) | ولاية |
| tradição (f) | ta'līd (m) | تقليد |
| costume (m) | ʻāda (f) | عادة |
| ecologia (f) | ʻelm el bī'a (m) | علم البيئة |
| índio (m) | hendy aḥmar (m) | هندي أحمر |
| cigano (m) | ɣagary (m) | غجري |
| cigana (f) | ɣagariya (f) | غجريّة |
| cigano | ɣagary | غجري |
| império (m) | embraṭoriya (f) | إمبراطورية |
| colónia (f) | mostaʻmara (f) | مستعمرة |
| escravidão (f) | ʻobūdiya (f) | عبودية |
| invasão (f) | ɣazw (m) | غزو |
| fome (f) | magāʻa (f) | مجاعة |

## 246. Grupos religiosos mais importantes. Confissões

| | | |
|---|---|---|
| religião (f) | dīn (m) | دين |
| religioso | dīny | ديني |

| | | |
|---|---|---|
| crença (f) | emān (m) | إيمان |
| crer (vt) | aman | أمن |
| crente (m) | mo'men (m) | مؤمن |
| | | |
| ateísmo (m) | el elḥād (m) | الإلحاد |
| ateu (m) | molḥed (m) | ملحد |
| | | |
| cristianismo (m) | el masīḥiya (f) | المسيحيّة |
| cristão (m) | mesīḥy (m) | مسيحي |
| cristão | mesīḥy | مسيحي |
| | | |
| catolicismo (m) | el kasolekiya (f) | الكاثوليكيّة |
| católico (m) | kasolīky (m) | كاثوليكي |
| católico | kasolīky | كاثوليكي |
| | | |
| protestantismo (m) | brotestantiya (f) | بروتستانتية |
| Igreja (f) Protestante | el kenīsa el brotestantiya (f) | الكنيسة البروتستانتية |
| protestante (m) | brotestanty (m) | بروتستانتي |
| | | |
| ortodoxia (f) | orsozeksiya (f) | الأرثوذكسيّة |
| Igreja (f) Ortodoxa | el kenīsa el orsozeksiya (f) | الكنيسة الأرثوذكسيّة |
| ortodoxo (m) | arsazoksy (m) | أرثوذكسي |
| | | |
| presbiterianismo (m) | maʃīχiya (f) | مشيخية |
| Igreja (f) Presbiteriana | el kenīsa el maʃīχiya (f) | الكنيسة المشيخية |
| presbiteriano (m) | maʃīχiya (f) | مشيخية |
| | | |
| Igreja (f) Luterana | el luseriya (f) | اللوثرية |
| luterano (m) | luterriya (m) | لوثرية |
| | | |
| Igreja (f) Batista | el kenīsa el me'medaniya (f) | الكنيسة المعمدانية |
| batista (m) | me'medāny (m) | معمداني |
| | | |
| Igreja (f) Anglicana | el kenīsa el anʒlekaniya (f) | الكنيسة الإنجليكانية |
| anglicano (m) | enʒelikāny (m) | أنجليكاني |
| | | |
| mormonismo (m) | el moromoniya (f) | المورمونية |
| mórmon (m) | mesīḥy mormōn (m) | مسيحي مرمون |
| | | |
| Judaísmo (m) | el yahūdiya (f) | اليهودية |
| judeu (m) | yahūdy (m) | يهودي |
| | | |
| budismo (m) | el būziya (f) | البوذية |
| budista (m) | būzy (m) | بوذي |
| | | |
| hinduísmo (m) | el hindūsiya (f) | الهندوسية |
| hindu (m) | hendūsy (m) | هندوسي |
| | | |
| Islão (m) | el islām (m) | الإسلام |
| muçulmano (m) | muslim (m) | مسلم |
| muçulmano | islāmy | إسلامي |
| | | |
| Xiismo (m) | el mazhab el ʃee'y (m) | المذهب الشيعي |
| xiita (m) | ʃee'y (m) | شيعي |
| sunismo (m) | el mazhab el sunny (m) | المذهب السنّي |
| sunita (m) | sunni (m) | سنّي |

## 247. Religiões. Padres

| | | |
|---|---|---|
| padre (m) | kāhen (m) | كاهن |
| Papa (m) | el bāba (m) | البابا |
| monge (m) | rāheb (m) | راهب |
| freira (f) | rāheba (f) | راهبة |
| pastor (m) | ʾessīs (m) | قسّيس |
| abade (m) | raʾīs el deyr (m) | رئيس الدير |
| vigário (m) | viqār (m) | فيقار |
| bispo (m) | asqof (m) | أسقف |
| cardeal (m) | kardinal (m) | كاردينال |
| pregador (m) | mobasʃer (m) | مبشّر |
| sermão (m) | tabʃīr (f) | تبشير |
| paroquianos (pl) | raʿyet el abraʃiya (f) | رعية الأبرشية |
| crente (m) | moʾmen (m) | مؤمن |
| ateu (m) | molḥed (m) | ملحد |

## 248. Fé. Cristianismo. Islão

| | | |
|---|---|---|
| Adão | ʾādam (m) | آدم |
| Eva | ḥawwāʾ (f) | حوّاء |
| Deus (m) | allah (m) | الله |
| Senhor (m) | el rabb (m) | الربّ |
| Todo Poderoso (m) | el qadīr (m) | القدير |
| pecado (m) | zanb (m) | ذنب |
| pecar (vi) | aznab | أذنب |
| pecador (m) | mozneb (m) | مذنب |
| pecadora (f) | mozneba (f) | مذنبة |
| inferno (m) | el gaḥīm (f) | الجحيم |
| paraíso (m) | el ganna (f) | الجنّة |
| Jesus | yasūʿ (m) | يسوع |
| Jesus Cristo | yasūʿ el masīḥ (m) | يسوع المسيح |
| Espírito (m) Santo | el rūḥ el qods (m) | الروح القدس |
| Salvador (m) | el masīḥ (m) | المسيح |
| Virgem Maria (f) | maryem el ʿazrāʾ (f) | مريم العذراء |
| Diabo (m) | el ʃayṭān (m) | الشيطان |
| diabólico | ʃeyṭāny | شيطاني |
| Satanás (m) | el ʃayṭān (m) | الشيطان |
| satânico | ʃeyṭāny | شيطاني |
| anjo (m) | malāk (m) | ملاك |
| anjo (m) da guarda | malāk ḥāres (m) | ملاك حارس |
| angélico | malāʾeky | ملائكي |

| | | |
|---|---|---|
| apóstolo (m) | rasūl (m) | رسول |
| arcanjo (m) | el malāk el ra'īsy (m) | الملاك الرئيسي |
| anticristo (m) | el masīḥ el daggāl (m) | المسيح الدجّال |
| Igreja (f) | el kenīsa (f) | الكنيسة |
| Bíblia (f) | el ketāb el moqaddas (m) | الكتاب المقدّس |
| bíblico | tawrāty | توراتي |
| Velho Testamento (m) | el ʿaḥd el 'adīm (m) | العهد القديم |
| Novo Testamento (m) | el ʿaḥd el gedīd (m) | العهد الجديد |
| Evangelho (m) | engīl (m) | إنجيل |
| Sagradas Escrituras (f pl) | el ketāb el moqaddas (m) | الكتاب المقدّس |
| Céu (m) | el ganna (f) | الجنّة |
| mandamento (m) | waṣiya (f) | وصيّة |
| profeta (m) | naby (m) | نبي |
| profecia (f) | nobū'a (f) | نبوءة |
| Alá | allah (m) | الله |
| Maomé | moḥammed (m) | محمّد |
| Corão, Alcorão (m) | el qor'ān (m) | القرآن |
| mesquita (f) | masged (m) | مسجد |
| mulá (m) | mullah (m) | ملا |
| oração (f) | ṣalāh (f) | صلاة |
| rezar, orar (vi) | ṣalla | صلّى |
| peregrinação (f) | ḥagg (m) | حج |
| peregrino (m) | ḥagg (m) | حاج |
| Meca (f) | makka el mokarrama (f) | مكة المكرّمة |
| igreja (f) | kenīsa (f) | كنيسة |
| templo (m) | maʿbad (m) | معبد |
| catedral (f) | katedra'iya (f) | كاتدرائية |
| gótico | qūṭy | قوطي |
| sinagoga (f) | kenīs (m) | كنيس |
| mesquita (f) | masged (m) | مسجد |
| capela (f) | kenīsa saɣīra (f) | كنيسة صغيرة |
| abadia (f) | deyr (m) | دير |
| convento (m) | deyr (m) | دير |
| mosteiro (m) | deyr (m) | دير |
| sino (m) | garas (m) | جرس |
| campanário (m) | borg el garas (m) | برج الجرس |
| repicar (vi) | da'' | دق |
| cruz (f) | ṣalīb (m) | صليب |
| cúpula (f) | 'obba (f) | قبّة |
| ícone (m) | ramz (m) | رمز |
| alma (f) | nafs (f) | نفس |
| destino (m) | maṣīr (m) | مصير |
| mal (m) | ʃarr (m) | شرّ |
| bem (m) | χeyr (m) | خير |
| vampiro (m) | maṣṣāṣ demā' (m) | مصّاص دماء |

| | | |
|---|---|---|
| bruxa (f) | sāḥera (f) | ساحرة |
| demónio (m) | ʃeṭān (m) | شيطان |
| espírito (m) | roḥe (m) | روح |
| redenção (f) | takfīr (m) | تكفير |
| redimir (vt) | kaffar ʿan | كفّر عن |
| missa (f) | qedās (m) | قداس |
| celebrar a missa | ʾām be χedma dīniya | قام بخدمة دينية |
| confissão (f) | eʿterāf (m) | إعتراف |
| confessar-se (vr) | eʿtaraf | إعترف |
| santo (m) | qeddīs (m) | قدّيس |
| sagrado | moqaddas (m) | مقدّس |
| água (f) benta | maya moqaddesa (f) |ماية مقدّسة |
| ritual (m) | ʃaʿāʾer (pl) | شعائر |
| ritual | ʃaʿāʾery | شعائري |
| sacrifício (m) | zabīḥa (f) | ذبيحة |
| superstição (f) | χorāfa (f) | خرافة |
| supersticioso | moʾmen bel χorafāt (m) | مؤمن بالخرافات |
| vida (f) depois da morte | aχra (f) | الآخرة |
| vida (f) eterna | ḥayat el abadiya (f) | حياة الأبدية |

# TEMAS DIVERSOS

## 249. Várias palavras úteis

| | | |
|---|---|---|
| ajuda (f) | mosa'da (f) | مساعدة |
| barreira (f) | ḥāgez (m) | حاجز |
| base (f) | asās (m) | أساس |
| categoria (f) | fe'a (f) | فئة |
| causa (f) | sabab (m) | سبب |
| coincidência (f) | ṣodfa (f) | صدفة |
| coisa (f) | ḥāga (f) | حاجة |
| começo (m) | bedāya (f) | بداية |
| cómodo (ex. poltrona ~a) | morīḥ | مريح |
| comparação (f) | moqarna (f) | مقارنة |
| compensação (f) | ta'wīḍ (m) | تعويض |
| crescimento (m) | nomoww (m) | نموّ |
| desenvolvimento (m) | tanmeya (f) | تنمية |
| diferença (f) | far' (m) | فرق |
| efeito (m) | ta'sīr (m) | تأثير |
| elemento (m) | 'onṣor (m) | عنصر |
| equilíbrio (m) | tawāzon (m) | توازن |
| erro (m) | χaṭa' (m) | خطأ |
| esforço (m) | mag-hūd (m) | مجهود |
| estilo (m) | oslūb (m) | أسلوب |
| exemplo (m) | mesāl (m) | مثال |
| facto (m) | ḥaīa (f) | حقيقة |
| fim (m) | nehāya (f) | نهاية |
| forma (f) | ʃakl (m) | شكل |
| frequente | motakarrer (m) | متكرّر |
| fundo (ex. ~ verde) | χalefiya (f) | خلفية |
| género (tipo) | nū' (m) | نوع |
| grau (m) | daraga (f) | درجة |
| ideal (m) | mesāl (m) | مثال |
| labirinto (m) | matāha (f) | متاهة |
| modo (m) | ṭarī'a (f) | طريقة |
| momento (m) | laḥza (f) | لحظة |
| objeto (m) | mawḍū' (m) | موضوع |
| obstáculo (m) | 'aqaba (f) | عقبة |
| original (m) | aṣl (m) | أصل |
| padrão | 'ādy -qeyāsy | عادي, قياسي |
| padrão (m) | 'eyās (m) | قياس |
| paragem (pausa) | estrāḥa (f) | إستراحة |
| parte (f) | goz' (m) | جزء |

| | | |
|---|---|---|
| partícula (f) | goz' (m) | جزء |
| pausa (f) | estrāḥa (f) | إستراحة |
| posição (f) | mawqef (m) | موقف |
| princípio (m) | mabda' (m) | مبدأ |
| problema (m) | moʃkela (f) | مشكلة |
| processo (m) | 'amaliya (f) | عمليّة |
| progresso (m) | ta'addom (m) | تقدّم |
| propriedade (f) | χaṣṣa (f) | خاصّة |
| reação (f) | radd fe'l (m) | ردّ فعل |
| risco (m) | moχaṭra (f) | مخاطرة |
| ritmo (m) | eqā' (m) | إيقاع |
| segredo (m) | serr (m) | سرّ |
| série (f) | selsela (f) | سلسلة |
| sistema (m) | nezām (m) | نظام |
| situação (f) | ḥāla (f), waḍ' (m) | حالة, وضع |
| solução (f) | ḥall (m) | حلّ |
| tabela (f) | gadwal (m) | جدول |
| termo (ex. ~ técnico) | moṣṭalaḥ (m) | مصطلح |
| tipo (m) | nū' (m) | نوع |
| urgente | mesta'gel | مستعجل |
| urgentemente | be ʃakl 'āgel | بشكل عاجل |
| utilidade (f) | manf'a (f) | منفعة |
| variante (f) | ʃakl moχtalef (m) | شكل مختلف |
| variedade (f) | eχteyār (m) | إختيار |
| verdade (f) | ḥa'ī'a (f) | حقيقة |
| vez (f) | dore (m) | دور |
| zona (f) | mante'a (f) | منطقة |

## 250. Modificadores. Adjetivos. Parte 1

| | | |
|---|---|---|
| aberto | maftūḥ | مفتوح |
| afiado | ḥād | حاد |
| agradável | laṭīf | لطيف |
| agradecido | ʃāker | شاكر |
| alegre | farḥān | فرحان |
| alto (ex. voz ~a) | 'āly | عالي |
| amargo | morr | مرّ |
| amplo | wāse' | واسع |
| antigo | 'adīm | قديم |
| apertado (sapatos ~s) | ḍaye' | ضيّق |
| apropriado | monāseb | مناسب |
| arriscado | mogāzef | مجازف |
| artificial | ṣenā'y | صناعي |
| azedo | ḥāmeḍ | حامض |
| baixo (voz ~a) | wāṭy | واطي |
| barato | reχīṣ | رخيص |

| | | |
|---|---|---|
| belo | gamīl | جميل |
| bom | kewayes | كويّس |
| bondoso | ṭayeb | طيّب |
| bonito | gamīl | جميل |
| bronzeado | asmar | أسمر |
| burro, estúpido | ɣaby | غبي |
| calmo | hady | هادئ |
| cansado | taʿbān | تعبان |
| cansativo | motʿeb | متعب |
| carinhoso | mohtamm | مهتمّ |
| caro | ɣāly | غالي |
| cego | aʿma | أعمى |
| central | markazy | مركزي |
| cerrado (ex. nevoeiro ~) | kasīf | كثيف |
| cheio (ex. copo ~) | malyān | مليان |
| civil | madany | مدني |
| clandestino | serry | سرّي |
| claro | fāteḥ | فاتح |
| claro (explicação ~a) | wāḍeḥ | واضح |
| compatível | motawāfaq | متوافق |
| comum, normal | ʿādy | عادي |
| congelado | mogammad | مجمّد |
| conjunto | moʃtarak | مشترك |
| considerável | mohemm | مهمّ |
| contente | rāḍy | راضي |
| contínuo | momtad | ممتد |
| contrário (ex. o efeito ~) | moqābel | مقابل |
| correto (resposta ~a) | ṣaḥīḥ | صحيح |
| cru (não cozinhado) | nayī | نيّ |
| curto | ʾaṣīr | قصير |
| de curta duração | ʾaṣīr | قصير |
| de sol, ensolarado | moʃmes | مشمس |
| de trás | χalfy | خلفي |
| denso (fumo, etc.) | kasīf | كثيف |
| desanuviado | ṣāfy | صافي |
| descuidado | mohmel | مهمل |
| diferente | moχtalef | مختلف |
| difícil | ṣaʿb | صعب |
| difícil, complexo | ṣaʿb | صعب |
| direito | el yemīn | اليمين |
| distante | beʿīd | بعيد |
| diverso | moχtalef | مختلف |
| doce (açucarado) | mesakkar | مسكّر |
| doce (água) | ʿazb | عذب |
| doente | ʿayān | عيّان |
| duro (material ~) | gāmed | جامد |
| educado | moʾaddab | مؤدّب |

| | | |
|---|---|---|
| encantador | laṭīf | لطيف |
| enigmático | ɣāmeḍ | غامض |
| enorme | ḍaχm | ضخم |
| escuro (quarto ~) | ḍalma | ظلمة |
| especial | χāṣṣ | خاصّ |
| esquerdo | el ʃemāl | الشمال |
| estrangeiro | agnaby | أجنبي |
| estreito | ḍaye’ | ضيّق |
| exato | maẓbūṭ | مظبوط |
| excelente | momtāz | ممتاز |
| excessivo | mofreṭ | مفرط |
| externo | χāregy | خارجي |
| fácil | sahl | سهل |
| faminto | geʿān | جعان |
| fechado | ma’fūl | مقفول |
| feliz | saʿīd | سعيد |
| fértil (terreno ~) | χeṣb | خصب |
| forte (pessoa ~) | ’awy | قوّي |
| fraco (luz ~a) | bāhet | باهت |
| frágil | qābel lel kasr | قابل للكسر |
| fresco | monʿeʃ | منعش |
| fresco (pão ~) | ṭāza | طازة |
| frio | bāred | بارد |
| gordo | dasem | دسم |
| gostoso | ṭaʿmo ḥelw | طعمه حلو |
| grande | kebīr | كبير |
| gratuito, grátis | be balāʃ | ببلاش |
| grosso (camada ~a) | teχīn | تخين |
| hostil | meʃ weddy | مش ودّي |
| húmido | roṭob | رطب |

## 251. Modificadores. Adjetivos. Parte 2

| | | |
|---|---|---|
| igual | momāsel | مماثل |
| imóvel | sābet | ثابت |
| importante | mohemm | مهمّ |
| impossível | mostaḥīl | مستحيل |
| incompreensível | meʃ wāḍeḥ | مش واضح |
| indigente | moʿdam | معدم |
| indispensável | ḍarūry | ضروري |
| inexperiente | ’alīl el χebra | قليل الخبرة |
| infantil | lel aṭfāl | للأطفال |
| ininterrupto | motawāṣal | متواصل |
| insignificante | meʃ mohemm | مش مهمّ |
| inteiro (completo) | koll el nās | كلّ |
| inteligente | zaky | ذكي |

| | | |
|---|---|---|
| interno | dāχely | داخلي |
| jovem | ʃāb | شاب |
| largo (caminho ~) | wāse' | واسع |
| legal | qanūny | قانوني |
| leve | χafīf | خفيف |
| limitado | maḥdūd | محدود |
| limpo | neḍīf | نظيف |
| líquido | sā'el | سائل |
| liso | amlas | أملس |
| liso (superfície ~a) | mosaṭṭaḥ | مسطّح |
| livre | ḥorr | حرّ |
| longo (ex. cabelos ~s) | ṭawīl | طويل |
| maduro (ex. fruto ~) | mestewy | مستوّي |
| magro | rofaya' | رفيّع |
| magro (pessoa) | rofaya' | رفيّع |
| mais próximo | a''rab | أقرب |
| mais recente | elly fāt | اللي فات |
| mate, baço | maṭfy | مطفي |
| mau | weḥeʃ | وحش |
| meticuloso | motqan | متقن |
| míope | 'aṣīr el naẓar | قصير النظر |
| mole | nā'em | ناعم |
| molhado | mablūl | مبلول |
| moreno | asmar | أسمر |
| morto | mayet | ميّت |
| não difícil | meʃ ṣa'b | مش صعب |
| não é clara | meʃ wāḍeḥ | مش واضح |
| não muito grande | meʃ kebīr | مش كبير |
| natal (país ~) | aṣly | أصلي |
| necessário | lāzem | لازم |
| negativo | salby | سلبي |
| nervoso | 'aṣaby | عصبي |
| normal | 'ādy | عادي |
| novo | gedīd | جديد |
| o mais importante | ahamm | أهمّ |
| obrigatório | ḍarūry | ضروري |
| original | aṣly | أصلي |
| passado | māḍy | ماضي |
| pequeno | ṣoɣeyyir | صغيّر |
| perigoso | χaṭīr | خطير |
| permanente | dā'em | دائم |
| perto | 'arīb | قريب |
| pesado | te'īl | ثقيل |
| pessoal | ʃaχṣy | شخصي |
| plano (ex. ecrã ~ a) | mosaṭṭaḥ | مسطّح |
| pobre | fa'īr | فقير |
| pontual | daqīq | دقيق |

| | | |
|---|---|---|
| possível | momken | ممكن |
| pouco fundo | ḍaḥl | ضحل |
| presente (ex. momento ~) | ḥāḍer | حاضر |
| prévio | elly fāt | اللي فات |
| primeiro (principal) | asāsy | أساسي |
| principal | ra'īsy | رئيسي |
| privado | χāṣṣa | خاصة |
| provável | moḥtamal | محتمل |
| próximo | 'arīb | قريب |
| público | 'ām | عام |
| quente (cálido) | soχn | سخن |
| quente (morno) | dāfe' | دافئ |
| rápido | saree' | سريع |
| raro | nāder | نادر |
| remoto, longínquo | be'īd | بعيد |
| reto | mostaqīm | مستقيم |
| salgado | māleḥ | مالح |
| satisfeito | rāḍy | راضي |
| seco | nāʃef | ناشف |
| seguinte | elly gayī | اللي جاي |
| seguro | 'āmen | آمن |
| similar | ʃabīh | شبيه |
| simples | basīṭ | بسيط |
| soberbo | momtāz | ممتاز |
| sólido | matīn | متين |
| sombrio | moẓlem | مظلم |
| sujo | weseχ | وسخ |
| superior | a'la | أعلى |
| suplementar | eḍāfy | إضافي |
| terno, afetuoso | ḥanūn | حنون |
| tranquilo | hady | هادئ |
| transparente | ʃaffāf | شفّاف |
| triste (pessoa) | za'lān | زعلان |
| triste (um ar ~) | za'lān | زعلان |
| último | 'āχer | آخر |
| único | farīd | فريد |
| usado | mosta'mal | مستعمل |
| vazio (meio ~) | χāly | خالي |
| velho | 'adīm | قديم |
| vizinho | mogāwer | مجاور |

# 500 VERBOS PRINCIPAIS

## 252. Verbos A-B

| | | |
|---|---|---|
| aborrecer-se (vr) | zehe' | زهق |
| abraçar (vt) | ḥaḍan | حضن |
| abrir (~ a janela) | fataḥ | فتح |
| acalmar (vt) | ṭam'an | طمأن |
| acariciar (vt) | masaḥ 'ala | مسح على |
| acenar (vt) | ʃāwer | شاور |
| acender (~ uma fogueira) | walla' | ولّع |
| achar (vt) | e'taqad | إعتقد |
| acompanhar (vt) | rāfaq | رافق |
| aconselhar (vt) | naṣaḥ | نصح |
| acordar (despertar) | ṣaḥḥa | صحى |
| acrescentar (vt) | aḍāf | أضاف |
| acusar (vt) | ettaham | إتّهم |
| adestrar (vt) | darrab | درّب |
| adivinhar (vt) | χammen | خمّن |
| admirar (vt) | o'gab be | أعجب بـ |
| advertir (vt) | ḥazzar | حذّر |
| afirmar (vt) | aṣarr | أصرّ |
| afogar-se (pessoa) | ɣere' | غرق |
| afugentar (vt) | χawwef | خوّف |
| agir (vi) | 'amal | عمل |
| agitar, sacudir (objeto) | ragg | رجّ |
| agradecer (vt) | ʃakar | شكر |
| ajudar (vt) | sā'ed | ساعد |
| alcançar (objetivos) | balaɣ | بلغ |
| alimentar (dar comida) | akkel | أكّل |
| almoçar (vi) | etɣadda | إتغدّى |
| alugar (~ o barco, etc.) | aggar | أجّر |
| alugar (~ um apartamento) | est'gar | إستأجر |
| amar (pessoa) | ḥabb | حبّ |
| amarrar (vt) | rabaṭ | ربط |
| ameaçar (vt) | hadded | هدّد |
| amputar (vt) | batr | بتر |
| anotar (escrever) | katab molaḥẓa | كتب ملاحظة |
| anular, cancelar (vt) | alɣa | ألغى |
| apagar (com apagador, etc.) | masaḥ | مسح |
| apagar (um incêndio) | ṭaffa | طفّي |
| apaixonar-se de ... | ḥabb | حبّ |

| | | |
|---|---|---|
| aparecer (vi) | ẓahar | ظهر |
| aplaudir (vi) | ṣaffa' | صفّق |
| apoiar (vt) | ayed | أيّد |
| apontar para ... | ṣawwab 'ala ... | صوّب على ... |
| apresentar (alguém a alguém) | 'arraf | عرّف |
| apresentar (Gostaria de ~) | 'addem | قدّم |
| apressar (vt) | esta'gel | إستعجل |
| apressar-se (vr) | esta'gel | إستعجل |
| aproximar-se (vr) | 'arrab | قرّب |
| aquecer (vt) | sakχan | سخّن |
| arrancar (vt) | 'aṭa' | قطع |
| arranhar (gato, etc.) | χarbeʃ | خربش |
| arrepender-se (vr) | nedem | ندم |
| arriscar (vt) | χāṭar | خاطر |
| arrumar, limpar (vt) | ratteb | رتّب |
| aspirar a ... | sa'a | سعى |
| assinar (vt) | waqqa' | وقّع |
| assistir (vt) | sā'ed | ساعد |
| atacar (vt) | hagam | هجم |
| atar (vt) | rabaṭ be ... | ربط بـ.... |
| atirar (vi) | ḍarab bel nār | ضرب بالنار |
| atracar (vi) | rasa | رسا |
| aumentar (vi) | ezdād | إزداد |
| aumentar (vt) | zawwed | زوّد |
| avançar (sb. trabalhos, etc.) | ta'addam | تقدّم |
| avistar (vt) | lamaḥ | لمح |
| baixar (guindaste) | nazzel | نزّل |
| barbear-se (vr) | ḥala' | حلق |
| basear-se em ... | estanad 'ala | إستند على |
| bastar (vi) | kaffa | كفّى |
| bater (espancar) | ḍarab | ضرب |
| bater (vi) | da'' | دقّ |
| bater-se (vr) | etχāne' | إتخانق |
| beber, tomar (vt) | ʃereb | شرب |
| brilhar (vi) | lem' | لمع |
| brincar, jogar (crianças) | le'eb | لعب |
| buscar (vt) | dawwar 'ala | دوّر على |

## 253. Verbos C-D

| | | |
|---|---|---|
| caçar (vi) | eṣṭād | إصطاد |
| calar-se (parar de falar) | seket | سكت |
| calcular (vt) | 'add | عدّ |
| carregar (o caminhão) | ʃaḥn | شحن |
| carregar (uma arma) | 'ammar | عمّر |

| | | |
|---|---|---|
| casar-se (vr) | ettgawwez | إتّجوّز |
| causar (vt) | sabbeb | سبّب |
| cavar (vt) | ḥafar | حفر |
| ceder (não resistir) | estaslam | إستسلم |
| cegar, ofuscar (vt) | ʿama | عمى |
| censurar (vt) | lām | لام |
| cessar (vt) | baṭṭal | بطّل |
| chamar (~ por socorro) | estaɣās | إستغاث |
| chamar (dizer em voz alta o nome) | nāda | نادى |
| chegar (a algum lugar) | weṣel | وصل |
| chegar (sb. comboio, etc.) | weṣel | وصل |
| cheirar (tem o cheiro) | fāḥ | فاح |
| cheirar (uma flor) | ʃamm | شمّ |
| chorar (vi) | baka | بكى |
| citar (vt) | estaʃ-hed | إستشهد |
| colher (flores) | ʾaṭaf | قطف |
| colocar (vt) | ḥaṭṭ | حطّ |
| combater (vi, vt) | qātal | قاتل |
| começar (vt) | badaʾ | بدأ |
| comer (vt) | akal | أكل |
| comparar (vt) | qāran | قارن |
| compensar (vt) | ʿawwaḍ | عوّض |
| competir (vi) | nāfes | نافس |
| complicar (vt) | ʿaʾʾad | عقّد |
| compor (vt) | laḥḥan | لحّن |
| comportar-se (vr) | taṣarraf | تصرّف |
| comprar (vt) | eʃtara | إشترى |
| compreender (vt) | fehem | فهم |
| comprometer (vt) | sawwaʾ somʿetoh | سوء سمعته |
| concentrar-se (vr) | rakkez | ركّز |
| concordar (dizer "sim") | ettafaʾ | إتّفق |
| condecorar (dar medalha) | manaḥ | منح |
| conduzir (~ o carro) | sāʾ ʿarabiya | ساق عربية |
| confessar-se (criminoso) | eʿtaraf | إعترف |
| confiar (vt) | wasaq | وثق |
| confundir (equivocar-se) | etlaxbaṭ | إتلخبط |
| conhecer (vt) | ʿeref | عرف |
| conhecer-se (vr) | taʿarraf | تعرّف |
| consertar (vt) | nazzam | نظّم |
| consultar … | estaʃār … | إستشار... |
| contagiar-se com … | etʿada | إتعدى |
| contar (vt) | ḥaka | حكى |
| contar com … | eʿtamad ʿala … | إعتمد على... |
| continuar (vt) | estamar | إستمر |
| contratar (vt) | waẓẓaf | وظّف |

| | | |
|---|---|---|
| controlar (vt) | et-ḥakkem | إتحكّم |
| convencer (vt) | aqnaʿ | أقنع |
| convidar (vt) | ʿazam | عزم |
| cooperar (vi) | taʿāwan | تعاون |
| coordenar (vt) | nassaq | نسّق |
| corar (vi) | eḥmarr | إحمرّ |
| correr (vi) | gery | جري |
| corrigir (vt) | ṣaḥḥaḥ | صحّح |
| cortar (com um machado) | ʾaṭṭaʿ | قطّع |
| cortar (vt) | ʾaṭṭaʿ | قطّع |
| cozinhar (vt) | ḥaḍḍar | حضّر |
| crer (pensar) | eʿtaqad | إعتقد |
| criar (vt) | ʿamal | عمل |
| cultivar (vt) | anbat | أنبت |
| cuspir (vi) | taff | تفّ |
| custar (vt) | kallef | كلّف |
| dar (vt) | edda | أدّى |
| dar banho, lavar (vt) | ḥammem | حمّم |
| datar (vi) | tarīχo | تاريخه |
| decidir (vt) | ʾarrar | قرّر |
| decorar (enfeitar) | zayen | زيّن |
| dedicar (vt) | karras | كرّس |
| defender (vt) | dāfaʿ | دافع |
| defender-se (vr) | dāfaʿ ʿan nafsoh | دافع عن نفسه |
| deixar (~ a mulher) | sāb | ساب |
| deixar (esquecer) | sāb | ساب |
| deixar (permitir) | samaḥ | سمح |
| deixar cair (vt) | waʾʾaʿ | وقّع |
| denominar (vt) | samma | سمى |
| denunciar (vt) | estankar | إستنكر |
| depender de … (vi) | eʿtamad ʿala … | إعتمد على... |
| derramar (vt) | dalaʾ | دلق |
| derramar-se (vr) | saʾaṭ | سقط |
| desaparecer (vi) | eχtafa | إختفى |
| desatar (vt) | fakk | فكّ |
| desatracar (vi) | aqlaʿ | أقلع |
| descansar (um pouco) | ertāḥ | إرتاح |
| descer (para baixo) | nezel | نزل |
| descobrir (novas terras) | ektaʃaf | إكتشف |
| descolar (avião) | aqlaʿ | أقلع |
| desculpar (vt) | ʿazar | عذر |
| desculpar-se (vr) | eʿtazar | إعتذر |
| desejar (vt) | kān ʿāyez | كان عايز |
| desempenhar (vt) | massel | مثّل |
| desligar (vt) | ṭaffa | طفّى |
| desprezar (vt) | eḥtaqar | إحتقر |

| | | |
|---|---|---|
| destruir (documentos, etc.) | atlaf | أتلف |
| dever (vi) | kān lāzem | كان لازم |
| devolver (vt) | a'ād | أعاد |
| direcionar (vt) | waggeh | وجّه |
| dirigir (~ uma empresa) | adār | أدار |
| dirigir-se (a um auditório, etc.) | χāṭab | خاطب |
| discutir (notícias, etc.) | nā'eʃ | ناقش |
| distribuir (folhetos, etc.) | wazza' | وزّع |
| distribuir (vt) | wazza' 'ala | وزّع على |
| divertir (vt) | salla | سلّى |
| divertir-se (vr) | estamta' | إستمتع |
| dividir (mat.) | 'asam | قسم |
| dizer (vt) | 'āl | قال |
| dobrar (vt) | ḍā'af | ضاعف |
| duvidar (vt) | ʃakk fe | شكّ في |

## 254. Verbos E-J

| | | |
|---|---|---|
| elaborar (uma lista) | gamma' | جمّع |
| elevar-se acima de ... | ertafa' | إرتفع |
| eliminar (um obstáculo) | ʃāl, azāl | شال, أزال |
| embrulhar (com papel) | laff | لفّ |
| emergir (submarino) | ertafa' le saṭ-ḥ el maya | إرتفع لسطح الميّة |
| emitir (vt) | fāḥ | فاح |
| empreender (vt) | 'ām be | قام بـ |
| empurrar (vt) | za'' | زقّ |
| encabeçar (vt) | ra's | رأس |
| encher (~ a garrafa, etc.) | mala | ملأ |
| encontrar (achar) | la'a | لقى |
| enganar (vt) | χada' | خدع |
| ensinar (vt) | darres | درّس |
| entrar (na sala, etc.) | daχal | دخل |
| enviar (uma carta) | arsal | أرسل |
| equipar (vt) | gahhez | جهّز |
| errar (vi) | ɣeleṭ | غلط |
| escolher (vt) | eχtār | إختار |
| esconder (vt) | χabba | خبّأ |
| escrever (vt) | katab | كتب |
| escutar (vt) | seme' | سمع |
| escutar atrás da porta | tanaṣṣat | تنصّت |
| esmagar (um inseto, etc.) | fa''aṣ | فعّص |
| esperar (contar com) | tawaqqa' | توقّع |
| esperar (o autocarro, etc.) | estanna | إستنّى |
| esperar (ter esperança) | tamanna | تمنّى |

| | | |
|---|---|---|
| espreitar (vi) | etgasses ʿala | إتجسس على |
| esquecer (vt) | nesy | نسي |
| estar | kān mawgūd | كان موّجود |
| estar convencido | eqtanaʿ | إقتنع |
| estar deitado | raʾad | رقد |
| estar perplexo | eḥtār | إحتار |
| estar sentado | ʾaʿad | قعد |
| estremecer (vi) | ertaʿaʃ | ارتعش |
| estudar (vt) | daras | درس |
| evitar (vt) | tagannab | تجنّب |
| examinar (vt) | baḥs fi | بحث في |
| exigir (vt) | ṭāleb | طالب |
| existir (vi) | kān mawgūd | كان موّجود |
| explicar (vt) | ʃaraḥ | شرح |
| expressar (vt) | ʿabbar | عبّر |
| expulsar (vt) | faṣal | فصل |
| facilitar (vt) | sahhal | سهّل |
| falar com ... | kallem ... | كلّم... |
| faltar a ... | ɣāb | غاب |
| fascinar (vt) | fatan | فتن |
| fatigar (vt) | taʿab | تعّب |
| fazer (vt) | ʿamal | عمل |
| fazer lembrar | fakkar be ... | فكّر بـ... |
| fazer piadas | hazzar | هزّر |
| fazer uma tentativa | ḥāwel | حاول |
| fechar (vt) | ʾafal | قفل |
| felicitar (dar os parabéns) | hanna | هنّأ |
| ficar cansado | teʿeb | تعب |
| ficar em silêncio | seket | سكت |
| ficar pensativo | saraḥ | سرح |
| forçar (vt) | agbar | أجبر |
| formar (vt) | ʃakkal | شكّل |
| fotografar (vt) | ṣawwar | صوّر |
| gabar-se (vr) | tabāha | تباهى |
| garantir (vt) | ḍaman | ضمن |
| gostar (apreciar) | ʿagab | عجب |
| gostar (vt) | ḥabb | حبّ |
| gritar (vi) | ṣarraχ | صرّخ |
| guardar (cartas, etc.) | eḥtafaẓ | إحتفظ |
| guardar (no armário, etc.) | ʃāl | شال |
| guerrear (vt) | ḥārab | حارب |
| herdar (vt) | waras | ورث |
| iluminar (vt) | nawwar | نوّر |
| imaginar (vt) | taṣawwar | تصوّر |
| imitar (vt) | ʾalled | قلّد |
| implorar (vt) | etwassel | إتوسّل |

| | | |
|---|---|---|
| importar (vt) | estawrad | إستَورِد |
| indicar (orientar) | ʃāwer | شاوِر |
| indignar-se (vr) | estāʾ | إستاء |
| | | |
| infetar, contagiar (vt) | ʿada | عدى |
| influenciar (vt) | assar fi | أثِر في |
| informar (fazer saber) | ʾāl le | قال لِ |
| informar (vt) | ʾāl ly | قال لي |
| | | |
| informar-se (~ sobre) | estafsar | إستفسِر |
| inscrever (na lista) | saggel | سجّل |
| inserir (vt) | dakχal | دخّل |
| insinuar (vt) | lammaḥ | لمّح |
| | | |
| insistir (vi) | aṣarr | أصِرّ |
| inspirar (vt) | alham | ألهِم |
| instruir (vt) | ʿallem | علّم |
| insultar (vt) | ahān | أهان |
| | | |
| interessar (vt) | hamm | همّ |
| interessar-se (vr) | ehtamm be | إهتمّ بـ |
| intervir (vi) | etdakχal | إتدَخّل |
| invejar (vt) | ḥasad | حسد |
| | | |
| inventar (vt) | eχtaraʿ | إختَرِع |
| ir (a pé) | meʃy | مشى |
| ir (de carro, etc.) | rāḥ | راح |
| ir nadar | sebeḥ | سبح |
| | | |
| ir para a cama | nām | نام |
| irritar (vt) | estafazz | إستفزّ |
| irritar-se (vr) | enzaʿag | إنزعِج |
| isolar (vt) | ʿazal | عزل |
| | | |
| jantar (vi) | etʿasʃa | إتعشّى |
| jogar, atirar (vt) | rama | رمى |
| juntar, unir (vt) | waḥḥed | وحّد |
| juntar-se a ... | enḍamm le | إنضمّ لـ |

## 255. Verbos L-P

| | | |
|---|---|---|
| lançar (novo projeto) | aṭlaq | أطلق |
| lavar (vt) | ɣasal | غسل |
| lavar a roupa | ɣasal el malābes | غسل الملابِس |
| lavar-se (vr) | estaḥamma | إستحمّى |
| | | |
| lembrar (vt) | eftakar | إفتكر |
| ler (vt) | ʾara | قرأ |
| levantar-se (vr) | ʾām | قام |
| levar (ex. leva isso daqui) | rāḥ be | راح بـ |
| | | |
| libertar (cidade, etc.) | ḥarrar | حرّر |
| ligar (o radio, etc.) | fataḥ, ʃaɣɣal | فتح، شغّل |
| limitar (vt) | ḥadded | حدّد |

| | | |
|---|---|---|
| limpar (eliminar sujeira) | naḍḍaf | نظّف |
| limpar (vt) | naḍḍaf | نظّف |
| lisonjear (vt) | gāmal | جامل |
| livrar-se de ... | ettχallaṣ min ... | إتّخلّص من... |
| lutar (combater) | qātal | قاتل |
| lutar (desp.) | ṣāra' | صارع |
| marcar (com lápis, etc.) | 'allem | علّم |
| matar (vt) | 'atal | قتل |
| memorizar (vt) | ḥafaẓ | حفظ |
| mencionar (vt) | zakar | ذكر |
| mentir (vi) | kedeb | كذب |
| merecer (vt) | estaḥaqq | إستحقّ |
| mergulhar (vi) | ɣāṣ | غاص |
| misturar (combinar) | χalaṭ | خلط |
| morar (vt) | seken | سكن |
| mostrar (vt) | 'araḍ | عرض |
| mover (arredar) | ḥarrak | حرّك |
| mudar (modificar) | ɣayar | غيّر |
| multiplicar (vt) | ḍarab | ضرب |
| nadar (vi) | 'ām, sabaḥ | عام, سبح |
| negar (vt) | ankar | أنكر |
| negociar (vi) | tafāwaḍ | تفاوض |
| nomear (função) | 'ayen | عيّن |
| obedecer (vt) | ṭā' | طاع |
| objetar (vt) | e'taraḍ | إعترض |
| observar (vt) | rāqab | راقب |
| ofender (vt) | ahān | أهان |
| olhar (vt) | baṣṣ | بصّ |
| omitir (vt) | ḥazaf | حذف |
| ordenar (mil.) | amar | أمر |
| organizar (evento, etc.) | nazzam | نظّم |
| ousar (vt) | etthadda | إتّحدّى |
| ouvir (vt) | seme' | سمع |
| pagar (vt) | dafa' | دفع |
| parar (para descansar) | wa''af | وقّف |
| parecer-se (vr) | kān yeʃbeh | كان يشبه |
| participar (vi) | ʃārek | شارك |
| partir (~ para o estrangeiro) | sāb | ساب |
| passar (vt) | marr be | مرّ بـ |
| passar a ferro | kawa | كوى |
| pecar (vi) | aznab | أذنب |
| pedir (comida) | ṭalab | طلب |
| pedir (um favor, etc.) | ṭalab | طلب |
| pegar (tomar com a mão) | mesek | مسك |
| pegar (tomar) | aχad | أخذ |
| pendurar (cortinas, etc.) | 'alla' | علّق |

| | | |
|---|---|---|
| penetrar (vt) | dakχal | دخّل |
| pensar (vt) | fakkar | فكّر |
| pentear-se (vr) | masʃaṭ | مشّط |
| perceber (ver) | lāḥaẓ | لاحظ |
| perder (o guarda-chuva, etc.) | ḍayaʿ | ضيّع |
| perdoar (vt) | ʿafa | عفا |
| permitir (vt) | samaḥ | سمح |
| pertencer a ... | χaṣṣ | خصّ |
| perturbar (vt) | azʿag | أزعج |
| pesar (ter o peso) | wazan | وزن |
| pescar (vt) | eṣṭād samak | إصطاد سمك |
| planear (vt) | χaṭṭeṭ | خطّط |
| poder (vi) | ʾeder | قدر |
| pôr (posicionar) | ḥaṭṭ | حطّ |
| possuir (vt) | malak | ملك |
| predominar (vi, vt) | ɣalab | غلب |
| preferir (vt) | faḍḍal | فضّل |
| preocupar (vt) | aʾlaʾ | أقلق |
| preocupar-se (vr) | ʾeleʾ | قلق |
| preocupar-se (vr) | ʾalaʾ | قلق |
| preparar (vt) | ḥaḍḍar | حضّر |
| preservar (ex. ~ a paz) | ḥafaẓ | حفظ |
| prever (vt) | tanabbaʾ | تنبّأ |
| privar (vt) | ḥaram men | حرم من |
| proibir (vt) | manaʿ | منع |
| projetar, criar (vt) | ṣammam | صمم |
| prometer (vt) | waʿad | وعد |
| pronunciar (vt) | naṭaʾ | نطق |
| propor (vt) | ʿaraḍ | عرض |
| proteger (a natureza) | ḥama | حمى |
| protestar (vi) | eḥtagg | إحتجّ |
| provar (~ a teoria, etc.) | asbat | أثبت |
| provocar (vt) | estafazz | إستفزّ |
| publicitar (vt) | aʿlan | أعلن |
| punir, castigar (vt) | ʿāqab | عاقب |
| puxar (vt) | ʃadd | شدّ |

## 256. Verbos Q-Z

| | | |
|---|---|---|
| quebrar (vt) | kasar | كسر |
| queimar (vt) | ḥaraʾ | حرق |
| queixar-se (vr) | ʃaka | شكا |
| querer (desejar) | ʿāyez | عايز |
| rachar-se (vr) | etʃaʾʾeʾ | إتشقّق |
| realizar (vt) | ḥaʾʾaʾ | حقّق |

| | | |
|---|---|---|
| recomendar (vt) | naṣaḥ | نصح |
| reconhecer (identificar) | mayez | ميّز |
| reconhecer (o erro) | eʿtaraf | إعترف |
| recordar, lembrar (vt) | eftakar | إفتكر |
| recuperar-se (vr) | ʃefy | شفي |
| recusar (vt) | rafaḍ | رفض |
| reduzir (vt) | ʾallel | قلّل |
| refazer (vt) | ʿād | عاد |
| reforçar (vt) | ʿazzez | عزّز |
| refrear (vt) | manaʿ nafso | منع نفسه |
| regar (plantas) | saʾa | سقى |
| remover (~ uma mancha) | ʃāl | شال |
| reparar (vt) | ṣallaḥ | صلّح |
| repetir (dizer outra vez) | karrar | كرّر |
| reportar (vt) | ʾaddem taqrīr | قدّم تقرير |
| repreender (vt) | wabbeχ | وبّخ |
| reservar (~ um quarto) | ḥagaz | حجز |
| resolver (o conflito) | sawwa | سوّى |
| resolver (um problema) | ḥall | حلّ |
| respirar (vi) | ettnaffes | إتّنفّس |
| responder (vt) | gāwab | جاوب |
| rezar, orar (vi) | ṣalla | صلّى |
| rir (vi) | ḍeḥek | ضحك |
| romper-se (corda, etc.) | etʾaṭaʿ | إتقطع |
| roubar (vt) | saraʾ | سرق |
| saber (vt) | ʿeref | عرف |
| sair (~ de casa) | χarag | خرج |
| sair (livro) | ṣadar | صدر |
| salvar (vt) | anqaz | أنقذ |
| satisfazer (vt) | rāḍa | راضى |
| saudar (vt) | sallem ʿala | سلّم على |
| secar (vt) | gaffaf | جفّف |
| seguir ... | tatabbaʿ | تتبّع |
| selecionar (vt) | eχtār | إختار |
| semear (vt) | bezr | بذر |
| sentar-se (vr) | ʾaʿad | قعد |
| sentenciar (vt) | ḥakam | حكم |
| sentir (~ perigo) | ḥass be | حس بـ |
| ser diferente | eχtalaf | إختلف |
| ser indispensável | maṭlūb | مطلوب |
| ser necessário | maṭlūb | مطلوب |
| ser preservado | ḥafaẓ | حفظ |
| ser, estar | kān | كان |
| servir (restaurant, etc.) | χaddem | خدّم |
| servir (roupa) | nāseb | ناسب |

| | | |
|---|---|---|
| significar (palavra, etc.) | ʾaṣad | قصد |
| significar (vt) | dallel | دلّل |
| simplificar (vt) | bassaṭ | بسّط |
| sobrestimar (vt) | bāleɣ fel taʾcīr | بالغ في التقدير |
| sofrer (vt) | ʿāna | عانى |
| sonhar (vi) | ḥelem | حلم |
| sonhar (vt) | ḥelem | حلِم |
| soprar (vi) | habb | هبّ |
| sorrir (vi) | ebtasam | إبتسم |
| subestimar (vt) | estaχaff | إستخفّ |
| sublinhar (vt) | ḥaṭṭ χaṭṭ taḥt | حطّ خطّ تحت |
| sujar-se (vr) | ettwassaχ | إتّوسّخ |
| supor (vt) | eftaraḍ | إفترض |
| suportar (as dores) | etthammel | إتّحمّل |
| surpreender (vt) | fāgaʾ | فاجئ |
| surpreender-se (vr) | etfāgeʾ | إتفاجئ |
| suspeitar (vt) | eʃtabah fi | إشتبه في |
| suspirar (vi) | tanahhad | تنهّد |
| tentar (vt) | ḥāwel | حاول |
| ter (vt) | malak | ملك |
| ter medo | χāf | خاف |
| terminar (vt) | χallaṣ | خلّص |
| tirar (vt) | ʃāl | شال |
| tirar cópias | ṣawwar | صوّر |
| tirar uma conclusão | estantag | إستنتج |
| tocar (com as mãos) | lamas | لمس |
| tomar emprestado | estalaf | إستلف |
| tomar nota | katab | كتب |
| tomar o pequeno-almoço | feṭer | فطر |
| tornar-se (ex. ~ conhecido) | baʾa | بقى |
| trabalhar (vi) | eʃtaɣal | إشتغل |
| traduzir (vt) | targem | ترجم |
| transformar (vt) | ḥawwel | حوّل |
| tratar (a doença) | ʿālag | عالج |
| trazer (vt) | gāb | جاب |
| treinar (pessoa) | darrab | درّب |
| treinar-se (vr) | etdarrab | إتدرّب |
| tremer (de frio) | ertaʿaʃ | إرتعش |
| trocar (vt) | tabādal | تبادل |
| trocar, mudar (vt) | ṣarraff | صرّف |
| usar (uma palavra, etc.) | estaχdam | إستخدم |
| utilizar (vt) | estanfaʿ | إستنفع |
| vacinar (vt) | laqqaḥ | لقّح |
| vender (vt) | bāʿ | باع |
| verter (encher) | ṣabb | صبّ |
| vingar (vt) | entaqam | إنتقم |

| | | |
|---|---|---|
| virar (ex. ~ à direita) | ḥād | حاد |
| virar (pedra, etc.) | 'alab | قلب |
| virar as costas | a'raḍ 'an | أعرض عن |
| viver (vi) | 'āʃ | عاش |
| voar (vi) | ṭār | طار |
| voltar (vi) | rege' | رجع |
| votar (vi) | ṣawwat | صوّت |
| zangar (vt) | narfez | نرفز |
| zangar-se com ... | ettḍāye' | إتّضايق |
| zombar (vt) | saχar | سخر |

www.ingramcontent.com/pod-product-compliance
Lightning Source LLC
Chambersburg PA
CBHW071329090426
42738CB00012B/2832
* 9 7 8 1 7 8 7 1 6 7 6 8 1 *